职业教育岗位技能培训"双证书"课程系列教材

工业和信息化部 IT 职业技术培训教材

办公自动化实用教程

（Office 2010）（第 2 版）

李建俊 汪 雷 董雪峰 主 编

李洪艳 肖 卓 王大印 副主编

电子工业出版社.

Publishing House of Electronics Industry

北京 · BEIJING

内 容 简 介

本书针对的对象为在短时间内能够掌握计算机知识和操作技能的读者,本书所编撰的培训教程内容由 Windows 7、Word 2010、Excel 2010、PowerPoint 2010 共 4 个部分组成。

全书共分为 16 章,主要包括 Windows 7 的基本操作、文件与文件夹的操作、Windows 7 的设置、Word 2010 的基本操作、文档基本格式的设置、Word 2010 表格的应用、编排图文混排文档、文档页面的编排、Word 2010 高级排版技术、Excel 2010 的基本操作、工作表的编辑、Excel 2010 的数据分析功能、Excel 2010 图表的应用、打印工作表、幻灯片的基本编辑和幻灯片的设计。

本书注重操作技能的培训,力求用通俗易懂的语言使读者尽快掌握 Windows 7 操作系统和 Office 2010 办公软件的应用。本书适合作为计算机初学者的自学教程,也可以作为各类计算机培训班的培训教程和大中专院校非计算机专业学生的实用参考资料。

本书配有电子教学参考资料包,详见课程体系介绍。

未经许可,不得以任何方式复制或抄袭本书的部分或全部内容。

版权所有,侵权必究。

图书在版编目(CIP)数据

办公自动化实用教程:Office 2010 / 李建俊,汪雷,董雪峰主编. —2 版. —北京:电子工业出版社,2016.7
职业教育岗位技能培训"双证书"课程系列教材 工业和信息化部 IT 职业技术培训教材

ISBN 978-7-121-29055-8

Ⅰ. ①办… Ⅱ. ①李… ②汪… ③董… Ⅲ. ①办公自动化—应用软件—中等专业学校—教材 Ⅳ. ①C931.4

中国版本图书馆 CIP 数据核字(2016)第 131905 号

策划编辑:杨 波
责任编辑:杨 波 特约编辑:孔晓慧
印 刷:北京七彩京通数码快印有限公司
装 订:北京七彩京通数码快印有限公司
出版发行:电子工业出版社
　　　　北京市海淀区万寿路 173 信箱 邮编 100036
开 本:787×1 092 1/16 印张:17 字数:435.2 千字
版 次:2016 年 7 月第 1 版
印 次:2024 年 8 月第 11 次印刷
定 价:34.00 元

前　　言

工业和信息产业职业教育教学指导委员会（http://hzw.phei.com.cn）由教育部职业教育与成人教育司、工业和信息化部人事司批准成立，由全国工业和信息产业行业企业及职业教育工作者、专家等组成，开展工业和信息产业职业教育的理论与实践研究、指导、交流、协作等工作。接受中华人民共和国教育部职业教育与成人教育司、工业和信息化部人事司的业务指导和监督管理。

针对当前职业学校的 IT 相关专业课程设置与社会需求之间存在的差距，用人岗位职业技能教育的适用性不强这一难题，工业和信息化部电子行业职业技能鉴定指导中心，致力于培养中国 IT 技能紧缺型实用人才，通过建立面向岗位技能的课程体系，以弥补在现有学校专业课程设置与社会岗位需求之间存在的空缺和差距，开创了工业和信息化系统专业技能培训项目，通过课程置换、院校合作的教学模式，与全国的职业院校展开广泛合作。工业和信息化系统专业技能培训课程体系与工业和信息产业职业教育教学指导委员会的教研优势相结合，以企业人才需求为中心，学员择业为核心，课程设计研发为重心，共同设计并开发出"职业教育岗位技能培训'双证书'课程体系"，包括"办公自动化（OA）"、"Office 商务办公（B-OA）"、"网络应用（NA）"；"平面设计（PD）"、"网页设计（WD）"、"三维动画设计（3D）"；"网络安全（NS）"、"计算机系统维护（CM）"、"企业网络管理（NE）"；"政务管理与电子应用（EA）"、"电子商务管理与应用（EB）"等企业高需求人才的专业技能培训课程，为广大职业学校的学生提供了一条结合企业岗位需求的职业教育和培训途径。

"职业教育岗位技能培训'双证书'课程体系"，除了提供课程设计及配套教材、师资培训之外，还依托"工业和信息化系统专业技能培训项目"支持单位 MyDEC 专业教育机构先进的"MTS4.0 智能化考试系统"为广大职业学校提供专业课程的期末考试、学生专业能力测评及分析、就业推荐等实用的技术支持服务；学生还可以根据就业的需求在获取毕业证书的同时也获取工业和信息化部"工业和信息化系统专业技能培训项目"的"工业和信息化系统专业技能证书"。

《办公自动化实用教程》一书是"职业教育岗位技能培训'双证书'课程体系"中"办公自动化（OA）"课程的指定教材。该书以目前应用最为广泛的 Office 2010 为主线，采用任务和案例相结合的编写方式，以简明通俗的语言和生动真实的案例详细介绍了 Windows 7、Word 2010、Excel 2010、PowerPoint 2010 这几个常用的办公自动化软件，并重点讲解各软件在办公应用中的实际操作。通过本书的学习能让读者快速地应用以上软件做好自己的工作，并达到各个软件综合应用的目的，而不是花费大量的时间去孤立地学习菜单和命令，从而提高工作效率，提高其办公自动化应用技能。

本书由李建俊、汪雷、董雪峰任主编，李洪艳、肖卓、王大印任副主编，马平、李云、禤圆华、吴鸿飞、兰翔、黄丹丹、唐磊、肖小刚、何焱、黄托斯、王国仁、李德清、闭东东、董星华、黎枫、李想、林翠云、张建德、蒙守霞、韦佳翰、叶嘉成、罗益才、邓国俊、甘棉、王少炳等参加了本书的编写。由于时间仓促加之水平有限，书中如有差错及不足之处，敬请广大专家和读者给予批评指正。

编者

职业教育岗位技能培训"双证书"课程体系介绍

（1）符合岗位用人标准的课程体系

工业和信息产业职业教育教学指导委员会和 MyDEC 专业教育机构的专家团队通过剖析企业岗位的用人标准，致力于培养中国 IT 技能紧缺型实用人才，通过研发面向岗位技能需求的课程体系，以弥补现有学校专业课程设置与社会岗位需求之间存在的空缺和差距，向广大职业学校输出先进的教学理念。

编者在秉承传统教学管理理念的同时，增加了"意识教学"内容。所谓"意识教学"就是要在学生学习专业知识的过程中，培养学生的"职业意识"，了解所学的职业技能在企业中的实际应用形态、企业的适用类型、择业方向、择业技巧等，教学方式采用"企业模拟场景实训课"的形式。通过"职业意识"的培养，使学生更加清晰所学技能的实践用途，结合自身实际情况所应选择的企业类型与职位，使择业更具针对性；同时也有效地解决了学生择业恐惧感、排斥择业及择业盲目的问题，帮助学生建立择业自信心，提高择业成功率。

（2）MTS4.0 智能化考试系统

由 MyDEC 专业教育机构自主开发的 MTS4.0 智能化考试系统，采用理论与实践操作相结合的考试形式，通过实践考试平台的职业技能实际操作考核，重点评测应试人员的职业技能动手能力，更加准确地进行人才评价。

（3）HR 人力资源服务

MyDEC 人力资源专员是学生身边的职业顾问专家，根据学生的个人情况进行就业指导，协助学生从容地面对职场。MyDEC 人才网拥有丰富的就业信息，为学生美好的职业前途铺路，帮助学生筛选合适的工作机会，减少学生盲目投递简历所浪费的时间。对求职过程中失败的学生，将收集企业反馈信息，对学生进行再就业指导，使其改进自身不足或再求职应该注意的事项，帮助学生进行合理的职业生涯规划。

（4）职业技能评测报告

根据学生在 MTS4.0 智能化考试系统下的各项评测数据，进行科学的统计与分析，通过与企业用人标准进行量化衡量，从而出具《职业技能评测报告》，以详细数据形式诠释学员所掌握职业技能中的优势与不足，帮助学员在面试过程中充分展示个人职业能力特点，帮助企业快速直观地了解拥有《职业技能评测报告》的人才职业技能水准。

（5）权威证书的认可

学生可以在获取毕业证书的同时获取工业和信息化部"工业和信息化系统专业技能培训项目"的"工业和信息化系统专业技能证书"，有此需求的学校请直接与 MyDEC 专业教育机构联系。

MyDEC 专业教育机构 http://www.mydec.net   证书查询：http://www.ceosta.org
全国咨询电话：010-87730660   E-mail：cs@mydec.net
地址：北京市朝阳区大郊亭中街 2 号华腾国际 5 号楼 3B

（6）丰富的教学资源

为了方便教学，本书还配有教学指南和习题答案、电子教案及案例素材（电子版），请有此需要的教师登录华信教育资源网（http://www.hxedu.com.cn）下载或与电子工业出版社联系，将为您免费提供。E-mail:hxedu@phei.com.cn.

目 录

第 1 章　Windows 7 的基本操作

计算机从体积庞大到小巧玲珑，从功能单一到功能齐全，从单机操作到联机操作，短短几十年时间，已经风靡全球，成为人们生活中不可缺少的一部分。

Windows 7 是 Microsoft 公司新发布的一款全新的操作系统，它以其易用、简单、高效博得用户的青睐。微软总裁称，Windows 7 是最省能的系统。Windows 7 的设计主要围绕五个重点，分别为针对笔记本电脑的特有设计，基于应用服务的设计，用户的个性化，视听娱乐的优化和用户易用性的新引擎。跳跃列表，系统故障快速修复等，这些新功能令 Windows 7 成为最易用的 Windows。不可否认，以 Windows XP 为基础的 Windows 7 操作系统性能更加稳定，功能更加强大。

知识要点

- 微型计算机的组成
- Windows 7 的桌面设置
- Windows 7 的窗口简介
- 对话框的使用
- 输入法设置
- 退出系统

1.1　微型计算机的组成

任何一台计算机都是由运算器、控制器、存储器、输入设备和输出设备（I/O）这 5 大部件组成，缺一不可。在计算机系统中，各部件通过地址总线、数据总线、控制总线联系起来，在中央处理器 CPU 的管理下，协调一致地工作。各种原始数据、程序由输入设备输入到存储器内存储，在控制器的控制下，逐条地从存储器中取出程序中的指令，并到指定地址读取出所需数据，送到运算器进行运算；运算结果放入存储器，再由输出设备输出，整个过程都是在控制器的控制下完成的，计算机的运行过程如图 1-1 所示。

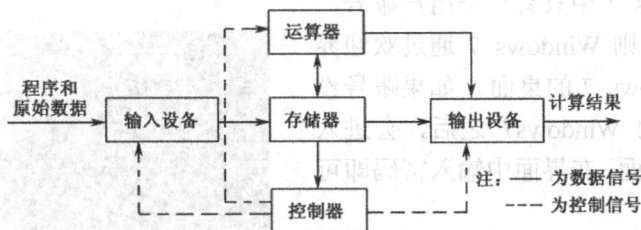

图 1-1　计算机的运行过程

微型计算机也称微机、电脑、个人计算机或 PC（Personal Computer）等，属于计算机的一种，普通用户日常所见到和接触的大多都是微型计算机。

微型计算机和其他计算机一样，也是由运算器、控制器、存储器、输入设备和输出设备（I/O）这 5 大部件组成的。随着大规模、超大规模集成电路技术的迅猛发展，计算机 5 大部件中的运算器和控制器可以集成在一片很小的半导体芯片上，称为微处理器（CPU）。以微处理器为基础，配以存储器、I/O 设备、连接各部件的总线和足够的软件就构成了微型计算机系统。

1.1.1　计算机的硬件系统

微型计算机的硬件系统一般包括主机和外部设备，其中外部设备包括输入设备、输出设备和外存储设备。如图 1-2 所示的图形结构为计算机硬件系统的主要组成结构。

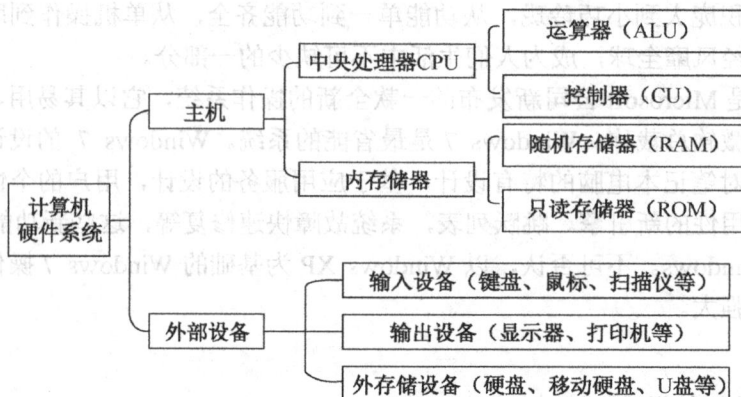

图1-2　计算机硬件系统的主要组成结构

1.1.2　计算机的软件系统

软件系统包括提供指令的程序和提供必要数据的数据文件，这些程序和数据文件协同工作，共同完成指定的任务。软件存放在磁盘或光盘中，通过安装加载到计算机后，就可以用鼠标、键盘或其他方式输入相应指令选择或使用它们。软件一般分为系统软件（操作系统、数据库管理系统等）和应用软件（文字处理软件、财务管理软件、图片处理软件等、影像处理软件等）这两大类。

1.2　启动 Windows 7

正确完成 Windows 7 系统的安装后，默认情况下，每次开机即自动启动 Windows 7。在开机之前，首先要确保连接计算机的电源和数据线已经接通，打开显示器电源开关，电源指示灯变亮后，再打开主机箱电源开关就开始启动计算机了。

如果在 Windows 7 中只有一个用户账号，并且没有设置密码，则 Windows 7 通过欢迎界面后直接进入 Windows 7 的桌面。如果账号设置了密码，则在启动 Windows7 之后，会进入 Windows 7 的登录界面，在界面中输入密码即可登陆。

Windows 7 支持多用户，在 Windows 7 中可以创建多个用户账号。如果在同一台计算机上建有多个用户账号，在启动 Windows 7 之后，就进入了 Windows 7 的登录界面，如图 1-3 所示，在登陆界面用户选择某个预先设好的用户图片，输入密码（如果有的话），即可登录，并享有相应的权限。

图1-3　Windows 7 的登录界面

1.3　Windows 7 的桌面

　　Windows 7 最明显的创新，就是它的外观。经过改进的界面以其全新的风格给用户以清新、大方的感觉，使用户在视觉上和心理上更容易接受和认可。

1.3.1　桌面风格

　　在首次启动 Windows 7 后，可以看到桌面上只有一个"回收站"图标。为了方便使用，可以将其他常用系统图标显示到桌面上，具体操作步骤如下：

　　（1）在桌面的任意空白处单击鼠标右键，在弹出的快捷菜单中选择"个性化"命令，如图 1-4 所示。

　　（2）在打开的"个性化"窗口中，在左侧任务列表中单击"更改桌面图标"选项，如图 1-5 所示。

图 1-4　桌面右键快捷菜单

　　（3）在打开的桌面图标设置对话框中，在桌面图标区域选中"计算机"、"用户的文件"、"网络"和"控制面板"等复选框，如图 1-6 所示。

　　（4）单击"确定"按钮，在返回到桌面后，就可以看到常用的系统图标，如图 1-7 所示。

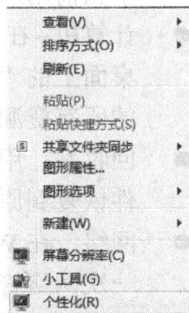

图 1-5　"个性化"窗口

图 1-6　"桌面图标"设置对话框

图 1-7　Windows 7 的桌面

这几个常见任务的基本功能如下：

- 用户的文件：这是一个根据当前登录到 Windows 7 的账户名命名的图标，如当前登录到系统的账户名为 Administrator，那么桌面上的"用户的文件"图标名称就是 Administrator。在双击此图标打开的窗口中，可以看到此文件夹中存储的内容都是基于当前用户的。如"文档"、"音乐"、"图片"和"视频"文件夹等。
- 计算机：在 Windows 7 的桌面中，使用了全新的"计算机"图标替代了以往 Windows 桌面上的"我的电脑"图标。二者的作用基本上是一致的，都是用于管理计算机中的所有资源，如磁盘分区、文件夹、文件等内容。
- 回收站：用来保存没有被用户永久删除的文件或文件夹，用户可以把回收站中的文件恢复到原来的位置或移动到其他位置，回收站的存在减少了错误操作的风险。
- 网络：在 Windows 7 中使用了"网络"图标替代了传统的"网上邻居"图标，这是一次网络管理功能大幅升级的一种表现。它为管理员用户提供了访问与管理局域网中资源，以及对本地网络进行配置的能力。

1.3.2 "开始"菜单

Windows 7 提供了一个增强的"开始"菜单，这个"开始"菜单将经常使用的文件和应用程序组织在一起，以便快速方便地进行访问。用鼠标左键单击桌面左下角"开始"按钮或者按下键盘上位于 Ctrl 和 Alt 键之间的 Windows 键，则屏幕上就会弹出 Windows 7 的"开始"菜单，如图 1-8 所示。

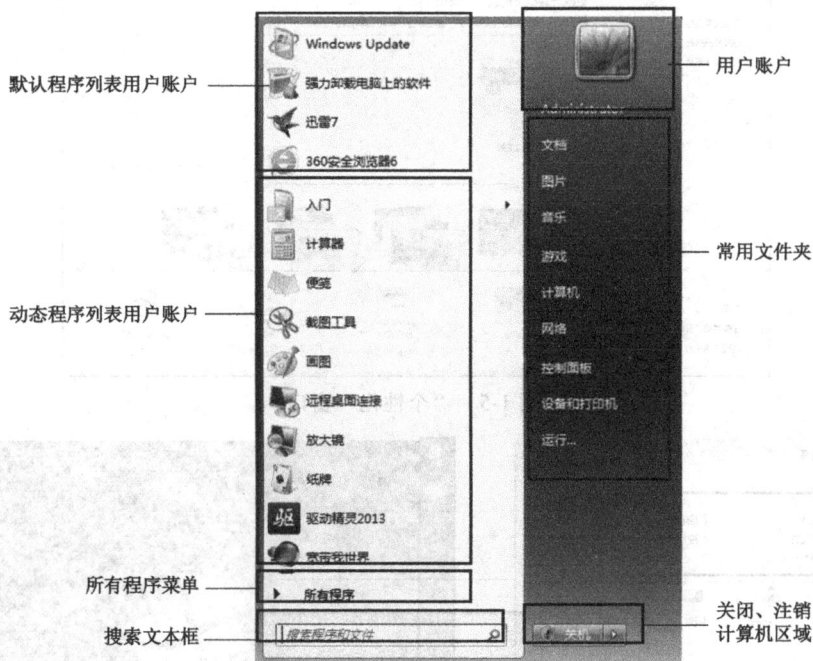

图 1-8   "开始"菜单

在"开始"菜单的顶部显示的是当前登录用户的账户名称，通过该账户按钮用户可以方便地对本地账户进行管理，在账户区下面是主要的工作区。

在使用计算机时总有一些程序经常被用户使用，为了方便用户的使用，在"开始"菜单主要工作区的左侧，Windows 7 为用户设计了一个常用任务快速启动区，在该区域列出了用户经常使用任务的快捷方式,在此区域用户可以快速启动这些常用任务。

"开始"菜单由用户账户、程序列表、常用文件夹、"所有程序"菜单、"搜索"文本框以及关闭、注销计算机区域等 6 部分组成,其中程序列表分为默认程序列表和动态程序列表。

- 用户账户:用户账户显示的是当前登录用户的账户名称,通过该账户按钮用户可以方便地对本地账户进行管理。
- 默认程序列表:这里显示了用于浏览网页和收发电子邮件的系统默认程序,可以通过设置进行更改。
- 动态程序列表:在默认程序列表下方显示了曾经运行过的程序名称,Windows 7 默认记录最近运行过的 10 个程序,随着新运行程序的增加,将替换 10 个程序中最早的一个,依次向下滚动显示。因此对于经常启动的程序,一般都可以直接从这里启动。
- "所有程序"菜单:如果单击该菜单或将光标指向该菜单,稍后即可展开其子菜单,其中显示了系统自带的很多实用程序,以及用户自己安装的各种应用程序。"所有程序"菜单的使用频率是非常高的,启动各种应用程序都是从这里开始的。
- "搜索"文本框:这是 Windows 7 的一大功能,可以直接在"开始"菜单的"开始搜索"文本框中对程序或各种文档进行搜索,并可对搜索结果进行查看或启动所需的程序。
- 常用文件夹:"开始"菜单的右半部分显示了计算机中常用的文件夹名称,主要包括当前登录系统的用户文件夹,以及计算机、网络、控制面板和默认程序等文件夹。单击这些文件夹名称可直接打开相应的窗口进行相关的操作。
- 关闭、注销计算机区域:这部分按钮主要用来改变计算机的当前状态,如让计算机进入睡眠、休眠、锁定状态或切换注销当前登录的用户以及关机等功能。

在"开始"菜单的"所有程序"菜单中,新安装的程序用突出显示来表示,因此用户很容易看出哪些程序是新安装的程序,哪些程序是以前安装的程序,如图 1-9 所示。

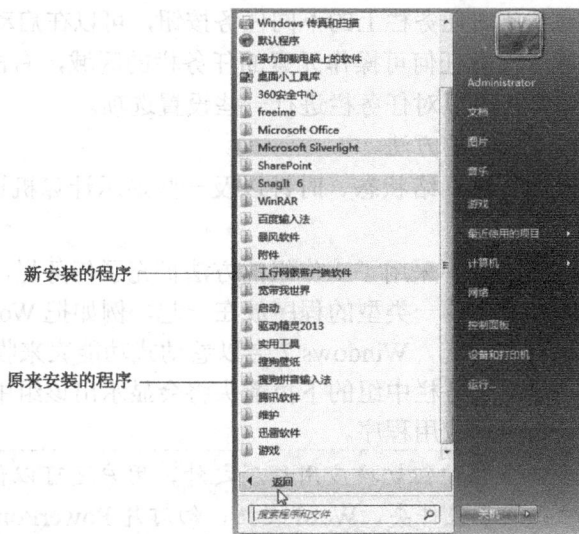

图 1-9　突出显示新安装的程序

1.3.3　任务栏

初始的任务栏在屏幕的底端，在任务栏的最左边是带有 Windows 7 图标的"开始"按钮，在任务栏的最右边有时间和语言栏等图标。这些图标在不活动时会自动隐藏，使任务栏显得简洁。

在 Windows 7 中采用工作组的方法扩充了任务栏，从而使得管理上更为方便、简洁。具体包括"开始"菜单、快速启动栏、任务栏按钮、任务栏空白区域、输入法和通知区域 6 个部分，如图 1-10 所示。

开始按钮　　快速启动栏　　任务栏上的组　任务栏按钮　任务栏空白区域　　输入法　通知区域图标按钮

图 1-10　任务栏

任务栏的各组成部分功能如下：

- "开始"按钮：在任务栏的最左边是带有 Windows 7 标志的"开始"按钮，单击该按钮打开"开始"菜单。
- 快速启动栏：在"开始"按钮的右侧，可以将一些经常使用的程序的快捷方式图标添加到快速启动栏中。
- 任务栏按钮：任务栏用于显示系统中正在运行的程序和打开的窗口、当前时间等任务。如果启动了某个任务（如打开了一个窗口），那么任务栏中就会产生一个与之对应的任务按钮。如运行了"计算器"这个程序时，任务栏中就会出现一个名为"计算器"的任务按钮。如果启动了多个任务，那么在任务栏中就会产生多个一一对应的任务按钮，通过单击任务栏上的不同任务按钮，可以在启动的任务中进行切换。
- 任务栏空白区域：没有任何可操作元素的任务栏的区域，右击任务栏空白区域，在弹出的菜单中通常都可以对任务栏进行一些设置选项。
- 输入法：选择输入语言的方法。
- 通知区域：该区域包括网络状态、时钟以及一些显示计算机设置状态或特定程序的图标。

默认设计中，在 Windows 7 中采用了工作组的方法扩充了任务栏，从而也使得管理上更为方便、简洁。工作组方案就是同一类型的程序放在一起，例如把 Word 文件组合在一起，Internet Explorer 视窗又组合在一起，Windows 7 会以卷动式功能表来收藏它们。如果要切换的应用程序存在于组中，单击任务栏中组的下拉箭头将会显示出该组中所有程序的列表，单击相应的图标即可切换到相应的应用程序。

提示：除了通过单击任务栏按钮切换应用程序之外，用户还可以使用组合键[Alt+Tab]键来切换。例如，如果同时打开了文件夹、Word 文档、幻灯片 PowerPoint，而在全屏放映幻灯片时看不见任务栏，如果要切换到其他打开的文件夹或运行的程序，使用[Alt+Tab]组合键来切换非常方便。

1.4　Windows 7 的窗口简介

窗口是屏幕上的一个长方形区域，用户可以在窗口中查看程序、文件、文件夹、图标或者在应用程序窗口中建立自己的文件。

1.4.1　窗口的构成

在 Windows 7 中所有的窗口都具有相同的基本构造，对它们的操作也都是一样的，这样用户可以快捷地管理工作。例如在桌面上双击计算机图标，打开如图 1-11 所示的"计算机"窗口。这里以"计算机"窗口为例简单介绍一下窗口的构成。

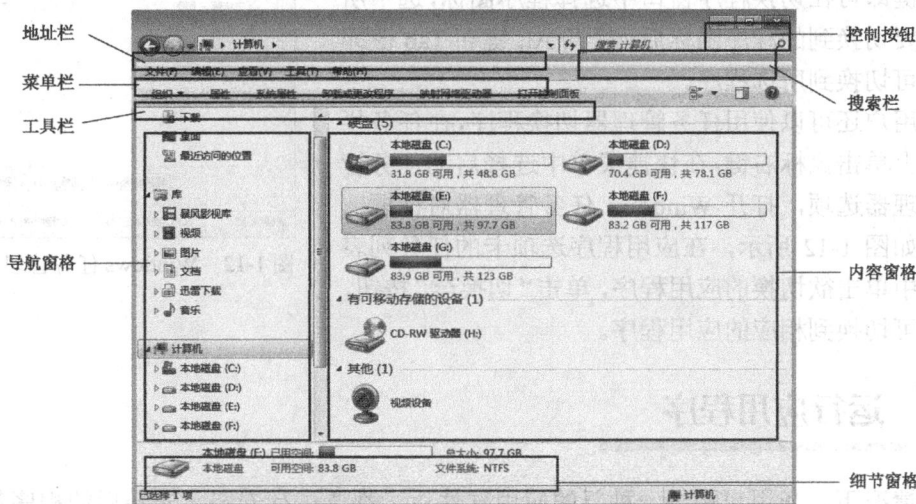

图 1-11　"计算机"窗口

1.4.2　窗口的最大化和最小化

在每一个窗口都会有最大化▢、最小化▬、关闭按钮✕。使用这三个按钮可以迅速控制窗口。

● 如果单击最大化按钮可以将窗口放大到它的最大尺寸。
● 如果单击最小化按钮可以将窗口缩小为任务栏上的一个按钮。
● 如果单击关闭按钮可以将当前窗口关闭。

当窗口便为最大化后，用户可以看到最大化按钮会变为▢。这就是还原按钮，单击该按钮窗口又恢复为最大化前的大小。

1.4.3　窗口的移动和调整

用户同时打开多个窗口时，移动窗口也变得十分重要，移动窗口可以改变窗口的位置，以方便操作。用户可以使用鼠标来移动窗口，将鼠标指针定位到窗口的标题栏上，按住鼠标左键不放，拖动鼠标至目标处，松开鼠标就可以将窗口移动至新的位置。

有时候使用最大化按钮和还原按钮得到的窗口尺寸不符合特定的要求，此时用户可以使用鼠标拖动窗口的边框来改变窗口的尺寸。调整窗口的大小很方便，只需将鼠标指针指向窗口的任意一边。当鼠标变为双向箭头时，按住鼠标左键不放，拖动即可改变窗口的宽度或高度。将鼠标指针放在窗口的任意一个角，当鼠标变为双向箭头时，按下鼠标左键不放，拖动鼠标，窗口将进行同比例缩放。

1.4.4 窗口的切换

所谓的切换窗口，就是选择另一个窗口为活动窗口，这里介绍三种最常用的方法：

- 单击任务栏上所需切换到的程序窗口按钮，从当前程序切换到所选程序。
- 按下键盘上的[Alt+Tab]组合键，在屏幕的中央显示一个任务列表框。按住 Alt 键不放，再按 Tab 键即可在切换程序窗口中选择程序图标，选中所要切换到的程序图标后，松开 Alt 键和 Tab 键即可切换到所选程序。
- 用户还可以使用任务管理器切换程序，在任务栏上单击鼠标右键，在快捷菜单中选择启动任务管理器选项，打开 Windows 任务管理器对话框，如图 1-12 所示，在应用程序选项卡的任务列表中单击欲切换的应用程序，单击"切换至"按钮，可切换到相应的应用程序。

图 1-12　Windows 任务管理器对话框

1.5　运行应用程序

通常情况下，当用户购买一种新的应用软件后，都要进行安装。安装后的程序都会出现在"程序"菜单中，在"程序"菜单中找到应用程序的位置就可以启动它。

1.5.1 从"开始"菜单中启动程序

Windows 7 提供了多种运行程序的方法，最常用的就是从开始菜单中选择程序和双击桌面上的程序图标这两种方法。

在"开始"菜单中启动程序的操作步骤如下：

（1）单击"开始"按钮，将鼠标指向"所有程序"，出现一个子菜单。

（2）在子菜单中列出了程序项和其他的子菜单，其中包含大部分已安装的软件和应用程序的快捷方式。找到要运行的程序的快捷方式。

（3）单击该程序的快捷方式，启动程序。

1.5.2 从桌面启动程序

有一些应用程序在安装时会自动在桌面生成一个该程序的快捷方式，使用鼠标直接双击快捷方式也可以启动相应的程序。

并不是所有的应用程序在安装后都会在桌面出现快捷方式，对于一些常用的程序，用户可以在桌面添加其快捷方式以方便程序的启动。例如要创建应用程序 Microsoft Word 的桌面快捷方式，操作步骤如下：

（1）单击开始按钮，打开"开始"菜单，在"开始"菜单中选择"所有程序"命令子菜单。

（2）在子菜单中的 Microsoft Word 命令上单击鼠标右键，打开快捷菜单，如图 1-13 所示。

（3）在快捷菜单中选择"发送到"→"桌面快捷方式"命令，即可在桌面上创建该应用程序的桌面快捷方式图标。

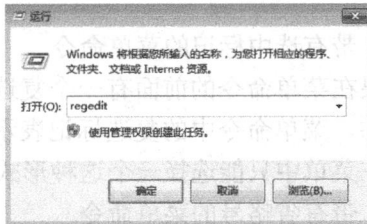

1.5.3 使用"运行"命令启动程序

在 Windows 环境下，有一些特殊的程序不在"开始"菜单中，使用常规的方法不能将它们启动，此时可以使用"运行"命令来启动这些特殊的程序，操作步骤如下：

（1）在"开始"菜单中选择"运行"命令，打开"运行"对话框，如图 1-14 所示。

（2）在"打开"输入框中输入程序文件的路径和名称，也包括扩展名。

（3）如果不能确切知道程序文件的细节，可以单击"浏览"按钮，在出现的对话框中选择要运行的程序。

（4）单击"确定"按钮，即可启动程序。

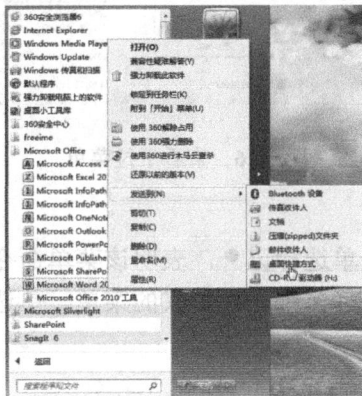

图 1-13 将快捷方式发送到桌面   图 1-14 使用"运行"命令启动程序

1.6 使用菜单命令

在程序或窗口中，一般在标题栏下面的就是菜单栏。菜单栏中的每个菜单都包含着若干命令，使用这些命令可以对当前窗口或程序进行操作。

1.6.1 菜单命令

在程序或窗口中，一般在标题栏下面的就是菜单栏。菜单栏中的每个菜单中都包含着若干命令，使用这些命令用户可以对当前窗口或程序进行操作。

用户将鼠标指向某一菜单并单击该菜单项时通常会出现一个下拉菜单。例如在计算机窗口选择并单击编辑菜单项就会出现如图 1-15 所示的下拉菜单，在下拉菜单中用户可以选择需要的菜单命令。

Windows 菜单命令有多种不同的显示形式，不同的显示形式代表不同的含义。在菜单中有以下一些约定。

（1）带有组合键的菜单命令

菜单栏上带有下画线字母，又称为热键，表示在键盘上按 Alt 键和该字母键可以打开该菜单。如编辑菜单，用户可以直接按[Alt+E]组合键将会打开编辑菜单。

有些菜单命令的右侧列出了与其对应的组合键，组合键以 Ctrl+字母来表示，用户可以直接使用该组合键执行菜单命令，如图 1-15 所示。

（2）带有右箭头的菜单命令

如果在某一菜单命令的后面有一个指向右方的黑三角 ▶ 表明在该菜单命令后面还有子菜单，当用户指向该菜单命令时就会出现子菜单。例如在查看菜单中的排序方式，菜单项包含下一级菜单，如图 1-16 所示。

图 1-15　编辑下拉菜单

图 1-16　查看下拉菜单

（3）带有选中标记的菜单命令

如果在菜单命令的前面有一个复选标记 ✔ 或者一个单选标记 ●，表明该菜单命令正处于有效状态。菜单命令中的复选标记表示用户可以同时选择多个这种形式的菜单，单选标记表示用户在菜单中只能选择一个这种形式的菜单命令。

（4）带有省略号的菜单命令

如果在菜单命令的后面有 3 个小圆点…，表明单击此菜单命令后将会打开对话框。

（5）带有灰色显示的菜单命令

如果用户看到某些菜单命令的颜色变为浅灰色，表示该菜单命令现在不能使用。

1.6.2　快捷菜单

快捷菜单是在单击鼠标右键后出现的菜单内容，因为其菜单中的选项都与单击鼠标右键时鼠标指针指向的对象有关，所以称此菜单为快捷菜单。例如，在桌面上单击鼠标右键，弹出的快捷菜单中，所有命令都是与屏幕有关的命令，如图 1-17 所示。

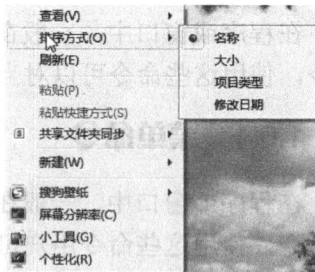

图 1-17　桌面快捷菜单

1.7　对话框

在 Windows 环境下，当用户执行某些操作时，系统会出现一个临时窗口，在该临时窗口中会出现一些选项或者一些提示供用户进行选择，这种临时窗口就被称为对话框，如图 1-18 所示。

对话框可以移动，但是不能改变大小。对话框标题栏的右上角有两个按钮，一个是关闭 ✖ 按钮，单击它可以关闭对话框；另一个是帮助 ? 按钮，用户可以获得对话框中有关选项的帮助信息。

标题栏 —— 索引

帮助按钮

选项卡 —— 索引(X)　目录(C)　图表目录(F)　引文目录(A)

打印预览(V)

.DOT 文件名, 2
.INI 文件名, 3
@命令选项
ASK 宏
　　插入主文档中, 7
DATE 宏, 4

类型:　○ 缩进式(N)　○ 接排式(U)

单选按钮

栏数(O):　2

数值选择框

语言(国家/地区)(L):　中文(中国)
类别(G):　无
排序依据(S):　笔划

复选框 —— □ 页码右对齐(R)

制表符前导符(B):　．．．．．．

列表框 —— 格式(T):　项目模板

标记索引项(K)...　自动标记(U)...　修改(M)...

命令按钮

确定　取消

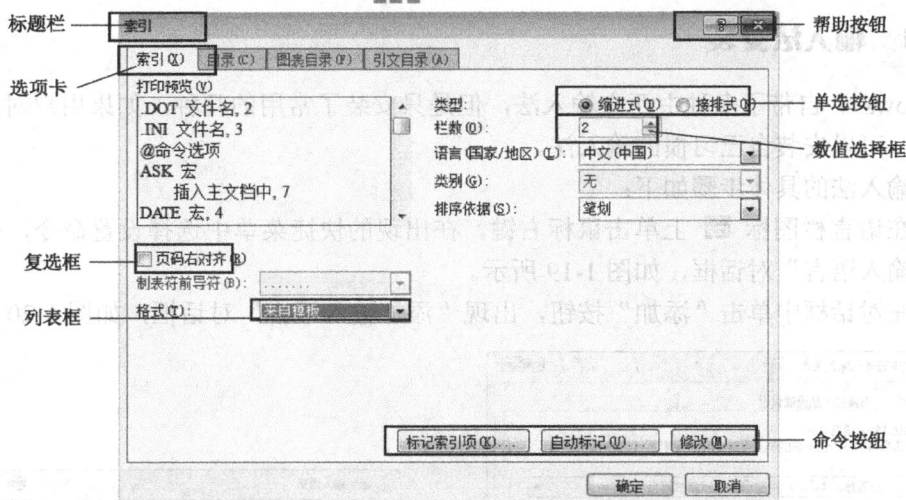

图 1-18　对话框界面

一个典型的对话框通常由以下对象元素组成：

● 命令按钮：单击命令按钮，能够完成该按钮上所显示的命令功能。例如确定、修改、取消等。

● 列表框：在一个对话框中有时会出现一个方框，并在右边有一个向下的箭头标志▼，当用户单击该方框时，就会出现一个具有多项选择的列表。用户可以从中选择其中的一个选项，这一类列表称之为列表框。

● 复选框：有时，在一个对话框中会列出多项的选择选项，用户可以在其中选择一项或多项，这一类对话框被称为复选框。在复选框中单击某一个项目时，在该选项前面的方框中将出现一个对号标志，表示该选项已被选中。如果要取消所选中的项目，只需再次单击该选项即可。

● 单选按钮：在某些项目中有若干个选项，其标志是前面有一个圆环，当用户选中某个选项时，出现一个小实心圆点表示该选项被选中。在单选按钮选择项中，只能选中其中一项，这和复选框是不同的。

● 输入框：在输入框中单击鼠标时会出现插入点，用户可以直接在输入框中输入文字或文本信息。

● 选项卡：对话框中的选项设置可能会很多，选项卡则是对对话框中的功能的进一步详细的分类，它将对话框中的选项设置分为不同的子功能放到一个选项卡页面。如果用户希望设置不同的子功能，可以单击该类别的选项卡进入相应的页面进行设置。

● 数值选择框：由一个文本框和一对方向相反的箭头组成，单击向上或向下的箭头可以增加或减少文本框中的数值，也可以直接从键盘上输入数值。

● 帮助按钮：单击帮助按钮，打开帮助窗口，用户可以在窗口中查找帮助信息。

1.8　输入法设置

计算机要进行汉字处理，必须解决好汉字的输入问题。20 世纪 80 年代以来，计算机汉字输入技术获得重大突破，各种输入法百花齐放，通过计算机进行汉字处理变得相当方便。

1.8.1　输入法安装

Windows 7 自带了多种中西文输入法，但是只安装了常用的几种，如果用户对这些输入法不习惯，可以安装自己习惯的输入法。

安装输入法的具体步骤如下：

（1）在语言栏图标 上单击鼠标右键，在出现的快捷菜单中选择设置命令，打开"文本服务和输入语言"对话框，如图 1-19 所示。

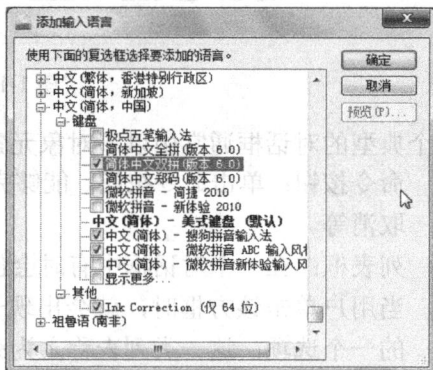

（2）在对话框中单击"添加"按钮，出现"添加输入语言"对话框，如图 1-20 所示。

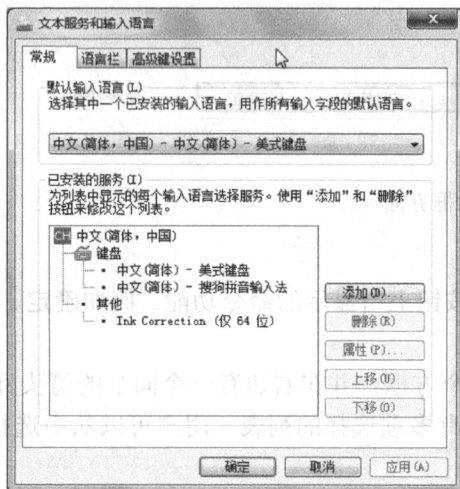

图 1-19　文本服务和输入语言对话框　　　　图 1-20　添加输入语言对话框

（3）在中文（简体，中国）列表中选择一种输入法，如选择双拼。

（4）单击"确定"按钮回到文本服务和输入语言对话框，单击"确定"按钮。

> **提示**：这种安装方法只能安装 Windows 7 自带的输入法，如果要安装其他的输入法，例如五笔、紫光拼音等输入法则需使用相应的软件进行安装。

1.8.2　输入法的切换

默认情况下，刚进入到系统中时出现的是英文输入法，用户可以使用鼠标单击任务栏右端的语言栏上的语言栏图标 ，弹出当前系统已装入的输入法菜单，如图 1-21 所示，单击要选择的输入法。

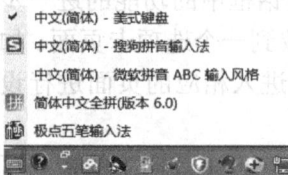

图 1-21　选择输入法

> **提示**：用户如果要在多个应用程序中输入汉字，则必须在每一个应用程序中启动所需要的输入法。为了快捷方便，用户还可以使用[Ctrl+Shift]组合键在英文及各种中文输入法之间进行切换，用"Ctrl+空格键"可以在当前中文输入法和英文输入法之间切换。

1.8.3　输入法的状态条

当打开一种输入法后，在屏幕左下方下方就会出现一个输入法状态条，如图 1-22 所示就是搜狗拼音输入法的状态条。

全角输入：ＡａＢｂＣｃ１２３
半角输入：AaBbCc123

图 1-22　搜狗输入法状态条　　　　图 1-23　全角输入和半角输入

输入法状态条表示当前的输入状态，可以通过单击它们来切换输入状态。虽然每种输入法所显示的图标有所不同，但是它们都具有一些相同的组成部分，通过对输入法状态条的操作，可以实现各种输入操作。

➢ 中英文切换按钮：单击它可以在当前输入法和英文输入法之间进行切换。
➢ 全角/半角切换按钮：单击它可以在全角/半角文字的输入方式之间进行切换。全角方式是指输入的所有键盘字符和数字都是纯中文方式，数字、英文字母、标点符号需要占据一个汉字的宽度。在半角方式下数字、英文字母、标点符号则是西文方式，他们不占据一个汉字的宽度，如图 1-23 所示。
➢ 中西文标点符号切换按钮：单击它可以在中和西文的标点符号间进行切换。
➢ 软键盘按钮：单击它出现软键盘，使用软键盘可以输入一些特定的符号。
➢ 菜单按钮：单击该按钮打开一个菜单，利用菜单用户可以对输入法进行设置。

提示：在 Windows 7 中微软拼音输入法的输入状态条被集成到了语言栏上，所以它的输入法状态条有点特殊。

1.9　注销用户

Windows 7 是一个支持多用户的操作系统，它允许多个用户登陆到计算机系统中。每个用户都可以对系统进行自己的个性化设置，并且不同的用户之间互相不影响。

为了方便不同的用户快速登陆计算机，Windows 7 提供了注销功能。使用注销功能，可以使用户在不重新启动计算机的情况下实现多用户快速登陆，这种登陆方式不但方便快捷，而且减少了对硬件的损耗，可以延长计算机的使用寿命。

注销已登陆用户的具体方法如下：

（1）在"开始"菜单中单击"关机"右侧的箭头，打开一个菜单列表，如图 1-24 所示。

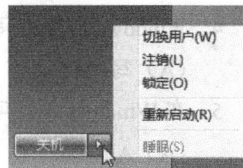

图 1-24　注销用户

（2）单击"注销"按钮，系统保存设置并关闭当前登陆用户，此时用户可以用新的账户登陆。

（3）单击"切换用户"按钮，当前用户不关闭，此时用户可以切换到另一个账户的环境下。

1.10　退出系统

当用户在计算机上的操作完毕后，需要正确地将它关闭。在"开始"菜单中单击"关机"命令，系统将停止运行，保存当前的设置并自动关闭电源。

在计算机的操作过程中，计算机有时对键盘和鼠标操作都无反应，这种现象称为死机。这时关闭计算机需要强行关闭，方法是按住主机电源开关 5 秒左右，然后松开主机电源关闭。

> **提示：** 在计算机操作过程中，有时发生错误，出现计算机运行速度过慢等现象，这时可以选择重新启动计算机。在"开始"菜单中单击关机右侧的箭头，打开一个菜单列表，在列表中单击"重新启动"命令，即可重新启动计算机。

习题 1

填空题

1. 用鼠标左键单击"开始"按钮或者按下键盘上的_____键，均会打开"开始"菜单。

2. 在窗口的标题栏的左端是_____，在标题栏中的右面有_____按钮、_____以及_____。

3. 对话框可以移动，但是不能改变大小。对话框标题栏的右上角有两个按钮，一个是_____，另一个是_____。

4. 如果在某一菜单命令的后面有一个指向右方的黑三角 ▶ 表明在该菜单命令后面还有_____；如果在菜单命令的后面有 3 个小圆点表明单击此菜单命令后将会_____。

选择题

1. CPU 主要由运算器和（　　）组成。

　　（A）控制器　　　　　（B）存储器　　　　（C）寄存器　　　　（D）编辑器

2. Word 属于（　　）。

　　（A）应用软件　　　　（B）系统软件　　　（C）操作软件　　　（D）通信软件

3. 在 Windows 中，CD-ROM 属于（　　）硬件类型。

　　（A）外部设备　　　　（B）存储器　　　　（C）适配器　　　　（D）驱动器

4. Windows 自带的只能处理纯文本的文字编辑工具是（　　）。

　　（A）写字板　　　　　（B）记事本　　　　（C）剪贴板　　　　（D）Word

5. 在 Windows 中，可以实现窗口之间切换的组合键是（　　）。

　　（A）Alt+Tab　　　　　（B）Ctrl+Tab　　　　（C）Alt+Esc　　　　（D）Ctrl+Esc

简答题

1. 最常用的启动应用程序的方法是什么？

2. 改变窗口的大小有哪些方法？

操作题

安装"中文（简体）- 双拼"输入法。

第 2 章　文件与文件夹的操作

在计算机系统中信息是以文件的形式保存的，用户所做的工作都是围绕文件展开的。这些文件包括操作系统文件、应用程序文件、文本文件和多媒体文件等，它们根据自己的分类储存在磁盘上不同的文件夹中。因此，在使用计算机时如何对这些类型繁多、数目巨大的文件和文件夹进行管理是非常重要的。

🔑 **知识要点**

- 文件与文件夹的概念
- 利用"计算机"管理磁盘
- 文件与文件夹的常用操作
- 管理回收站
- 库的使有

2.1　文件与文件夹的概念

计算机的文件是由一些相关信息组成，把信息分类整理成文件存储到磁盘上，这样磁盘上就有了多个文件。为了区分不同信息的文件，每个文件都有各自的名字，叫文件名。计算机中的文件有很多，如果只用名字来区分查找会非常麻烦。所以计算机中又有了文件夹的概念，把相同类型的文件存储在一个文件夹中，这样查找起来就方便许多。

2.1.1　文件

文件是计算机存储数据、程序或文字资料的基本单位，是一组相关信息的集合。文件在计算机中采用"文件名"来进行识别。

文件名一般由文件名称和扩展名两部分组成，这两部分由"."隔开。在 Windows 图形方式的操作系统下，文件名称由 1～255 个字符组成（即支持长文件名），而扩展名由 1～3 个字符组成。

通常，文件名可以由我们自己来命名，扩展名则是由创建文件的程序自动创建。如记事本程序生成的文件扩展名为 txt。如一首音乐的完整名称为"月光下的凤尾竹.mp3"，其中的"月光下的凤尾竹"就是文件名，"mp3"则是扩展名。

文件名用于标识文件的作用，如"2014 年工作计划.docx"这个文件名就表示这是一个关于 2014 年工作计划的文件。在文件名中禁止使用一些特殊字符如表 2-1 所示，如果在文件名中使用了这些特殊符号将会使系统不能正确辨别文件而导致错误。

表 2-1　在文件名中不能使用的特殊符号

点（.）	引号（"、'）
斜线（\、/）	冒号（:）
反斜杠（\）	逗号（,）
垂直线（|）	星号（*）
等号（=）	分号（;）

扩展名用于对文件进行分类，通常我们识别一个文件都是通过扩展名来完成的，如看到"2014 年工作计划.docx"这个文件时，就可以说："这是个 docx 文件，或 word 文件。"如表 2-2 所示就是 Win 7 中常见的扩展名对应的文件类型。

表 2-2　常见的扩展名对应的文件类型

扩展名	文件类型	扩展名	文件类型
EXE	可执行文件	BMP	位图文件
BAT	批处理文件	HLP	帮助文件
SYS	系统文件	INF	安装信息文件
TXT	文本文件	XLS	Excel 电子表格文件
MDB	Access 数据库文件	PPT	PowerPoint 幻灯片文件
AVI	视频文件	HTML	HTML 文件
DOC/DOCX	Word 文档	wav	声音文件

从大的方面来说，文件可以分为两种：程序文件和非程序文件。当用户选中程序文件，用鼠标双击或按下回车键后，计算机就会打开程序文件，而打开程序文件的方式就是运行它。当用户选中非程序文件，用鼠标双击或按下回车键后，计算机也会试图打开它，而这个打开方式就是用特定的程序去打开它。用什么特定程序来打开，则决定于这个文件的类型。

2.1.2　文件夹

如果在办公桌上放置数以千计的纸质文件，在需要查看某个特定文件时，这种查找的工作会让人崩溃——这就是人们时常把纸质文件存储在文件柜中的文件夹中的原因。按照平时处理公文的习惯，我们一般会把相关的公文集中存放在同一个文件夹中，并把文件夹及文件进行编号和标注名称处理，便于日后查找。在 Windows 7 中，文件夹的作用亦是如此。

计算机文件夹是用来协助人们管理计算机文件的，每一个文件夹对应一块磁盘空间，它提供了指向对应空间的地址，它没有扩展名，也就不像文件那样格式用扩展名来标识。在 Windows 7 中常见的文件夹用图标　　来表示。

从结构层次上来说，文件夹又可以分为根文件夹和子文件夹。从根文件夹中建立的文件夹称为子文件夹，子文件夹中也可以再包含下一级子文件夹。如果在结构上加了许多子文件夹，它便成为一个倒过来的树的形状，这种结构称为目录树，也叫做多级文件夹结构。而分区通常被称之为"根目录"，如在 C 盘分区就被称为"C 盘根目录下"，文件可以建立在该多级文件夹结构的任何地方。

文件夹和子文件夹这个关系比较容易理解，除了根目录外，所有的文件夹都可以既称为文件夹，也可以称为子文件夹。这里的"文件夹"是一个相对独立的称呼，而"子文件夹"则是相对上一级文件夹的称呼。如 C 盘中有个"课件"文件夹，"课件"文件夹中又有个"语文课件"文件夹，一般情况下我们说 "课件文件夹"、"语文课件文件夹"，也可以这样说 "课件子文件夹"，这是因为相对于 C 盘根目录来说，"课件"就是一个子文件夹。

在任一级的文件夹中都可以有子文件夹和文件。文件在同一个文件夹中不能与另一个文件重命，子文件夹亦是如此。但在同一个文件夹中，文件可以与子文件夹重命，因为两者的类型不同。

> **提示**：在操作文件夹时用户还需要注意"系统文件夹"，所谓"系统文件夹"可以简单地理解为"存储了 Windows7 操作系统本身文件的文件夹"（如 C:\Windows 等）。这样的文件夹一般只能看看，不能对里面的任何文件、文件夹进行删除操作，否则很容易导致系统因文件受损而崩溃，使电脑无法正常使用。

2.1.3　驱动器

在所有的微型计算机上，磁盘是通过相对应的通道或"驱动器"进行存取的。在用户的计算机范围内，驱动器由字母和后续的冒号来标定。一般情况下，第一个驱动器和第二个驱动器都是软盘驱动器，分别用 A：和 B：表示。主硬盘通常被称为 C：驱动器。

如果用户有多个硬盘分区，每个驱动器的编号由其固有的编号顺序给出，从而使它可以像一个单独的驱动器那样被访问。

一般情况下，内存驱动器应由物理驱动器之后的第一个字母给出，如 H。如图 2-1 显示了磁盘驱动器的情况。

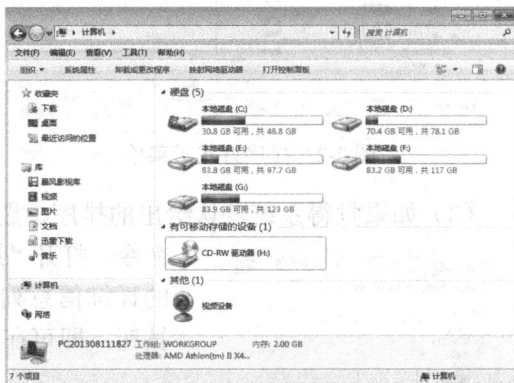

图 2-1　磁盘驱动器

2.2　利用"计算机"管理磁盘

"计算机"是 Windows 7 提供的文件管理工具，它可管理硬盘、映射网络驱动器、文件夹与文件。

2.2.1　利用"计算机"查看磁盘信息

在"计算机"窗口中用户可以轻易地访问、查看和管理几乎所有的计算机资源信息，还可以看到本地计算机中所有的磁盘列表。

在"计算机"窗口中打开文件的操作步骤如下：

（1）双击桌面上的"计算机"图标，打开"计算机"窗口。

（2）双击文件所在的驱动器或硬盘。

（3）如果所要浏览的文件存储在驱动器或硬盘的根目录下，双击文件图标即可。如果所要浏览的文件存储在驱动器或硬盘中根目录下的某一个文件夹中，首先找到并双击文件夹将文件夹打开，然后双击文件图标打开所要使用的文件。

2.2.2　排列文件和文件夹

在计算机窗口中用户可以将文件和文件夹以一定的规律进行排序，这样，可以很容易的查看属于同一类型的文件和文件夹，排序文件和文件夹的具体操作步骤如下：

（1）在计算机窗口中选择"查看"菜单中的"排序方式"命令出现一个子菜单，如图 2-2 所示。

（2）在子菜单中选择一种排序方式，如这里选择"修改时间"和"递增"，则排序文件和文件夹的效果如图 2-3 所示。

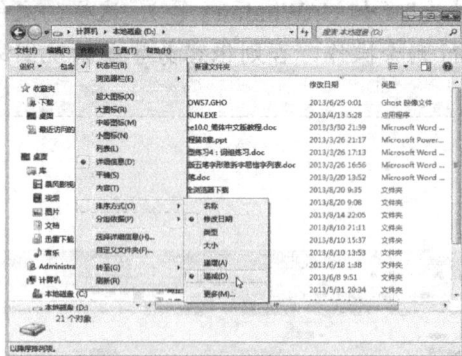

图 2-2　排序方式子菜单

图 2-3　排序效果

（3）如果觉得系统默认给出的排序标题不够详细，则可以在排序子菜单中选择"更多"命令，打开"选择详细信息"对话框，如图 2-4 所示。在对话框的详细信息列表中可以选中要显示的排序命令，单击"确定"按钮，即可在排序子菜单中显示出该命令。

图 2-4　选择详细信息对话框

2.2.3　文件查看方式

打开文件夹查看其中的文件时，用户可以按自己的需要来改变文件和文件夹的查看方式，使用不同的查看方式可以收到不同的效果。

在计算机窗口中单击工具栏上的"更改您的视图"按钮右侧的下三角箭头出现一个下拉菜单，如图 2-5 所示。

在菜单中列出了 Windows 7 提供的八种查看方式：超大图标、大图标、中等图标、小图标、列表、详细信息、平铺和内容，Windows 7 默认的是列表方式查看文件。

详细信息查看方式是详细列出每一个文件和文件夹的具体信息，包括大小、修改日期和文件类型。图标查看方式则是以图标的形式显示文件和文件夹。平铺和列表两种查看方式，则是按行和列的顺序放置文件和文件夹。

内容查看方式则会显示文件或文件夹的一些基本信息，如图 2-6 所示。

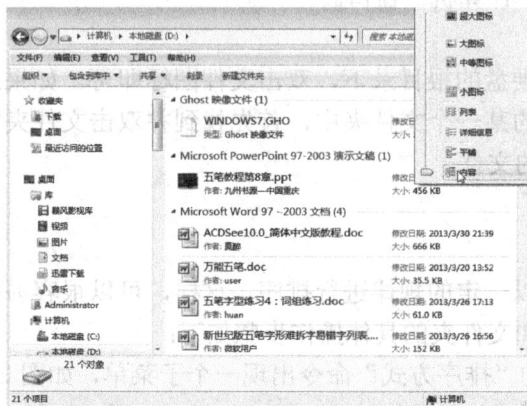

图 2-5　选择文件和文件夹的查看方式

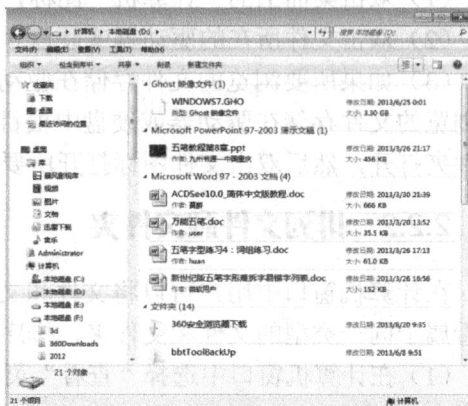

图 2-6　内容查看文件和文件夹方式

2.3 文件与文件夹常用操作

在 Windows 7 操作系统中管理文件时，用户会经常进行文件或文件夹的创建、移动、复制、重命名、删除等操作。使用这些基本操作命令，可以对磁盘上的文件或文件夹进行有效的管理。

2.3.1 选择文件或文件夹

用户在操作文件与文件夹时，首先要选定该文件，Windows 系统提供了多种选定文件与文件夹的方法。

如果要选取单个文件或文件夹直接用鼠标单击目标文件或文件夹即可，被选中的文件或文件夹以高亮显示。

如果要选定连续的文件和文件夹首先单击要选定的第一个文件或文件夹，再按住 Shift 键的同时单击要选定的最后一个文件或文件夹，则在这两个选择对象之间的文件或文件夹都被选中，并以高亮显示。用户也可以按住用鼠左键不放然后标拖动选中连续的文件或文件夹。

如果选中的文件不是连续文件则可以借助 Ctrl 键来选择，例如要在 C 盘中选中不连续的商业文件，基本方法如下：

（1）进入 C 盘首先按下 Ctrl 键。

（2）分别单击要选中的商业文件，则即可选中不连续的文件，如图 2-7 所示。

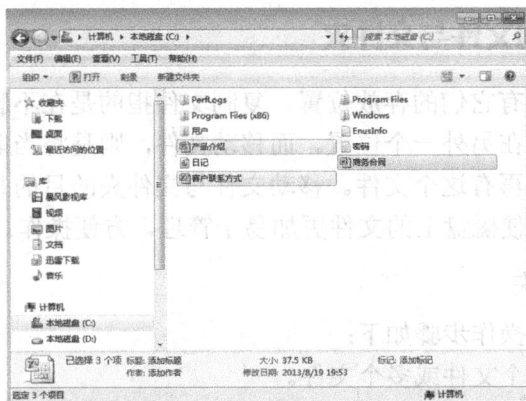

图 2-7 选定不连续的文件夹

> **提示**：如果要选中全部文件，执行"编辑"菜单中的"全选"命令；也可以通过按[Ctrl+A]组合键来执行全部选定操作。如果要取消选定的文件，在屏幕的空白区域上任意地方单击鼠标，就可以看到选中文件的标志消失了。

2.3.2 新建文件夹

有些文件夹是在安装程序时自动创建的。例如，在安装 Office 2007 中文版时，安装程序在磁盘驱动器上建立一个文件夹，并将 Office 2007 中文版文件放在该文件夹中。

为了将文件按照类或一定的关系组织起来，用户可根据需要自己创建新的文件夹，然后将同一类别的文件放到一个文件夹中，这样可以使自己的文件系统更加有条理。用户可以在文件夹树中的任意位置创建文件夹。

例如，在 D 盘中创建一个新文件夹的具体步骤如下：

（1）双击桌面上计算机图标，打开计算机窗口。在计算机窗口打开要在其中创建新文件夹的文件夹，如这里双击 D 盘图标打开 D 盘。

（2）在空白处单击鼠标右键，在弹出的菜单中选择"新建"命令，在子菜单中选择文件夹命令，或者单击工具栏上的"新建文件夹"按钮，这时在窗口中会出现的一个新的文件夹并标有"新建文件夹"字样，如图 2-8 所示。

（3）用户可以输入新文件夹的名字，如输入"商业文件"然后按回车键或在空白处单击鼠标，如图 2-9 所示。

图 2-8　创建新文件夹　　　　　　　图 2-9　为新文件夹命名

2.3.3　移动或复制文件与文件夹

每个文件和文件夹都有它们的存放位置。复制文件指的是在不删除当前文件的前提下，做一个原文件的备份，放在另外一个位置。而移动文件，则是将当前的文件存放到另外一个目录下，当前目录下则不再有这个文件。移动文件与文件夹的目的是将分散在不同文件夹下的同类文件组织到一起，使磁盘上的文件更加易于管理，方便操作。

1．移动文件或文件夹

移动文件或文件夹的操作步骤如下：

（1）选择要移动的一个文件或多个文件。

（2）选择"编辑"菜单中的"剪切"命令或按[Ctrl+X]组合键。

（3）打开要移动到的目标文件夹，选择"编辑"菜单中的"粘贴命"令或按[Ctrl+V]组合键。

2．复制文件或文件夹

复制文件或文件夹的操作步骤如下：

（1）选择要复制的一个或多个文件。

（2）选择"编辑"菜单中的"复制"命令或按[Ctrl+C]组合键。

（3）打开要复制到的目标文件夹，选择"编辑"菜单中的"粘贴"命令或按[Ctrl+V]组合键。

2.3.4　重命名文件或文件夹

用户可根据自己的需要，更改文件或文件夹的名称。重命名文件与文件夹的步骤如下：

（1）选择要重命名的文件或文件夹。

（2）单击菜单栏中的"文件"，在弹出的下拉菜单中选择"重命名"命令，或者在选择的文件或文件夹上用鼠标右键单击打开快捷菜单，在快捷菜单中选择"重命名"命令，此时可以看到被选择的文件或文件夹的名字呈高亮显示。

（3）输入一个新的名称，按回车键或在空白处单击鼠标左键完成操作。

> **提示**：如果新文件夹名与当前文件夹中的某个文件夹同名，将弹出"确认文件夹替换"对话框，如图 2-10 所示。此时用户可以更换文件夹名称。如果文件正在使用，则系统也不允许对文件进行重命名；一般情况下不要对系统文件或重要的安装文件进行移动、重命名操作，以免系统运行不正常或程序被破坏。

2.3.5 删除文件或文件夹

在 Windows 7 环境下管理文件时，经常需要将一些错误创建的文件，或陈旧不用的文件删除，以空出足够的磁盘空间供其他工作使用。

删除文件或文件夹的步骤如下：

（1）打开"计算机"窗口。

（2）在窗口中找到并选择需要删除的文件或文件夹图标。

（3）单击文件菜单列表下的"删除"按钮或按下键盘上的 Delete 键将其删除，打开如图 2-11 所示的提示信息对话框。

（4）单击"是"按钮或按回车键，即可将所选文件放入回收站中。

图2-10 确认文件夹替换对话框 　　　　图2-11 提示信息对话框

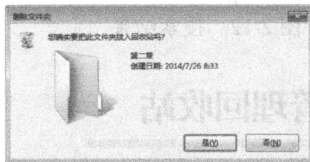

> **提示**：在 Windows 7 中的这种删除操作并不是将文件真正地删除，只是将它们放到了回收站中。在删除操作时如果同时按住 Shift 键，则将其彻底删除，即不移入回收站中。另外不要随意删除系统文件或其他重要程序中的主文件，如果一旦删除了这些重要文件可能会导致程序无法运行或系统出故障。

2.3.6 查找文件或文件夹

电脑使用的时间一长，积累的各种文件也很多。查找文件时如记不清存放在哪个磁盘，甚至文件名也记不全，那么可以使用 Windows 7 提供的"搜索"功能来帮忙。

在查找文件时如果用户知道文件名，可以使用文件名来查找，如果记不清楚文件名，可以使用部分文件名或文件中的一个字或词组来查找。

例如，用户下载了一个万能五笔的安装程序存放到了 D 盘，但时间久了记不清楚下载的文件名，但因为万能五笔安装程序是安装文件，它的后缀是.exe，因此用户可以搜索在 D 盘驱动器中所有扩展名为.exe的文件，基本方法如下：

（1）打开计算机窗口，双击D盘图标进入D盘。

（2）在地址栏右侧的"搜索"框中输入想要搜索的文件或文件夹的名称，如这里输入".exe"，Win 7则自动开始搜索，并将查找的结果列出来如图2-12所示。

（3）在结果列表中寻找万能五笔安装文件。

（4）如果要保存搜索结果，在搜索结束后，单击工具栏上的"保存搜索"命令，打开"另存为"对话框，利用"另存为"对话框用户可以保存搜索到的结果。

提示：如果用户要查找文件的更多信息，例如文件中的一个字或词组，文件的修改时间，文件的大小等，在输入查找信息时可以分别对它们进行详细设置，这样搜索到的结果的准确性将会更高。例如这里知道D盘有一个安装程序的下载时间是2011年6月份，因此可以利用筛选器来进行筛选，输入.exe后，在搜索框中单击鼠标，然后在下拉列表中选择修改日期，则会打开选择日期或日期范围筛选器，用户可以对搜索文件的修改日期进行设置，如这里设置为2011年6月，则筛选结果如图2-13所示。

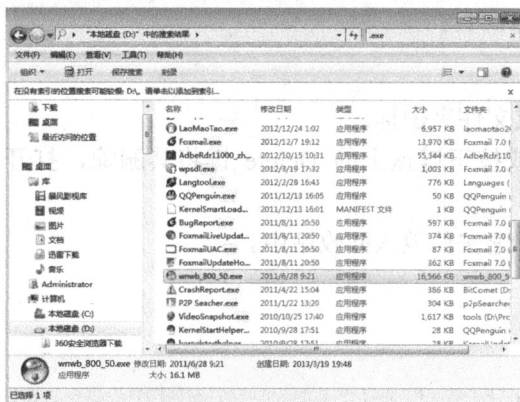

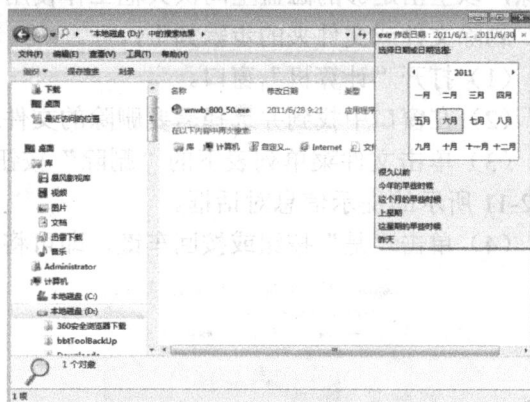

图2-12　搜索结果　　　　　图2-13　设置筛选器

2.4　管理回收站

用户在选择一般的删除操作时只是在逻辑上删除了文件或文件夹，实际上这些文件或文件夹仍保留在回收站中。用户可以使用回收站对被逻辑删除的文件或文件夹进行管理。

2.4.1　恢复文件或文件夹

被放入到回收站中的项目可以被恢复到原来的位置，这样当用户在选择错误的删除后还有改正的机会，避免给自己的工作造成损失。恢复被删除的文件或文件夹的操作步骤如下：

（1）在桌面上用鼠标双击"回收站"图标，打开"回收站"窗口，如图2-14所示。

（2）在窗口中选择要恢复的文件或文件夹。

（3）单击工具栏中的"还原此项目"按钮，或单击菜单栏中的"文件"，在弹出的菜单栏中选择"还原"命令，或者单击鼠标右键，在弹出的下拉菜单中选择"还原"命令，即可将被选择的文件或文件夹恢复到原来的位置上。

提示：从硬盘删除项目时Windows将该项目放到回收站中，从U盘或网络驱动器中删除的项目不能发送到回收站，而被永久删除。

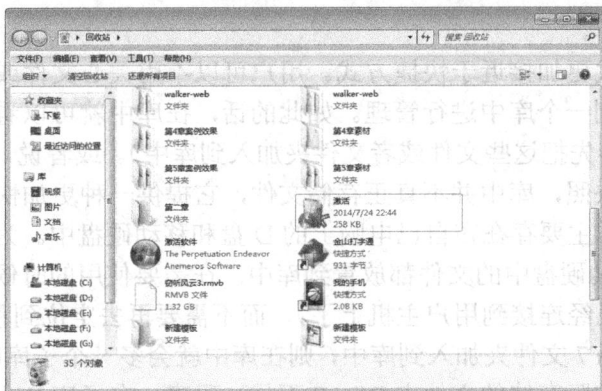

图 2-14 "回收站"窗口

2.4.2 永久删除文件或文件夹

为了释放回收站的空间，便于回收站的管理，用户可以将一些确实无用的文件或文件夹从回收站中永久删除，永久删除文件或文件夹的具体操作步骤如下：

（1）在回收站中选择要永久删除的文件或文件夹。

（2）单击鼠标右键，在弹出的下拉菜单中选择"删除"命令或直接按 Delete 键，则选择的文件或文件夹被永久删除。

如果要把回收站中的所有文件或文件夹都永久删除，可以在"回收站"窗口中单击"清空回收站"命令，则回收站中的所有文件或文件夹都被永久删除。

2.5 库的使用

Win 7 引入库的概念并非传统意义上的用来存放用户文件的文件夹，它还具备了方便用户在计算机中快速查找到所需文件的作用。

在 Windows XP 时代，文件管理的主要形式是以用户的个人意愿，用文件夹的形式作为基础分类进行存放，然后再按照文件类型进行细化。但随着文件数量和种类的增多，加上用户行为的不确定性，原有的文件管理方式往往会造成文件存储混乱、重复文件多等情况，已经无法满足用户的实际需求。而在 Win 7 中，由于引进了"库"，文件管理更方便，可以把本地或局域网中的文件添加到"库"，把文件收藏起来。

简单地讲，文件库可以将需要的文件和文件夹统统集中到一起，就如同网页收藏夹一样，只要单击库中的链接，就能快速打开添加到库中的文件夹，而不管它们原来深藏在本地电脑或局域网当中的任何位置。另外，它们都会随着原始文件夹的变化而自动更新，并且可以以同名的形式存在于文件库中。

2.5.1 了解 Win 7 的库

我们可以看到库好像跟传统的文件夹比较相像。确实，从某个角度来讲，库跟文件夹确实有很多相似的地方。如跟文件夹一样，在库中也可以包含各种各样的子库与文件等等。但是其本质上跟文件夹有很大的不同。在文件夹中保存的文件或者子文件夹，都是存储在同一个位置。而在库中存储的文件则可以来自于计算机中的不同位置，如可以在来自于用户电脑上的关联文件或者来自于移动磁盘上的文件。这个差异虽然比较细小，但确是传统文件夹与库之间的最本质的差异。

其实库的管理方式更加接近于快捷方式。用户可以不用关心文件或者文件夹的具体存储位置。把它们都链接到一个库中进行管理。如此的话，在库中就可以看到用户所需要了解的全部文件（只要用户事先把这些文件或者文件夹加入到库中）。或者说，库中的对象就是各种文件夹与文件的一个快照，库中并不真正存储文件，它提供一种更加快捷的管理方式。如用户有一些工作文档通常主要存在在自己电脑上的 D 盘和移动硬盘中。为了以后工作的方便，用户可以将 D 盘与移动硬盘中的文件都放置到库中。在需要使用的时候，只要直接打开库即可（前提是移动硬盘已经连接到用户主机上了），而不需要再去定位到移动硬盘上。

如现在把一个 Win 7 文件夹加入到库中，则在库中就会多一个子库叫做 Win 7。注意，在库中的子库 Win 7 与实际存储的文件夹 Win 7 不是一码事。在子库 Win 7 上的一些操作，并不会影响到实际的 Win 7 文件夹。如可以在库中，把某些文件夹包含到库中。如我们可以把当前硬盘中存在的一些文件夹加入到这个 Win 7 库中。但是，虽然在子库 Win 7 库中把某些文件夹加入到了这个库中，可是这对于实际存储的文件夹 Win 7 没有丝毫影响。也就是说，并不会因为用户把某个文件夹加入到库 Win 7 中，而把那个文件夹的内容也复制到 Win7 文件夹中。可见，把某个文件夹加入到库中，虽然默认情况下其名字是相同的，但是两者不是一码事。一个是实际存储的文件夹，一个是库的名字。

2.5.2　启动库

在桌面上双击"计算机"图标，打开"计算机"窗口，在左侧的导航窗格中单击"库"选项，则打开"库"窗口，如图 2-15 所示。

2.5.3　新建库

在 Win 7 中，默认已经有一些库，视频、图片、文档、迅雷下载、音乐库等。用户还可以根据个人需要进行新建，新建库的具体步骤如下：

（1）在库窗口中单击工具栏上的"新建库"按钮，则在窗口中新建一个库，如图 2-16 所示。

（2）输入新建库的名字，例如输入"移动盘"，在窗口的空白处单击鼠标，则在库中创建一个名为移动盘的库。

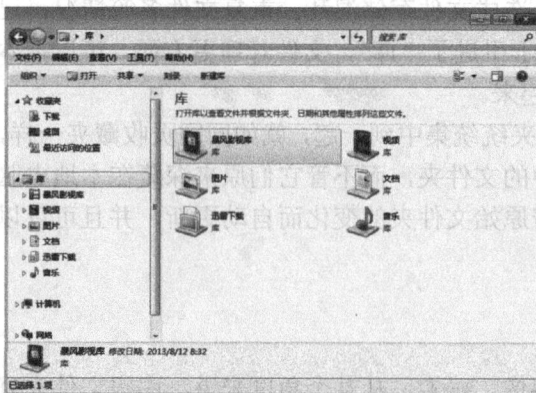

图 2-15　Win 7 的库　　　　　　　　　　　　图 2-16　新建一个库

2.5.4　将文件夹添加到库

将文件添加到库中的具体方法如下：

　　（1）在库窗口中想要添加文件夹的库中单击鼠标右键，如这里在视频库上单击鼠标右键，在打开的快捷菜单中选择"属性"命令，打开"视频属性"对话框，如图 2-17 所示。

　　（2）单击"包含文件夹"按钮，打开"将文件包括在"视频"中"对话框，如图 2-18 所示。

　　（3）在对话框中选择要包含的文件夹，如这里选择 F 盘里的 Video 文件夹，单击"包括文件夹"按钮，返回"视频属性"对话框。

　　（4）按相同的方法将 G 盘的 TDownload 文件夹包括到视频库中，在"视频属性"对话框中单击"确定"按钮，则会出现一个更新库的进度窗口，更新完毕则用户选择的文件夹被添加到了视频库中。

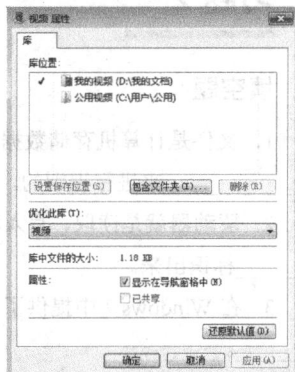

图 2-17　"视频属性"对话框

　　提示： 想要添加某个文件夹到指定库，在这个文件夹上单击鼠标右键，在包含到库中子菜单中选择目标库即可，如图 2-19 所示。

图 2-18　"将文件包括在"视频"中"对话框

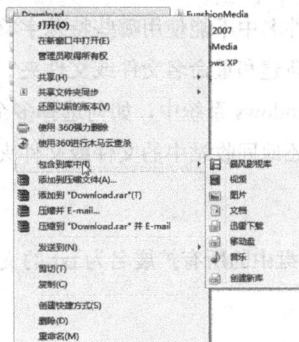

图 2-19　添加某个文件夹到指定库

动手做 5　在库中打开文件

　　将文件夹包含到库中以后，用户可以直接在库中打开文件夹中的文件，而不必再到文件夹所在的磁盘。例如这里使用库打开 F 盘 Video 文件夹中的旅游视频，具体方法如下：

　　（1）在库窗口中双击视频库打开视频库，如图 2-20 所示。

　　（2）在视频库的 Video 字库中双击旅游视频文件，则可直接将该视频文件打开。

图 2-20　在库中打开文件

习题 2

填空题

1．文件是计算机存储数据、程序或文字资料的基本单位，是一组_____。文件在计算机中是采用_____来进行识别的。

2．驱动器就是读取、写入和寻找磁盘信息的硬件。在 Windows 系统中，每一个驱动器都使用一个特定的_____标识出来。

3．在 Windows 7 中提供了 8 种查看方式：_____、_____、_____、_____、_____、_____、_____和_____。

4．用户在选择一般的删除操作时只是_____上删除了文件或文件夹，物理上这些文件或文件夹仍保留在_____中。

5．在 Windows 中，按住_____键可选择多个不连续的文件或文件夹。

简答题

1．在文件名中不能使用哪些特殊字符？

2．如何新建和重命名文件或文件夹？

3．在 Windows 系统中，如何选择多个不连续的文件和文件夹？

4．如何还原回收站中的文件或文件夹？

操作题

将"F:"盘中的所有扩展名为.txt 的文件查找出来并将其删除到回收站中。

第 3 章　Windows 7 的设置

　　用户初次进入 Windows 7 后，系统会为用户提供一个默认的工作环境。由于个人习惯与爱好的不同，用户可能对原有的设置不太满意，Windows 7 允许对系统进行设置。通过设置，用户可以得到更加符合个人要求的操作环境，能大大提高工作和学习效率。

🔑 **知识要点**

- 设置桌面
- 设置时间和日期
- 应用程序的安装与卸载
- 硬件的安装与卸载
- 用户账户管理
- 配置打印机

3.1　设置 Windows 7 的桌面

　　进入 Windows 7 操作系统后，用户首先看到的是桌面，如果用户认为系统默认的风格没有新意，可以自己定制个性化的桌面，如更改桌面背景、设置屏幕保护程序等。

3.1.1　设置桌面背景

　　为了摆脱桌面的单一模式，可以选择一幅自己喜爱的图案作为桌面背景，设置桌面背景的操作步骤如下：

　　（1）在桌面的空白处单击鼠标右键，在弹出的快捷菜单中选择"个性化"命令，打开"控制面板个性化"窗口，如图 3-1 所示。

图 3-1　"控制面板个性化"窗口

　　（2）单击"桌面背景"选项，打开"桌面背景"窗口，如图 3-2 所示。

　　（3）在"图片位置（L）"列表中选择图片的位置，如选择 Windows 桌面背景，在图片列表中选择一个图片，在"图片位置（P）"列表中选择图片的位置，如选择"填充"，单击"保存修改"按钮，则桌面背景变为选定的图片，如图 3-3 所示。

图 3-2　桌面背景窗口　　　　　　　　　　　图 3-3　更改桌面背景的效果

提示：如果用户选择的背景图片不在"背景"列表中，可以单击"浏览"按钮，打开"浏览"对话框选择背景图片。如果所选背景图片的尺寸大于或小于桌面尺寸，还可以在"图片位置（P）"下拉列表中选择图片在桌面的显示方式。用户还可以设置桌面背景图片的模式为放映幻灯片模式，在图片列表中选中多张背景图片，然后在更改图片时间间隔列表中选中切换图片的时间间隔，如选中无序播放复选框，则背景图片无序播放，如取消该复选框的选中状态，则图片按照图片的顺序依次播放。

3.1.2　设置 Aero 效果

Aero 效果是 Win7 中的高级视觉效果功能，其特点是具有透明的磨砂玻璃效果、精致的窗口动画和新窗口颜色。

在启用 Aero 效果的 Win7 中，任务栏、开始菜单、窗口边框都会具有半透明的磨砂玻璃的效果。用户可以修改 Aero 效果下的窗口等处的颜色，具体操作步骤如下：

（1）在桌面的空白处单击鼠标右键，在弹出的快捷菜单中选择"个性化"命令，打开"控制面板个性化"窗口。

（2）单击"窗口和颜色"选项，打开"窗口颜色和外观"窗口，如图 3-4 所示。

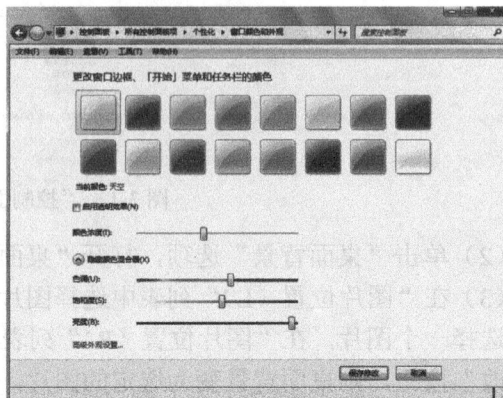

（3）在颜色列表单击任一种颜色窗格后，当前窗格的颜色将即时发生相应的变化。

（4）通过左右拖动颜色浓度的滑块，可以调节所选颜色的浓度。单击显示颜色混合器在展开的界面中用户还可以做进一步的设置，如图 3-5 所示。

（5）如果取消"启用透明效果"复选框的选中状态，则取消透明效果。

（6）完成颜色的调整后，单击"保存修改"按钮。

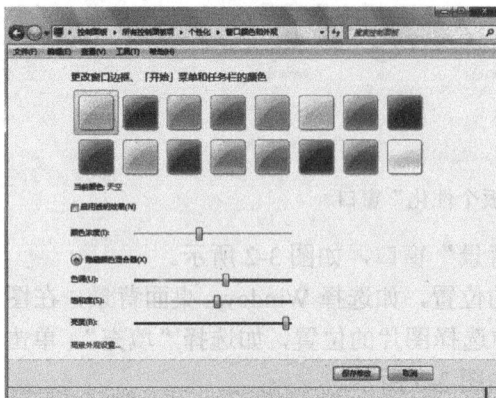

图 3-4　"窗口颜色和外观"窗口　　　　　　　图 3-5　设置颜色混合器

3.1.3　设置桌面主题

桌面主题是一组预定义的窗口元素，它们让您可以将计算机个性化，使之有别具一格的外观。主题也会影响桌面的总体外观，包括背景、屏幕保护程序、图标、字体、颜色、窗口、鼠标指针和声音。

设置桌面主题的具体步骤如下：

（1）在桌面的空白处单击鼠标右键，在弹出的快捷菜单中选择"个性化"命令，打开"控制面板个性化"窗口。

（2）在"更改计算机上的视觉和声音中"选择系统主题，如选择"中国"，如图3-6所示。

应用设置的主题后，用户发现桌面背景、桌面图标、桌面的外观、窗口的外观、鼠标指针等都明显发生了变化，如图 3-7 所示。在应用主题后，用户还可以重新对桌面的背景、桌面图标、桌面的外观、窗口的外观、鼠标指针等项目进行自定义。

图 3-6　选择主题

图 3-7　设置主题的效果

3.1.4　设置屏幕分辨率

屏幕的分辨率是指屏幕所支持的像素的多少，它决定屏幕上显示内容的多少。设置屏幕分辨率的具体步骤如下：

（1）在桌面的空白处单击鼠标右键，在弹出的快捷菜单中选择"屏幕分辨率"命令，打开"屏幕分辨率"窗口，如图 3-8 所示。

（2）单击分辨率右侧的按钮，在列表中使用鼠标拖动滑块可以改变屏幕的分辨率。分辨率越高，在屏幕上显示的项目多，但尺寸比较小。

（3）设置完毕单击"确定"按钮。

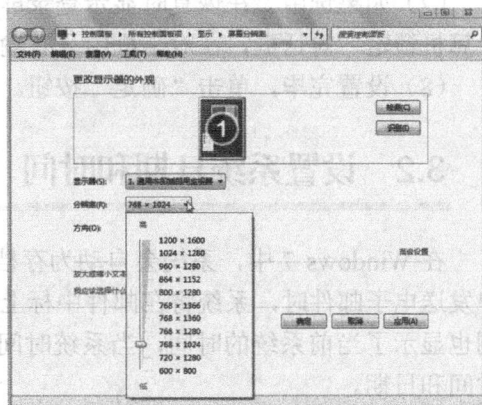

图 3-8　设置屏幕分辨率

3.1.5　设置屏幕保护程序

屏幕保护程序可以在用户暂时不工作时保护用户的工作状况，设置屏幕保护的具体操作步骤如下：

（1）在桌面的空白处单击鼠标右键，在弹出的快捷菜单中选择"个性化"命令，打开"控制面板个性化"窗口。

（2）单击"屏幕保护程序"选项，打开"屏幕保护程序设置"对话框，如图 3-9 所示。

（3）在屏幕保护程序列表中，用户可以选择一个喜爱的屏幕保护程序，例如选择"三维文字"屏幕保护程序。

（4）用户还可以对选定的屏幕保护程序进行设置，单击"设置"按钮，出现如图3-10所示的对话框，在对话框中用户可以对三维文字的文字、字体、旋转类型等进行具体的设置。设置对话框会根据用户选用的保护程序项的不同而不同。

图 3-9　设置屏幕保护程序　　　　　图 3-10　　"三维文字设置"对话框

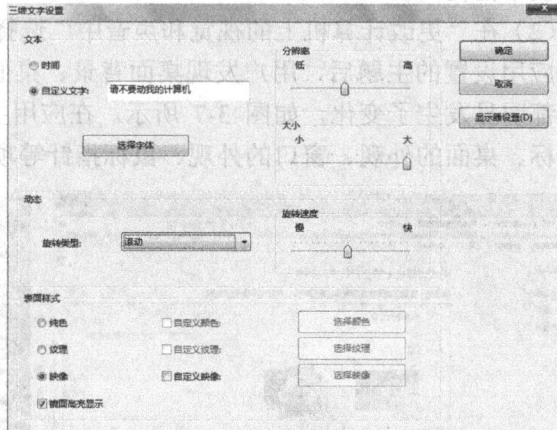

（5）在"等待"文本框中输入时间，在该段时间内，如果计算机没有接受到外部的激励，即没有对计算机进行操作，屏幕保护程序就会自动运行起来。用户可以在输入框中输入或者单击在它旁边的微调按钮选择时间，时间的单位为分钟，最小反应时间为1分钟，系统默认的值为10分钟。

（6）单击"预览"按钮，则可以看到屏幕保护程序的预览效果，随便动一动鼠标，消除屏幕保护，返回到"显示属性"对话框中。

（7）如果选中"在恢复时显示登录屏幕"复选框，则在返回原来的屏幕时会出现"解除计算机锁定"对话框，在对话框中只有输入用户的密码才能返回原来的屏幕。

（8）设置完毕，单击"确定"按钮。

3.2　设置系统日期和时间

在 Windows 7 中，系统会自动为存档文件标上日期和时间，以供用户检索和查询。在用户发送电子邮件时，系统将在邮件中标上本机所设置的日期和时间。在 Windows 7 任务栏右侧也显示了当前系统的时间，当系统时间和日期不准确或在特定情况下用户可以更改系统的时间和日期。

设置系统日期和时间的操作步骤如下：

（1）单击任务栏右侧的时钟图标打开时间和日期界面，如图 3-11 所示。

（2）单击"更改日期和时间设置"选项，打开"日期和时间"对话框。

（3）选择"日期和时间"选项卡，单击"更改日期和时间"按钮，打开"日期和时间设置"对话框，如图 3-12 所示。用户可以设置当前日期，分别指定年月日。

（4）在时间选项区域中，非常形象地以钟表的形式显示了系统时间，在其下的输入框中，可以指定当天的准确时间，从左至右，依次为小时、分、秒。

(5) 设置完毕，单击"确定"按钮。

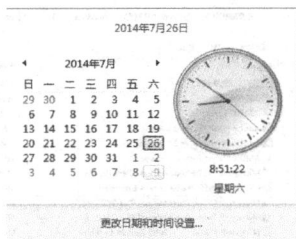

图 3-11　日期和时间界面

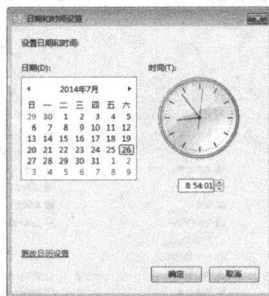

图 3-12　"日期和时间设置"对话框

3.3　应用程序安装与卸载

Windows 7 的功能虽然强大，但它只是为应用程序提供了一个操作平台，用户要使用某个软件必须首先在操作系统中安装它，所以在使用计算机的过程中不可避免地要安装一些必需的软件。在计算机的存储空间不大的情况下还可以将一些不再使用的程序卸载以释放磁盘空间。

3.3.1　安装应用程序

绝大部分应用软件的安装过程都是大致相同的。有些较大型的软件如 Delphi，Visual C++等，它们的安装过程需要较多的步骤，用户需要清楚每一步操作的作用和注意事项，相对来说会比较烦琐；而很多中小型软件如办公软件、Windows 管理软件等，它们的安装过程就相对简单得多。

一般说来，应用软件的安装有两种方式：一种是从光盘直接安装，即把某个应用程序的安装光盘放到光驱中后系统会自动启动安装程序；另一种是通过双击相应的安装图标，一般名称为"Setup"或者"Installation"，同样也可以启动安装程序。另外还有一些程序通过双击应用软件的图标就可启动安装程序。

启动安装程序，进入欢迎界面，然后按照安装向导一步一步进行操作。在安装过程中用户只要能够理解向导中每一步骤的安装作用，正确设置其中的选项，就可以顺利地将所需要的应用软件安装成功。在安装成功后计算机会给出提示，表示安装成功，有些软件在安装成功后需要重新启动计算机才能生效。如果安装不成功，计算机也会给出提示，用户可以根据提示重新安装。

3.3.2　更改或修复已安装的软件

对于那些不再使用的应用程序，用户可以将其卸载，以释放更多的磁盘空间。卸载应用程序的操作步骤如下：

(1) 在"开始"菜单中单击"控制面板"选项，打开"控制面板"窗口。

(2) 在控制面板窗口的"查看方式"列表中选择"小图标"的查看方式，如图 3-13 所示。

(3) 在"控制面板"窗口中单击"程序和功能"选项，打开"程序和功能"窗口，如

图 3-14 所示。

图 3-13 "控制面板"窗口

图 3-14 "程序和功能"窗口

（4）在"卸载或更改程序"列表中选择要删除的应用程序，单击"卸载/更改"或"卸载"按钮，系统会给出相应的提示，如图 3-15 所示。

（5）单击"卸载"按钮，开始卸载程序，如果单击"取消"按钮，则取消卸载。

> 提示：有些应用程序存在于开始菜单的软件包中，有一个卸载程序，如图 3-16 所示，用鼠标单击这个程序，就可启动该应用软件的卸载程序。

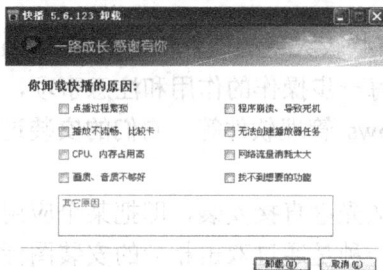

图 3-15 卸载程序

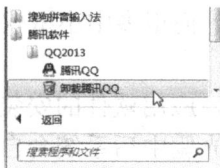

图 3-16 在"开始"菜单中卸载程序

3.4 硬件安装与卸载

计算机硬件是指实际的物理设备，包括计算机的主机和外部设备。计算机硬件的功能是输入并存储程序和数据，以及执行程序把数据加工成可以利用的形式。如果 Windows 7 安装完毕后，还要添加新的或 Windows 没有识别并自动安装的硬件，这时就需要手动操作来添加新硬件。对于一些硬件之间存在冲突的问题，就需要禁用此设备，否则将影响正常使用系统资源。对于那些不能用或性能低的硬件要将其卸载掉。

3.4.1 自动安装硬件

硬件驱动程序是一种可以使计算机和硬件设备通信的特殊程序，可以说相当于硬件的接口，操作系统只有通过这个接口，才能控制硬件设备的工作，假如某硬件设备的驱动程序未能正确安装，便不能正常工作。因此，驱动程序被誉为"硬件的灵魂"、"硬件的主宰"和"硬件和系统之间的桥梁"等。

　　硬件如果缺少了驱动程序的"驱动",那么本来性能非常强大的硬件就无法根据软件发出的指令进行工作,硬件就是空有一身本领都无从发挥,毫无用武之地。这时候,电脑就正如古人所说的"万事俱备,只欠东风",这"东风"的角色就落在了驱动程序身上。如此看来,驱动程序在电脑使用上还真起着举足轻重的作用。

　　因为在 Windows 7 中,庞大的内置驱动库已经可以对很多硬件进行较好支持,所以在 Windows7 中相当一部分的硬驱动的安装都是自动完成的,我们无须进行干预。

　　自动安装硬件的步骤如下:

　　(1)在计算机关闭的情况下,将硬件安装到计算机上。

　　(2)启动计算机并进入 Windows 7 桌面,系统将自动检测出新安装的硬件,并开始安装驱动程序,如图 3-17 所示。

　　(3)安装好驱动程序后,将在通知区域中显示安装成功的提示,如图 3-18 所示。

　　(4)如果驱动程序无法安装成功,将在通知区域中显示未能成功安装设备驱动的提示,如图 3-19 所示。

图 3-17　系统自动安装驱动程序　　　图 3-18　硬件安装成功提示　　　图 3-19　硬件安装不成功提示

3.4.2　安装 USB 设备

　　USB 设备是最容易连接到电脑上的设备之一。第一次将某个设备插入 USB 端口进行连接时,Windows 会自动识别该设备并为其安装驱动程序。驱动程序可使电脑与硬件设备通信。如果没有驱动程序,与您的计算机连接的 USB 设备(例如,鼠标或网络摄相机)将无法正常工作。

　　在安装 USB 设备前用户要查看设备附带的说明,了解是否需要在连接设备之前安装驱动程序。虽然 Windows 通常在用户连接新设备时会自动执行此操作,但某些设备需要手动安装驱动程序。在这些情况下,设备制造商会在软件光盘中提供有关在插入设备前安装驱动程序的说明。

　　有些 USB 设备具有电源开关。比如摄像机或照相机,在连接这些设备之前,应该打开开关。如果用户的设备使用电源线,请将该设备连接到电源,然后,在连接之前将其打开。

　　在计算机运行的状态下,将 USB 设备插入到计算机的 USB 端口中,如果 Windows 可以自动查找并安装设备驱动程序,则会通知用户该设备可以使用。否则,将显示未能成功安装设备驱动的提示。

　　提示:大多数 USB 设备都可以随时取出或拔下。拔下存储设备(如 USB 闪存驱动器)时,请确保计算机已将所有信息都保存到设备上,然后再将其取出。如果设备的灯处于活动状态,请等待几秒钟,灯不闪烁之后再拔下它。如果用户在任务栏右侧的通知区域中看到"安全删除硬件"图标 ,则用户可以使用这个图标作为设备已完成所有操作且可以移除的指示。单击该图标,用户将看到设备列表,如图 3-20 所示。单击要删除的设备,系统将显示一个通知,提示用户可以安全地删除该设备。

图 3-20　安全删除硬件

3.4.3　手动安装硬件驱动

如果 Windows 7 的内置驱动库中没有硬件的驱动程序，则用户应使用硬件设备生产商提供的驱动程序。

一般来说，各种硬件设备的生产厂商都会针对自己硬件设备的特点开发专门的驱动程序，并采用 7 光盘的形式在销售硬件设备的同时一并免费提供给用户。这些由设备厂商直接开发的驱动程序都有较强的针对性，它们的性能比 Windows 附带的驱动程序要高一些。

另外用户还可以通过访问硬件生产厂商的网站下载驱动程序，或者通过访问芯片组厂商的网站下载公版驱动，当然还可以通过访问专业驱动提供站点进行下载。

对于驱动程序的源文件本身就是后缀名为".exe"的可执行文件时，用户可以双击安装文件安装驱动程序。

现在硬件厂商已经越来越注重其产品的人性化，其中就包括将驱动程序的安装尽量简单化，所以很多驱动程序里都带有一个"Setup.exe"可执行文件，只要双击它，然后依次点击"Next（下一步）"就可以完成驱动程序的安装。有些硬件厂商提供的驱动程序光盘中加入了 Autorun 自启动文件，只要将光盘放入到电脑的光驱中，光盘便会自动启动。然后在启动界面中单击相应的驱动程序名称就可以自动开始安装过程，这种十分人性化的设计使安装驱动程序非常的方便。

硬件驱动程序安装好后，将硬件安装到计算机上后即使用。

3.4.4　查看有问题的硬件设备

有时候，旧的驱动程序是不能满足需要的，因此需要更新驱动程序，只有不断地更新硬件设备的驱动程序，才能够充分发挥计算机的性能。所以，有必要时常查看计算机硬件的驱动程序是否已经落后于技术的发展。

在 Windows 7 操作系统中提供了设备管理器，使用设备管理器可以查看计算机中已安装的硬件设备以及工作状态。如果发现安装的硬件无法正常使用，这时就应该在设备管理器中查看硬件的工作状态了。具体步骤如下：

（1）在桌面计算机图标上单击鼠标右键，在弹出的菜单中选择"属性"命令，打开"系统属性"窗口，如图 3-21 所示。

（2）在窗口左侧单击"设备管理器"选项，打开"设备管理器"窗口，如图 3-22 所示。在"设备管理器"窗口中将自动展开计算机中所有的硬件设备，并且在有问题的硬件前面会有一个黄色的叹号。

图 3-21　"系统属性"窗口　　　　　图 3-22　"设备管理器"窗口

（3）双击该设备名称，弹出该设备的属性对话框，单击"常规"选项卡，如图 3-23 所示。单击"更新驱动程序"按钮，则打开"更新驱动程序软件"对话框，用户可重新安装该设备的驱动程序，如图 3-24 所示。

图 3-23　硬件属性对话框

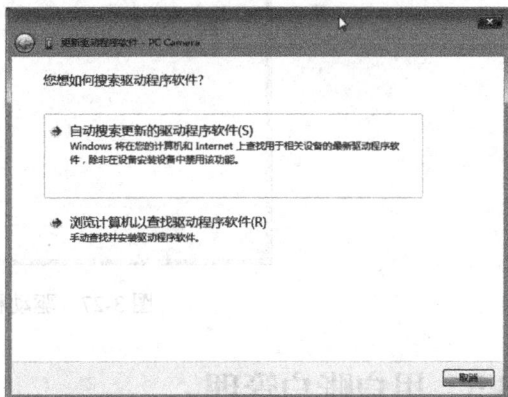

图 3-24　"更新驱动程序软件"对话框

（4）在对话框中如果单击"自动搜索更新的驱动程序软件"选项，则系统开始在默认安装驱动的文件夹中搜索该设备的驱动程序。一般情况下，如果系统不能自动安装硬件，该选项也无法为硬件安装驱动。单击"浏览计算机以查找驱动程序软件"选项，则进入如图 3-25 所示的对话框。

（5）在对话框中单击"在以下位置搜索驱动程序软件"区域的"浏览"按钮，在打开的"浏览"文件夹中选择驱动程序所在的文件夹，如选择 D:\ DRIVER 文件夹。

（6）如选中包括子文件夹选项，则在搜索时搜索选定文件夹的子文件夹。

（7）单击"下一步"按钮，操作系统将会在文件夹 D:\ DRIVER 中自动搜索与硬件相匹配的驱动程序，如图 3-26 所示。

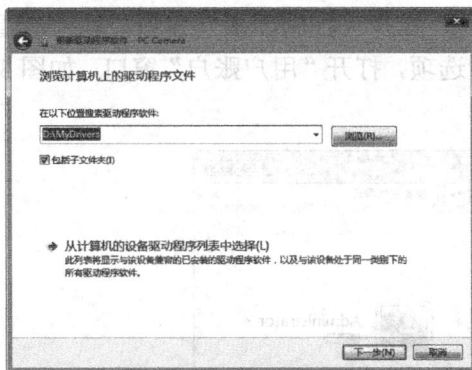

图 3-25　"更新驱动程序软件"对话框

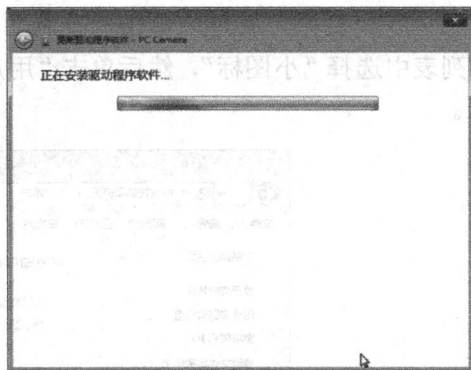

图 3-26　搜索驱动程序软件

（8）如果系统找到该硬件的驱动，则为硬件自动安装驱动程序，安装结束后出现如图 3-27 所示的对话框。单击"关闭"按钮，关闭对话框。

驱动程序安装好后，硬件前面的黄色叹号将不再显示。

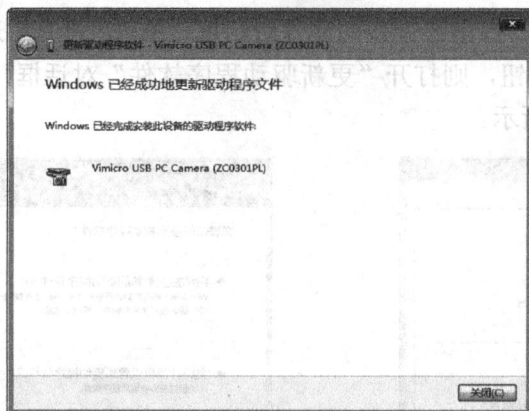

图 3-27　驱动程序安装完毕

3.5　用户账户管理

用户账户决定了用户可以在 Windows 中选择的操作。在独立计算机或作为工作组成员的计算机上，用户账户建立了分配给每个用户的权限。在作为网络域一部分的计算机上，用户必须是至少一个组的成员，授予组的权限和权利也会指派给其成员，并且不同的用户之间互相不影响。

3.5.1　创建新账户

在安装系统时必须创建一个管理员账户才能使用计算机，如果一台计算机有多个用户使用，计算机管理员可以创建新的账户。

创建账户的具体步骤如下：

（1）在"开始"菜单中单击"控制面板"选项，打开"控制面板"窗口，在"查看方式"列表中选择"小图标"，然后单击"用户账户"选项，打开"用户账户"窗口，如图 3-28 所示。

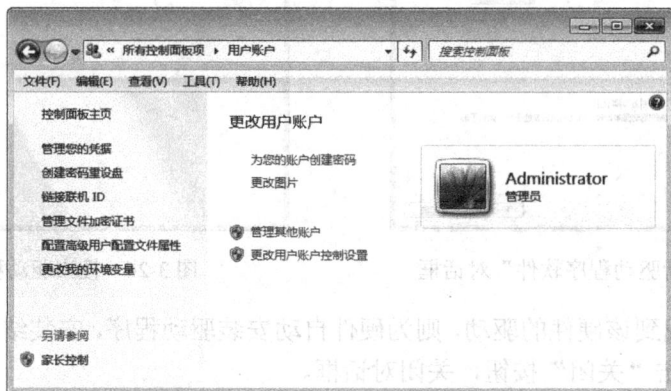

图 3-28　"用户账户"窗口

（2）单击"管理其他账户"选项，打开"管理账户"窗口，如图 3-29 所示。

图 3-29　"管理账户"窗口

（3）单击"创建一个新账户"选项，打开"创建新账户"窗口，在文本框中输入新账户的名称，如"办公室"，然后在选择新账户的类型，如选中"标准用户"单选按钮，如图 3-30 所示。

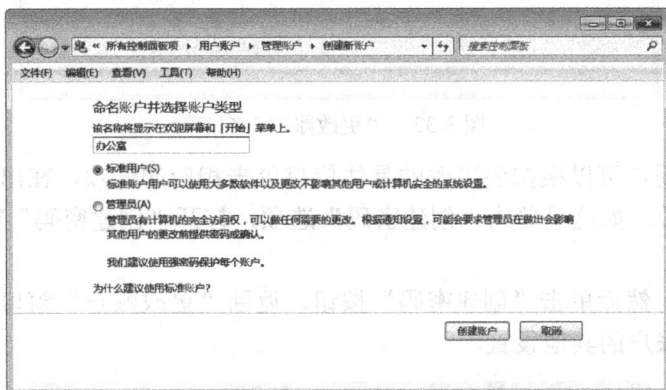

图 3-30　"创建新账户"窗口

（4）设置完毕单击"创建账户"按钮，返回到"管理账户"窗口，将创建名为办公室的用户账户，如图 3-31 所示。

图 3-31　创建新用户账户

3.5.2　更改账户

计算机管理员有权更改自己的和其他用户账户的有关信息，并且可以删除账户，而标准账户只能更改自己账户的信息。

更改账户的基本方法如下：

（1）如果用户是以计算机管理员身份登陆的，在控制面板中打开"用户账户"窗口，单击"管理其他账户"选项，打开"管理账户"窗口，单击要修改的用户账户，如办公室，打开"更改账户"窗口，如图 3-32 所示。

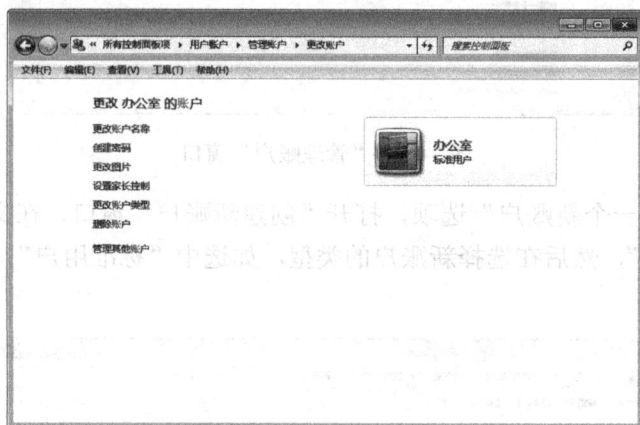

图 3-32　"更改账户"窗口

（2）在窗口中用户可以根据要更改的具体信息单击相应的选项，在出现的对话框中用户可以进行具体的修改。如这里单击"创建密码"选项，打开"创建密码"窗口，如图 3-33 所示。

（3）输入密码，然后单击"创建密码"按钮，返回"更改账户"窗口，密码创建成功，用户可以继续更改账户的其他设置。

图 3-33　"创建密码"窗口

3.5.3　启用或禁用来宾账户

来宾账户允许在计算机上没有用户账户的任何人访问计算机。必须是以计算机管理员身份登陆的账户，才能打开和关闭计算机上的来宾账户。

打开或关闭来宾账户的方法如下：

（1）在"管理账户"窗口中单击"Guest 账户"图标，进入"启用来宾账户"窗口，如图 3-34 所示。

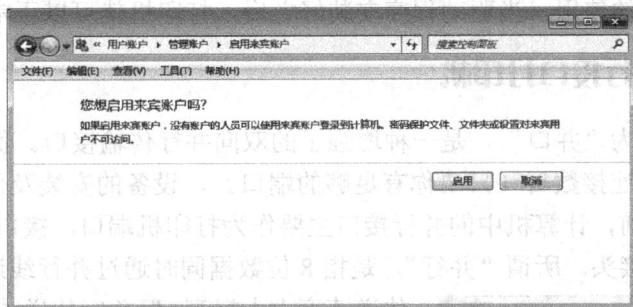

图 3-34　启用来宾账户

（2）单击"启用"按钮，将激活来宾账户，在该计算机上没有账户的用户也可以登录计算机。

（3）如果来宾账户是激活的，在"管理账户"窗口中单击"Guest 账户"图标，进入"更改来宾选项"窗口，在窗口中单击"关闭来宾账户"选项将取消激活来宾账户，如图 3-35 所示。

图 3-35　"关闭来宾账户"选项

3.6　添加、配置和删除打印机

打印机是办公中经常用到的硬件，在 Windows 7 中添加打印机非常方便。

3.6.1　添加 USB 接口打印机

打印机的数据线根据打印机数据接口类型可以分为并口打印机和 USB 接口的打印机，分别对应并口和 USB 接口。

USB 接口的打印机连接非常简单，一头接打印机，一头接计算机的 USB 接口就可以了，和连接 U 盘一样方便。

将打印机硬件安装好之后，接通电源就会提示找到新硬件，也就意味着要安装打印机驱动程序了。驱动程序的安装也比较简单，只需要打开打印机驱动程序光盘，或者将下载的驱动程序文件解压，然后找到其中的 setup.exe 文件（或阅读说明书找到安装文件），双击即可打开驱动程序安装向导，然后按照提示依次选择"下一步"就可以了。

在安装过程中，有可能会检测硬件，对于一些 USB 接口的打印机，如果检测通不过，建议大家可以将 USB 接口先拔下来，然后在安装向导的操作步骤提示下再接上 USB 连接线，让其重新识别检测打印机硬件就可以了。

　　另外，在安装驱动的时候，还有可能会出现驱动程序兼容性的提示，直接同意确认就可以了，不会影响正常的使用。当驱动程序安装好之后，打印机就可以正常工作了。

3.6.2　添加并行接口打印机

　　并行接口又简称为"并口"，是一种增强了的双向并行传输接口。优点是不需在 PC 中用其他的卡，无限制连接数目（只要你有足够的端口），设备的安装及使用容易，最高传输速度为 1.5Mbps。目前，计算机中的并行接口主要作为打印机端口，接口使用的不再是 36 针接头而是 25 针 D 形接头。所谓"并行"，是指 8 位数据同时通过并行线进行传送，这样数据传送速度大大提高，但并行传送的线路长度受到限制，因为长度增加，干扰就会增加，容易出错。

图 3-36　"设备和打印机"窗口

　　并口打印机要接在计算机主板上的并行端口上，这类打印机的安装稍微复杂，用户在连接打印机硬件时，最好参照打印机说明书进行。

　　安装并口打印机的基本步骤如下：

　　（1）在开始菜单中单击"设备和打印机"命令，打开"设备和打印机"窗口，如图 3-36 所示。

　　（2）在窗口中单击"添加打印机"按钮，打开"添加打印机"向导，如图 3-37 所示。

　　（3）在"要安装什么类型的打印机？"界面中单击"添加本地打印机"选项，进入如图 3-38 所示的界面。

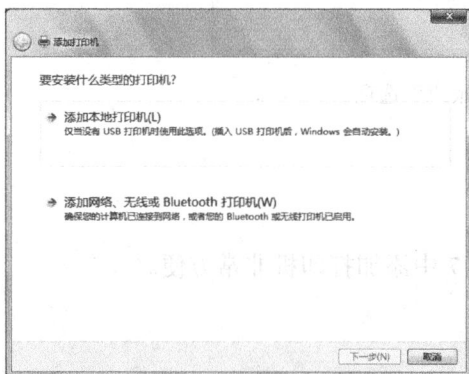

图 3-37　选择安装打印机类型

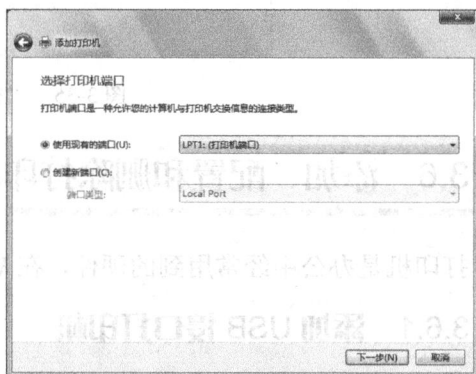

图 3-38　选择端口

　　（4）在"选择打印机端口"界面上，请确保选择"使用现有的端口"按钮和建议的打印机端口，然后单击"下一步"按钮出现"安装打印机驱动程序"界面，如图 3-39 所示。

　　（5）在对话框中用户可以选择打印机的制造商和型号，在厂商列表框中列出了世界各知名打印机品牌。当用户选择其中的一项后，在打印机列表框中会详细列出该品牌的具体型号，用户可以从中查寻自己打印机的型号，然后单击"下一步"按钮进行安装。

　　如果安装的打印机带有安装盘，可以单击"从磁盘安装"按钮，弹出"从磁盘安装"对话框。选择驱动程序的位置，然后按照向导的提示安装即可。

　　安装好打印机后，就可以使用打印机了。

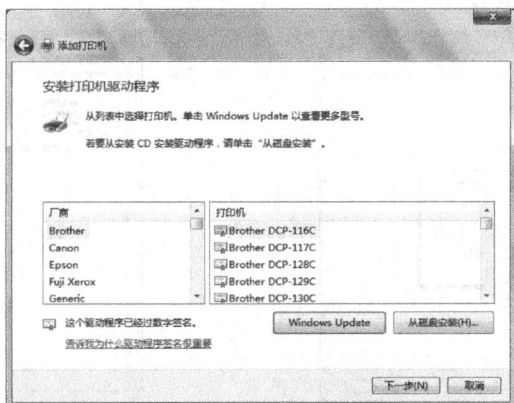

图 3-39　"安装打印机驱动程序"界面

3.6.3　配置打印机

打印机的驱动程序安装完成后，有时还需要对打印机做一些调整或者重新设置，这样不但可以提高打印机的使用性能，同时还可以满足用户的不同需要。

1．设置默认打印机

在安装打印机时，用户可以指定安装的打印机为默认打印机，在用户进行打印工作时，如果不另外指定打印机则将使用默认的打印机进行打印。如果计算机上安装了多台打印机，则只能有一台打印机为默认打印机。

设置默认打印机的操作步骤如下：

（1）安装打印机后，在"开始"菜单中，可直接单击"设备和打印机"按钮，打开"设备和打印机"窗口，就可以看到已安装的打印机。

（2）选择要设置为默认打印机的打印机图标，单击鼠标右键，在弹出的下拉列表中选择"设置为默认打印机（A）"选项，即可将选择的打印机设置为默认打印机，在默认打印机的图标上将会显示 标志，如图 3-40 所示。

2．设置打印机属性

打印时为了能够得到需要的打印效果，用户可以指定特定的设置，例如，页面方向、纸张大小等。

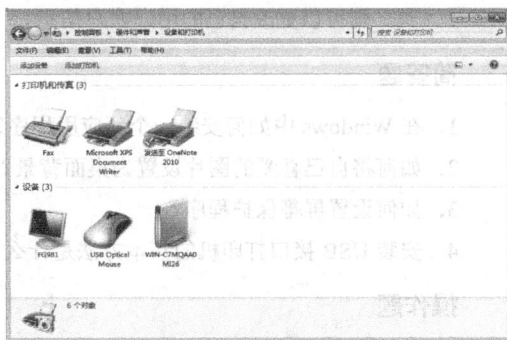

图 3-40　默认打印机

设置打印机属性的操作步骤如下：

（1）在"开始"菜单中选择"设备和打印机"命令，打开"设备和打印机"窗口。

（2）在要更改属性的打印机上单击鼠标右键，在打开的快捷菜单中选择"打印首选项"命令，打开"首选项"对话框。

（3）在"首选项"对话框中，可以根据用户自己的需要选择纸张方向，如图 3-41 所示。

（4）单击 "高级"按钮，打开"高级选项"对话框，如图 3-42 所示。在对话框中用户可以对纸张规格、打印份数及纸张质量等进行设置。

（5）设置完毕后单击"确定"按钮。

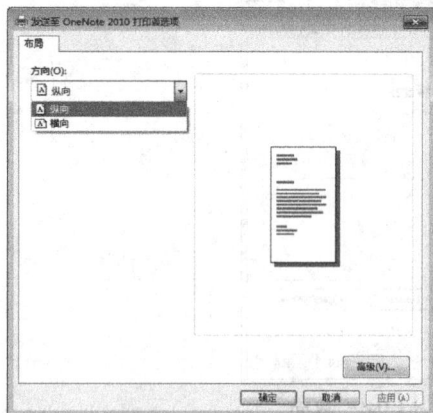

图 3-41　首选项对话框

图 3-42　高级选项对话框

习题 3

填空题

1. 屏幕的分辨率是指＿＿＿＿＿＿＿＿的多少，它决定了屏幕上显示内容的多少。

2. 设置屏幕保护程序，可以在用户暂时不工作时保护用户的工作状况，并且屏幕保护程序还可以使显示器由长时间的＿＿＿＿＿＿变为＿＿＿＿＿＿＿，不但可以保护显示器而且还可以延长其寿命。

3. ＿＿＿＿＿＿＿＿是一种可以使计算机和硬件设备通信的特殊程序，可以说相当于硬件的接口，操作系统只有通过这个接口，才能控制硬件设备的工作。

4. 在 Windows 7 中＿＿＿＿＿＿＿＿有权更改自己的和其他用户账户的有关信息，并且可以删除用户账户，＿＿＿＿＿＿＿＿则可以更改自己的用户账户信息。

简答题

1. 在 Windows 中如何安装一个新应用程序？

2. 如何将自己喜爱的图片设置为桌面背景？

3. 如何设置屏幕保护程序？

4. 安装 USB 接口打印机的基本方法是什么？

操作题

在网上下载一个 QQ 软件将其安装。

第 4 章　Word 2010 的基本操作
——制作会议备忘录和奖状

Word 2010 是一款优秀的文字处理软件，具有良好的用户界面，并且真正引入了 XML 的概念。创建新文档，在文档中输入文本，对文本进行各种编辑操作，打开已有文档以及保存和关闭文档，都是使用 Word 2010 所需要掌握的基本编辑方法。

知识要点

- 创建文档
- 编辑文本
- 保存文档
- 打开文档
- 文档的视图

任务描述

在应对公共关系的日常工作中，经常要召开各种会议或举行各种会谈。按公共关系操作的规范化要求，这些会议或会谈最后都应形成文字，供对外发布或供存档备忘。尤其对于讨论内容中需要有关各方进一步选择和落实的会议或会谈，纪要或备忘录就显得更为重要。利用 Word 2010 提供的备忘录向导功能可以轻松地创建具有专业格式的备忘录，用户只需要将会议中需要记录的文本内容添加到文本区即可。如图 4-1 所示就是利用 Word 2010 的备忘录向导功能制作的会议备忘录。

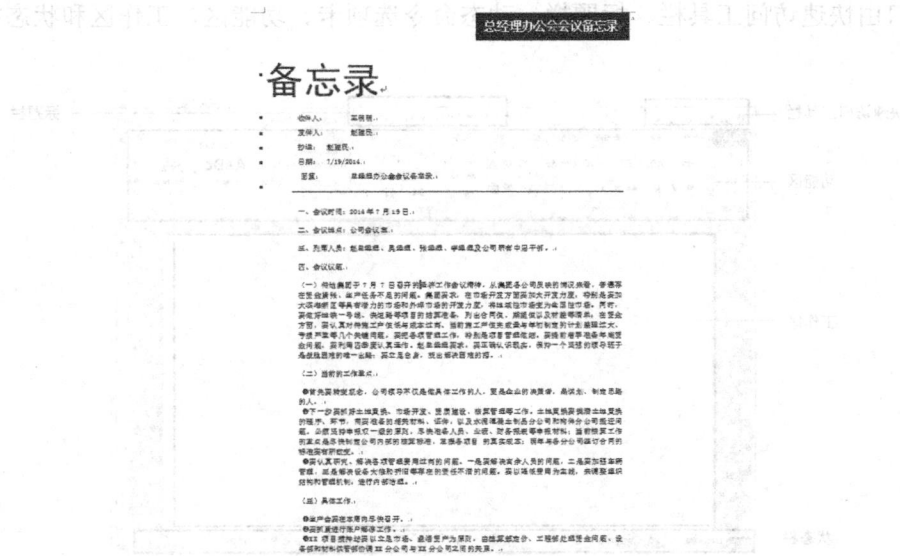

图 4-1　会议备忘录

案例分析

完成会议备忘录的制作。首先要利用向导创建一个备忘录文档，然后在备忘录文档中输入文本，最后将其保存。

本章所涉及案例的素材和最终效果文件请登录华信教育资源网（www.hxedu.com.cn）下

载，相关内容在下载后的"案例与素材\第 4 章素材"和"案例与素材\第 4 章案例效果"文件夹中。

4.1 创建新文档

就像用户在学习之前要打开一本书一样，使用 Word 2010 之前也要首先创建一个文档，只有创建了文档后用户才可以在其中进行文本的输入、编辑等操作。

在 Word 2010 中用户可以利用以下几种方法创建新文档：

- 创建新的空白文档
- 利用模板创建
- 创建博客文章
- 创建书法字帖

4.1.1 创建空白文档

启动 Word 2010 时系统会自动建立一个基于 Normal 模板的空白文档，启动 Word 2010 的具体步骤如下：

（1）在 Windows 7 操作系统中单击"开始"按钮，打开"开始"菜单。

（2）在"开始"菜单中选择"所有程序"→"Microsoft Office"→"Microsoft Office Word 2010"命令启动 Word 2010。

（3）启动 Word 2010 后，会自动生成一个基于 Normal 模板的空白文档，并自动命名为"文档 1"，用户即可在此文档中输入文本。

Word 2010 启动后首先会看到 Word 的标题屏幕，随后便进入 Word 的工作环境，如图 4-2 所示。窗口由快速访问工具栏、标题栏、动态命令选项卡、功能区、工作区和状态栏等部分组成。

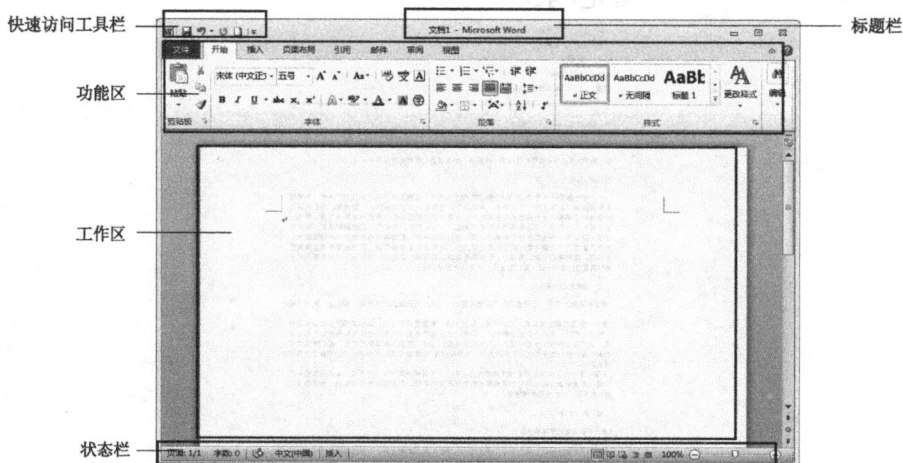

图 4-2　Word 2010 的工作界面

1．标题栏

标题栏位于窗口的最顶端，它包含了控制菜单图标、正在编辑的文档名称、程序名称、最小化按钮、还原按钮和关闭按钮。单击标题栏右端的"最大化"按钮　　　可以将窗口最大化，双击标题栏也可以最大化窗口。当窗口处于最大化状态时，"最大化"按钮变为"还原"按钮 ，单击该按钮窗口被还原为原来的大小。如果单击标题栏中的"最小化"按钮 ，窗口则缩小为一个图标显示在任务栏中，单击该图标，又可以恢复为原窗口的大小。单击标题栏中的"关闭"按钮 ，可以退出 Word 2010。

2．快速访问工具栏

用户可以在快速访问工具栏上放置一些最常用的命令，例如新建文件、保存、撤销、打印等命令。快速访问工具栏非常类似 Word 之前版本中的工具栏，该工具栏中的命令按钮不会动态变换。用户可以非常灵活地增加、删除快速访问工具栏中的命令按钮。要向快速访问工具栏中增加或者删除命令，仅需要单击快速访问工具栏右侧向下的箭头，然后在下拉菜单中选中命令，或者取消选中的命令。

在下拉菜单中选择"在功能区下方显示"命令，这时快速访问工具栏就会出现在功能区的下方。在下拉菜单中选择"其他命令"命令，打开"Word 选项"对话框，在"Word 选项"对话框的"自定义快速访问工具栏"选项设置页面中，选择相应的命令，单击"添加"按钮则可向快速访问工具栏中添加命令按钮，如图 4-3 所示。

图 4-3　"Word 选项"对话框

> **提示：** 将鼠标指针移动到快速访问工具栏的工具按钮上，稍等片刻，按钮旁边就会出现一个说明框，框中会显示按钮的名称。

3．功能区

微软公司对 Word 2010 用户界面所做的最大创新就是改变了下拉式菜单命令，取而代之的是全新的功能区命令工具栏。在功能区中，将 Word 2010 的下拉菜单中的命令，重新组织在"文件"、"开始"、"插入"、"页面布局"、"引用"、"邮件"、"审阅"、"视图"等选项卡中。而且在每一个选项卡中，所有的命令都是以面向操作对象的思想进行设计的，并把命令分组进行组织。例如在"页面布局"选项卡中，包括了与整个文档页面相关的命令，分为"主题"选项组、"页面设置"选项组、"页面背景"选项组、"段落"选项组、"排列"选项组等。这样非常符合用户的操作习惯，便于记忆，从而提高操作效率。

4．动态命令选项卡

在 Word 2010 中，会根据用户当前操作的对象自动地显示一个动态命令选项卡，该选项卡中的所有命令都和当前用户操作的对象相关。例如，若用户当前选择了文中的一张图片时，在功能区中，Word 会自动产生一个粉色高亮显示的图片工具动态命令选项卡，从图片参数的调整到图片效果样式的设置都可以在此动态命令选项卡中完成。用户可以在数秒钟内实现非常专业的图片处理，如图 4-4 所示。

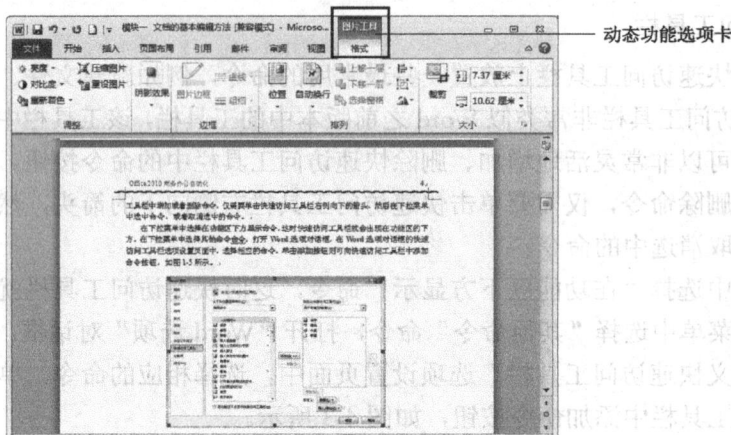

图 4-4　动态命令选项卡

5．状态栏

状态栏位于屏幕的最底部，可以在其中找到关于当前文档的一些信息：页码、当前光标在本页中的位置、字数、语言、缩放级别，编辑模式等信息，某些功能是处于禁止还是处于允许状态等。

4.1.2　根据模板新建文档

如果用户要创建的文档比较专业，如简历、报告等，还可以利用模板进行创建。模板是一类特殊的文件，在模板中定义了标题格式、背景图案、甚至某些通用文字。向导则是一类特殊的模板，由一系列对话框组成，用户只要按步骤逐一完成，就可以得到符合自己要求的文档。

例如，利用 Word 2010 的向导创建会议备忘录，具体操作步骤如下：

（1）单击"文件"选项卡，然后单击"新建"选项，如图 4-5 所示。

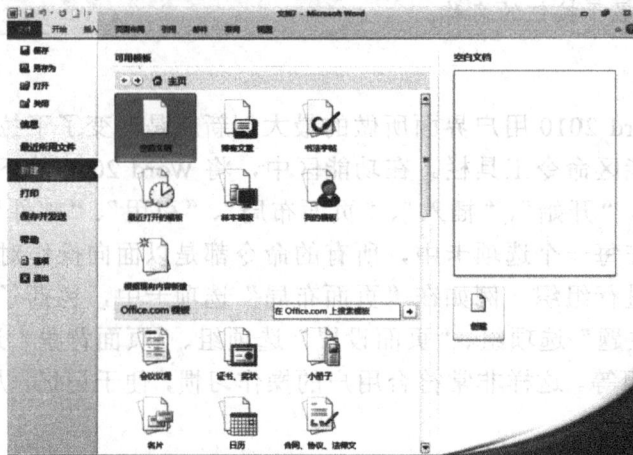

图 4-5　"新建"选项

（2）在 Office.com 下单击所需模板类别，然后在类别列表中选择模板。用户还可以在 Office.com 右侧的搜索框中输入模板名称进行搜索，例如这里输入"备忘录"，然后单击"开始搜索"按钮，得到搜索结果，如图 4-6 所示。

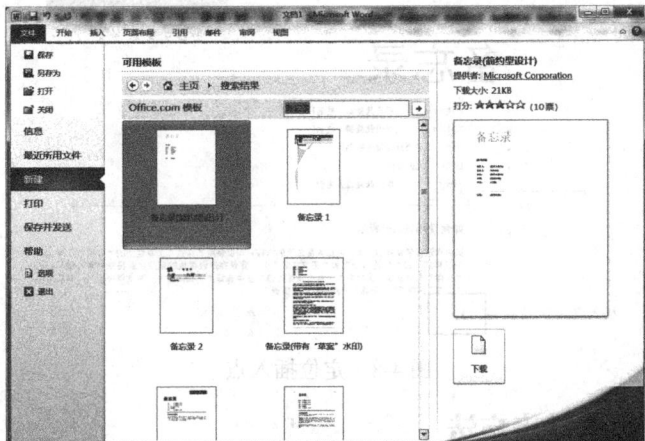

图 4-6　搜索到的模板

（3）在搜索结果列表中选择一个备忘录模板，这里选"备忘录"（专业型主题），在右侧会显示出该模板的缩略图，单击"下载"按钮，开始下载模板，模板下载完毕后，自动打开一个文档，如图 4-7 所示。

图 4-7　备忘录（专业型主题）模板

4.2　文本的编辑

输入文本是 Word 2010 最基本的操作之一，文本是文字、符号、图形等内容的总称。在创建文档后，如果想进行文本的输入，应首先选择一种熟悉的输入法，然后进行文本的输入操作。此外，Word 2010 还提供了一些辅助功能方便用户输入，如用户可以插入特殊符号，插入日期和时间等。

4.2.1　定位插入点

在新建的空白文档的起始处有一个不断闪烁的竖线，这就是插入点，它表示输入文本时的起始位置。

当鼠标在文档中自由移动时鼠标呈现为 I 形状，这和插入点处呈现的 I 形状光标是不同的。在文档中定位光标，只要将鼠标移至要定位插入点的位置处，当鼠标变为 I 形状时单击鼠标左键即可在当前位置定位插入点，如图 4-8 所示。

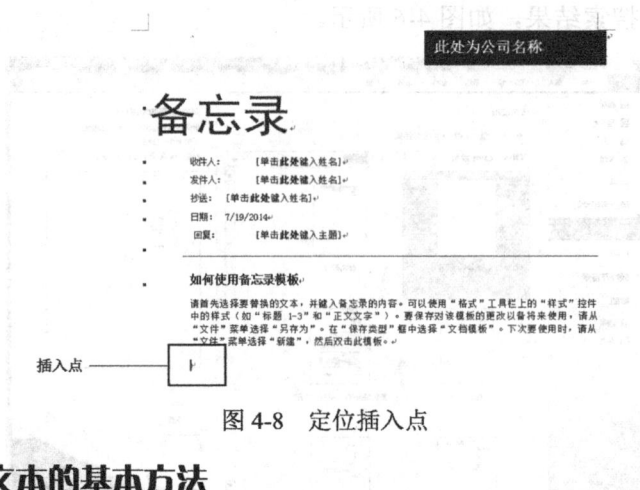

图 4-8　定位插入点

4.2.2　输入文本的基本方法

在文档中输入文本时插入点自动从左向右移动，用户可以连续不断地输入字符。当到一行的最右端时系统将向下自动换行，也就是当插入点移到页面右边界时，再输入字符，插入点会自动移到下一行的行首位置。如果在一行中没有输完时就想换一个段落继续输入，可以按"回车键"，这时不管是否到达页面边界，新输入的文本都会从新的段落开始，并且在上一行的末尾产生一个段落符号 ↵，如图 4-9 所示。

在输入文本过程中，难免会出现输入错误，可以通过如下操作来删除错误的输入。

- 按 Backspace 或 "←" 键可以删除插入点之前的字符。
- 按 Delete 键可以删除插入点之后的字符。
- 按[Ctrl+Backspace]组合键可以删除插入点之前的字（词）。
- 按[Ctrl+Delete]组合键可以删除插入点之后的字（词）。

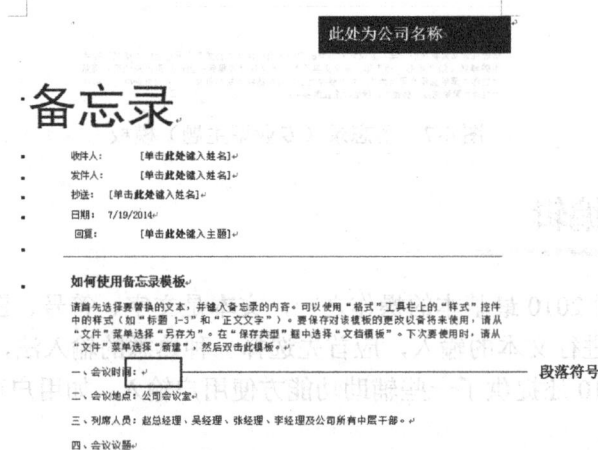

图 4-9　输入文本

将鼠标移到新建备忘录文档"此处为公司名称"位置单击鼠标则可选中该文字域，然后用户可以直接输入"总经理办公会会议备忘录"，如图 4-10 所示。

在输入完"如何使用备忘录模板"下面的文本后，发现"如何使用备忘录模板"文本以及其下的第一段是多余的。此时用户可以将鼠标定位在"然后双击此模版"文本的后面，然后按 Backspace 键将多余部分删除，也可以将鼠标定位在"如何使用备忘录模板"文本的前面，然后按 Delete 键将多余部分删除。当然也可以直接选中多余文本然后按 Delete 键将整段文本删除。

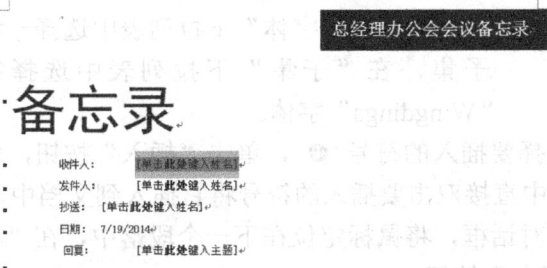

图 4-10 选中输入的文字域

由于这是使用模版创建的文档，因此文档中有[ ]括起来的文字是做模版时插入的文字域，这些文字域提示用户输入哪些内容。如"单击此处键入姓名"则提示用户在此位置输入收件人或发件人姓名，将鼠标移到"单击此处键入姓名"位置单击鼠标则可选中该文字域，然后用户可以直接输入收件人或发件人姓名。按照相同的方法输入抄送、回复等基本内容，并删除多余的文本以及文字域，输入文本的效果如图 4-11 所示。

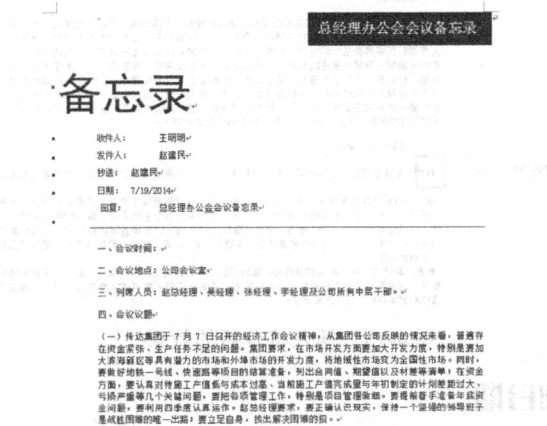

图 4-11 输入会议记录的基本内容

> **提示：** 在某些情况下（如输入地址时），为了想保持地址的完整性而在到达页边距之前开始一个新的空行，如果按回车键可以开始一个新行但是同时也开始了一个新的段落，为了使新行仍保留在一个段落里面而不是开始一个新的段落，可以按[Shift+Enter]组合键，Word 2010 就会插入一个换行符并把插入点自动移到下一行的开始处。

4.2.3 特殊文本的输入

在文档中输入文本时有些符号是不能从键盘上直接输入的，由于它们平时很少用到所以没有定义在键盘上，可以使用"符号"对话框插入它们。

例如，为会议备忘录会议议题第二项"当前的工作重点"正文文本的三段文本前插入表示顺序的符号❶❷❸，操作步骤如下：

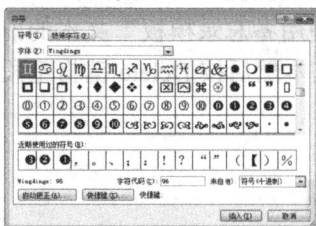

图4-12　"符号"对话框

（1）将插入点定位在要插入特殊字符的位置，这里定位在"首先要转变观念"的前面。

（2）切换到"插入"选项卡下，单击"符号"组中的"符号"按钮，在弹出的下拉菜单中选择"其他符号"选项，打开"符号"对话框，如图4-12所示。

（3）在"字体"下拉列表中选择一种字体，如果该字体有子集，在"子集"下拉列表中选择符号子集，这里选择"Wingdings"字体。

（4）在符号列表中选择要插入的符号 ❶ ，单击"插入"按钮，便在文档中插入所选的符号；也可在符号列表框中直接双击要插入的符号将它插入到文档中。

（5）不关闭"符号"对话框，将鼠标定位在下一个段落中，在"符号"对话框中选择要插入的符号 ❷ ，单击"插入"按钮。

（6）插入符号完毕单击"关闭"按钮，关闭"符号"对话框，在文档中插入符号后的效果如图4-13所示。

> **提示**：在"符号"对话框中，如果连续两次单击"插入"按钮可在插入点处插入两个相同的符号，多次单击"插入"按钮即可插入多个相同的符号。

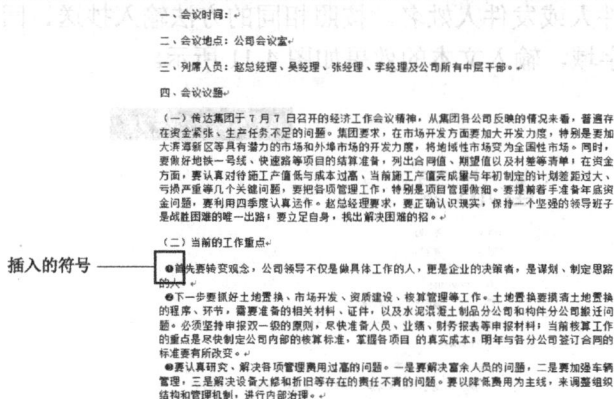

图4-13　插入符号后的效果

4.2.4　插入时间和日期

Word 2010提供了多种中英文的日期和时间格式，可以根据需要在文档中插入合适格式的时间和日期。

例如，在会议备忘录中会议时间的后面用户可以直接输入会议的时间，也可以利用插入"时间和日期"的方法插入日期，操作步骤如下：

（1）将鼠标定位在"会议时间："文本的后面。

（2）切换到"插入"选项卡，单击"文本"组中的"日期和时间"按钮，打开"日期和时间"对话框，如图4-14所示。

（3）在"语言"下拉列表框中选择一种语言，如"中文（中国）"，在"可用格式"列表中选择一种日期和时间格式。

（4）单击"确定"按钮，插入日期的效果如图4-15所示。使用这种方法插入的是当前系统的时间，如果用户需要的不是当前时间可以在该时间格式的基础上进行修改。

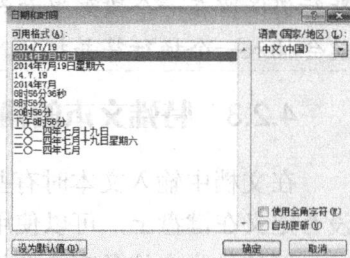

图4-14　"日期和时间"对话框

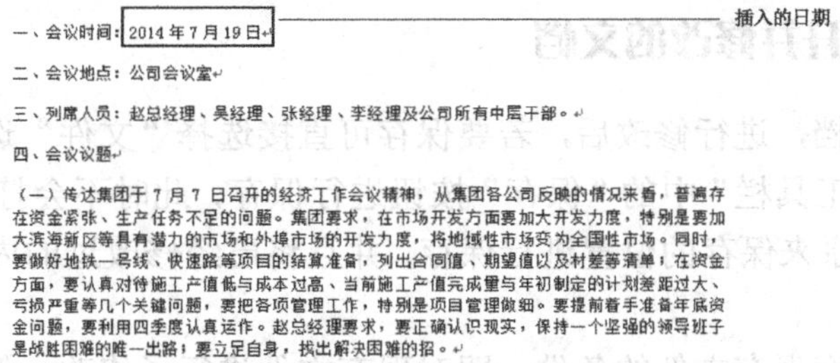

一、会议时间：2014 年 7 月 19 日 ——————————————————— 插入的日期

二、会议地点：公司会议室

三、列席人员：赵总经理、吴经理、张经理、李经理及公司所有中层干部。

四、会议议题

（一）传达集团于 7 月 7 日召开的经济工作会议精神，从集团各公司反映的情况来看，普遍存在资金紧张、生产任务不足的问题。集团要求，在市场开发方面要加大开发力度，特别是要加大滨海新区等具有潜力的市场和外埠市场的开发力度，将地域性市场变为全国性市场。同时，要做好地块一号线、快速路等项目的结算准备，列出合同值、期望值以及材差等清单；在资金方面，要认真对待施工产值低与成本过高、当前施工产值完成量与年初制定的计划差距过大、亏损严重等几个关键问题，要把各项管理工作，特别是项目管理做细。要提前着手准备年底资金问题，要利用四季度认真运作。赵总经理要求，要正确认识现实，保持一个坚强的领导班子是战胜困难的唯一出路；要立足自身，找出解决困难的招。

图4-15　插入日期后的效果

> **提示：** 如果在"日期和时间"对话框中选择了"自动更新"复选框，则插入的时间在每次打开文档时都将自动更新。

4.3　保存文档

在保存文件之前，用户对文件所作的操作仅保留在屏幕和计算机内存中。如果用户关闭计算机，或遇突然断电等意外情况，所做的工作就会丢失，因此应及时对文件进行保存。

4.3.1　保存新建文档

虽然 Word 2010 在建立新文档时系统默认有文档的名称，但是它没有分配在磁盘上的文档名，因此在保存新文档时，需要给新文档指定一个文件名称。

例如保存新创建的会议备忘录，操作步骤如下：

（1）在文档中选择"文件"选项卡下的"保存"按钮，或者在"快速访问工具栏"上单击"保存"按钮 🖫 ，打开"另存为"对话框，如图 4-16 所示。

图4-16　"另存为"对话框

（2）在"保存位置"下拉列表中选择文档的保存位置。

（3）在"文件名"文本框中输入新的文档名，这里输入"会议备忘录"。默认情况下 Word 2010 应用程序会自动赋予相应的扩展名保存为 Word 文档。

（4）单击"保存"按钮。

> **提示：** 如果要以其他的文件格式保存新建的文件，在"保存类型"下拉列表中选择要保存的文档格式即可。

4.3.2 保存打开并修改的文档

对于保存过的文档，进行修改后，若要保存可直接选择"文件"选项卡下的"保存"按钮或单击"快速访问工具栏"中的"保存"按钮进行保存，此时不会打开"另存为"对话框，Word 2010 会以用户原来保存的位置进行保存，并且将已经修改过的内容覆盖掉原来文档的内容。

如果用户需要保存现有文件的备份，即对现有文件进行了修改，但是还需要保留原始文件，或在不同的目录下保存文件的备份，可以使用"另存为"命令，在"另存为"对话框中指定不同的文件名称或目录保存文件，这样原始文件保持不变。此外，如果要以其他的格式保存文件，也可使用"另存为"命令，在"另存为"对话框的"保存类型"下拉列表中列出可以保存的文件类型，用户可根据需要选取。

> 提示：在选择"另存为"操作时，如果要保持原来的文件名就不能保存在原来的存放位置，如果要保持原来的存放位置就不能保存为原来的文件名。

4.3.3 关闭文档

对文档的操作全部完成后，用户就可以关闭文档了。要关闭一个文档，可单击标题栏右侧的"关闭"按钮，也可以选择"文件"选项卡下的"关闭"命令。

如果在上次保存文档之后对文档进行了修改，在关闭文档时系统会询问是否要保存所做的修改对话框，如图 4-17 所示。如果单击"保存"按钮，那么就保存对文件的修改，如果单击"不保存"按钮，就放弃对文件所做的修改，如果单击"取消"按钮，则放弃当前这一操作。

图4-17　关闭文档时的提示对话框

4.4　打开文档

最常规的打开文档方法就是在"资源管理器"或"计算机"中找到要打开的文档所在的位置，双击该文档即可打开。不过这对于正在文档中编辑的用户来说比较麻烦，用户可以直接在 Word 2010 中打开已有的文档。

4.4.1 利用"打开"对话框打开文档

在 Word 2010 中如果要打开一个已经存在的文档可以利用"打开"对话框将其打开，Word 2010 可以打开不同位置的文档，如本地硬盘或与本机相连的网络驱动器上的文档。打开文档的操作步骤如下：

（1）选择"文件"选项卡下的"打开"命令，或者单击"快速访问工具栏"上的"打开"按钮 📂 都可以打开"打开"对话框，如图 4-18 所示。

（2）在"导航窗口"中选择文件所在的驱动器或文件夹，在内容窗格中选择所需的文件。如果文件还在某个文件夹中，双击该文件夹打开下一级列表进行选择。

（3）单击"打开"按钮，或者在文件列表中双击要打开的文件名，即可将文档打开。

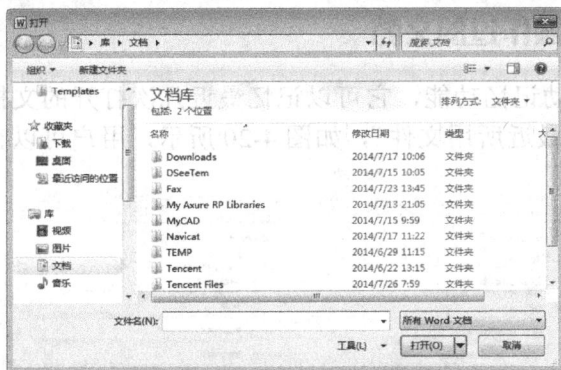

图4-18　"打开"对话框

4.4.2　以只读或副本方式打开文档

默认情况下文档都是以读写方式打开的。但是为了保护文档内容不会被错误操作而更改，可以自己定义文档的打开方式。例如，以只读方式或以副本方式打开文档。

以只读方式打开文档时，可以保护原文档不被修改，即使对原文档进行了修改，Word 2010 也不允许以原来的文件名保存。要想以原来的文件名保存就不能保存在原先的位置。

以副本方式打开文档时，系统默认为是在原文档所在的文件夹中创建并打开原文档的一个副本，因此必须对该文档所在的文件夹具有读写权。对副本的任何修改都不会影响原文档，所以以副本方式打开文档，同样可以起到保护原文档的作用。以副本方式打开时，程序会自动在文档原名称后加上序号。例如，以副本方式打开名为"Word 2010 的基本操作"的文档，那么 Word 2010 会以"Word 2010 的基本操作（2）"的名称标识此文档的第一个副本。若再次以副本的方式打开此文档，第二个副本的名称就是"Word 2010 的基本操作（3）"，依次类推。

以只读方式或副本方式打开文档的操作步骤如下：

（1）选择"文件"选项卡下的"打开"命令或者单击"快速访问工具栏"中的"打开"按钮，打开"打开"对话框。

（2）选择要打开的文档所在的位置，在文件列表中选中要打开的文档。

（3）单击"打开"按钮后的下三角形箭头，打开下拉菜单，如图 4-19 所示，在菜单中选择"以只读方式打开"或"以副本方式打开"。

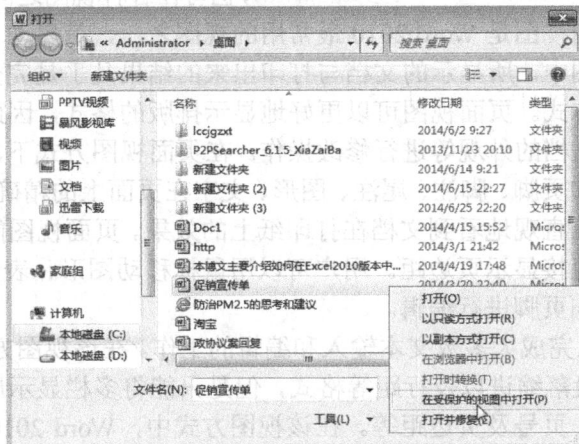

图4-19　选择打开文档的方式

4.4.3　打开最近操作过的文档

Word 2010 具有自动记忆功能，它可以记忆最近几次打开的文档。在"文件"选项卡下的菜单列表中选中"最近所用文件"，如图 4-20 所示，用户可以直接单击其中的文档将它打开。

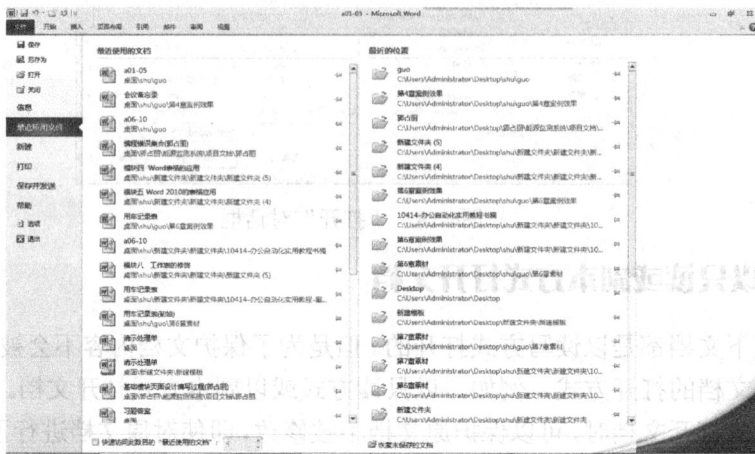

图4-20　在"文件"菜单中打开文档

4.5　Word 2010的视图

在 Word 2010 中，文档以"所见即所得"的形式进行编辑，因此 Word 2010 提供的视图工具非常有用，可以帮助用户在不同的显示状态下编辑或查阅当前文档。例如可以在缩小视图的情况下查看文档的全貌，也可以在放大视图的情况下查看文档的细节，而且还可以借助标尺或网格线等工具来辅助文档的编辑。

图4-21　"视图"选项卡

在"视图"选项卡下的"文档视图"功能区中，可以看到 Word 2010 提供了 5 种查看文档的视图，即"页面视图"、"草稿"、"大纲视图"、"Web 版式视图"和"阅读版式视图"，如图 4-21 所示。

单击 Word 2010 窗口右下角的"视图切换"按钮，也可在各种视图之间轻松快捷地进行切换。

- 页面视图：页面视图是 Word 2010 最常用的视图之一，是启动 Word 2010 后的默认视图。在页面视图中，所显示的文档与打印出来的结果几乎是完全一样的，是一种"所见即所得"的方式。页面视图可以更好地显示排版的格式，因此常被用来对文本、格式、版面或者文档的外观等进行修改操作。在页面视图方式下，可以直接看到文档的外观以及页眉和页脚、脚注、尾注、图形、文字在页面上的精确位置以及多栏的排列，在屏幕上就可以直观地看到文档在打印纸上的效果。页面视图能够显示出水平标尺和垂直标尺，并直接显示页边距。用户可以用鼠标移动图形、表格等在页面上的位置，并可以对页眉和页脚进行编辑。
- 草稿：草稿可以完成大多数文本输入和编辑的工作。在该视图方式中，可以显示字体、字号、字形、段落缩进以及行距等格式，但是只能将多栏显示成单栏格式，而且不显示页眉和页脚、页号及页边距等。在该视图方式中，Word 2010 能够连续显示正文，页与页之间用一条虚线表示分页符，节与节之间用双行虚线表示分节符，使文档阅读起来比较连贯。

- Web 版式视图：Web 版式视图用于创作 Web 页，它能够仿真 Web 浏览器来显示文档。在 Web 版式视图下，可以看到给 Web 文档添加的背景，文本将自动折行以适应窗口的大小。
- 大纲视图：在大纲视图中，能查看文档的结构，可以通过拖动标题来移动、复制和重新组织文本。用户可以通过折叠文档来查看主要标题，或者展开文档以查看所有标题以及正文。大纲视图还使得主控文档的处理更为方便。主控文档有助于较长文档的组织和维护。在大纲视图中不显示页边距、页眉和页脚和背景。
- 阅读版式视图：在阅读版式视图中可以把整篇文档分屏显示，文档中的文本为了适应屏幕自动换行。在该视图中不显示页眉和页脚，在屏幕的顶部显示了当前文档所在的屏数和总屏数。总屏数会随着窗口大小的变化而变化，用户将文档窗口区域调大，则总屏数会自动减少；将文档窗口缩小，则总屏数会自动增加。

另外，在视图菜单中 Word 2010 还提供了文档结构图视图，文档结构图视图以树状结构列出了文档的所有标题，并清晰显示了文档结构及各层标题之间的关系。它的用法类似于 Windows 的资源管理器。在文档左侧结构图中单击某个标题，Word 2010 会在右侧的编辑框中显示该标题下的内容。文档结构图视图常被用来查看文档的结构，或查找某个特定的主题。使用文档结构图视图，给编辑多层标题结构的文档提供了极大的便利。选择"视图"选项卡下的"显示"组中的"导航窗格"命令，就可以将 Word 文档窗口分为两部分，左边显示文档标题结构，右边显示文档的内容，如图 4-22 所示。

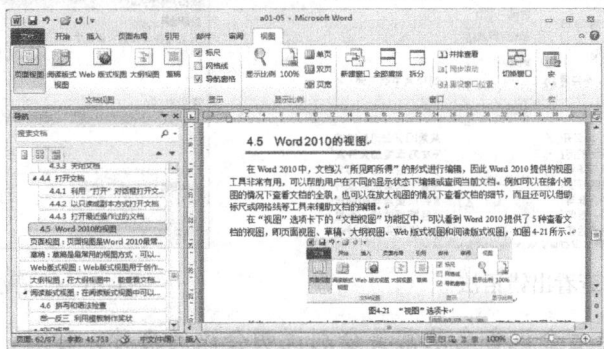

图 4-22　文档结构视图

除了这些视图工具，最常用的功能就是显示比例。在 Word 2010 窗口中查看文档时，可以按照某种比例来放大或者缩小显示的比例。放大显示时，当然可以看到比较清楚的文档内容，但是相对看到的内容就少了许多，这种显示通常用于修改细节数据或编辑较小的字体。相反，如果缩小显示比例时，可以观察到的内容数量很多，但是文档的内容就看得不清晰，通常用于整页快速的浏览或者排版时观察整个页面。

用户可以改变在 Word 2010 窗口右下角"显示比例"图标，选择不同的显示比例，如图 4-23 所示。当然也可以在"视图"选项卡下的"显示比例"功能区中，单击"显示比例"按钮，打开"显示比例"对话框，选择不同的显示比例，如图 4-24 所示。

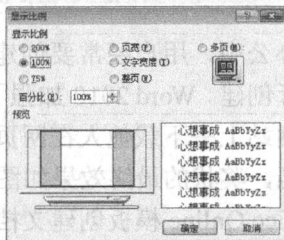

图 4-23　设置显示比例　　　　　　　　　　　　图 4-24　"显示比例"对话框

4.6　拼写和语法检查

文本输入结束后，会在一些词语或句子的下面出现红色和蓝色的波浪线，蓝色波浪线表示语法错误，红色波浪线表示拼写错误。

用户仔细观察系统的提示，如果确实有误，可以直接将其更正，也可以把鼠标定位在带有红色波浪线或蓝色波浪线的词语中，单击鼠标右键，在弹出的快捷菜单中选择相应的命令进行更正即可。

例如用户在会议备忘录文档中可以发现标题文本"办公会会议"的第一个"会"标有红色波浪线，将鼠标移到红色波浪线处单击鼠标右健，将会弹出如图 4-25 所示的快捷菜单。

单击"语法"命令，则打开"语法"对话框，如图 4-26 所示。对话框中提示了出错信息，并提供建议以及修改方案，用户可根据实际情况选择修改，或者忽略。这里显然没有错误，但提示是重复错误，因此可以单击"全部忽略"按钮。

Word 2010 的这种拼写和语法检查功能非常有利于用户发现在编辑过程中出现的错误，虽然这些都是系统自认为的错误，并不一定是真正的错误。

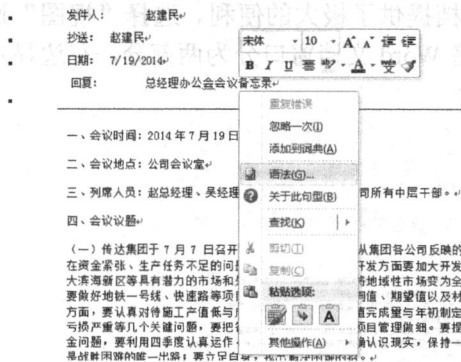

图4-25　查看出错语法　　　　　　　　　图4-26　"语法"对话框

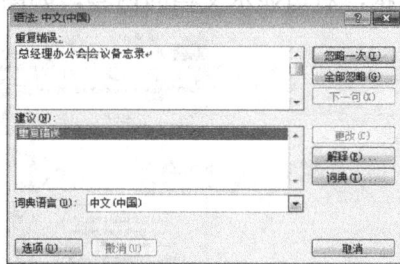

技巧：从结构上来看会议备忘录需要分别说明会议的名称、时间、地点、参加人员（包括人数）、议题、讨论意见和结果。会议备忘录一般仅供各与会者备案，对与会者起到提示、备忘作用，不供对外发布。备忘录在文字表述的准确性方面要求比较严格，因为会议备忘录所记载的可能就是某一事宜达成的意见，或是在某一问题上的不同看法，当事人对其后果都是要承担相应责任的，因此不能有丝毫差错。而那些有业务往来或合作关系的机构之间签署的会谈备忘录，在许多情况下实际上等于一份非正式的协议书，其有关条文对双方均具有某种约束力，在撰写时更需要注意表述的准确无误，这也是对机构权益的维护。

举一反三　利用模板制作奖状

在日常办公中，用户经常要创建一些比较专业的文档，在创建这些专业文档时用户可以利用模板进行创建。Word 2010 加强了联机的功能，在计算机与因特网相连时用户可以非常方便的到微软网站上去下载他人在网页上发布的模板。这里就利用互联网上发布的模板创建了一个奖状文档，奖状的最终效果如图 4-27 所示。

利用 Office Online 模板创建文档的操作方法如下：

（1）在 Windows 7 操作系统中单击"开始"按钮，打开"开始"菜单。

（2）在"开始"菜单中选择"所有程序"→"Microsoft Office"→"Microsoft Office Word 2010"命令启动 Word 2010。

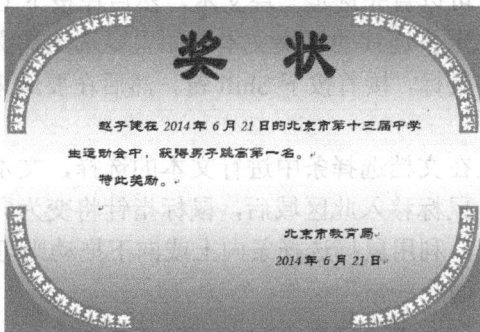

图4-27　奖状文档的最终效果

（3）在新建的文档中选择"文件"选项卡下的"新建"命令，在 Office.com 右侧的搜索框中输入"奖状"，单击"开始搜索"按钮进行搜索如图 4-28 所示。

（4）双击"奖状 5"项即可下载并打开"奖状 5"的样式，如图 4-29 所示。

（5）在奖状样式的 Word 文档中输入需要的文本，即可得到如图 4-27 所示的文档。

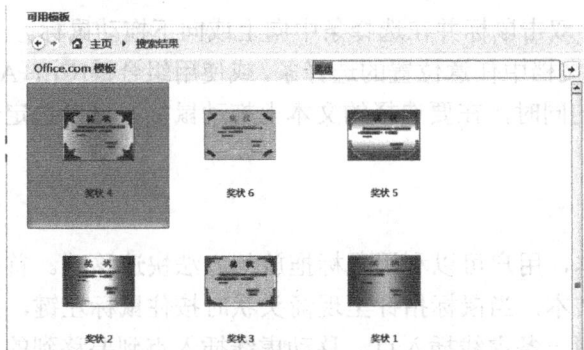

图4-28　搜索"奖状"模板　　　　　图4-29　"奖状5"的样式

（6）单击"保存"按钮，保存文档，在打开的"另存为"对话框中输入文档名称，这里输入"奖状"，选择文档存储位置。

（7）然后单击"另存为"对话框中的"保存"按钮，即可将上面制作的奖状保存在指定位置。

回头看

> 通过案例"会议备忘录"以及举一反三"奖状"文档的制作过程，主要学习了文档的创建方法，打开文档和保存文档，以及文本的基本编辑方法、拼写和语法检查等基础知识，这些知识是以后学习 Word 2010 其他编辑技巧的铺垫。

知识拓展

1. 选择文本

选择文本是文本的最基本操作，用鼠标选定文本的常用方法是把 I 型的鼠标指针指向要选定的文本开始处，按住鼠标左键并拖过要选定的文本，当拖动到选定文本的末尾时，松开鼠标左键，选定的文本呈反白显示。

如果要选定多块文本，可以首先选定一块文本，然后在按下 Ctrl 键的同时拖动鼠标选择其他的文本，这样就可以选定不连续的多块文本。如果要选定的文本范围较大，用户可以首先在开始选取的位置处单击鼠标，接着按下 Shift 键，然后在要结束选取的位置处单击鼠标即可选定所需的大块文本。

用户还可以将鼠标定位在文档选择条中进行文本的选择，文本选择条位于文档的左端紧挨垂直标尺的空白区域，当鼠标移入此区域后，鼠标指针将变为向右箭头状。在要选中的行上单击鼠标即可将该行选中，利用鼠标选择条向上或向下拖动则可以选中多行。

使用鼠标选定文本有下面一些常用操作：

- 选定一个单词：鼠标双击该单词。
- 选定一句：按住 Ctrl 键，再单击句中的任意位置，可选中两个句号中间的一个完整的句子。
- 选定一行文本：在选定条上单击鼠标，箭头所指的行被选中。
- 选定连续多行文本：在选定条上按下鼠标左键然后向上或向下拖动鼠标。
- 选定一段：在选择条上双击鼠标，箭头所指的段被选中，也可在段中的任意位置连续三次单击鼠标。
- 选定多段：将鼠标移到选择条中，双击鼠标并在选择条中向上或向下拖动鼠标。
- 选定整篇文档：按住 Ctrl 键并单击文档中任意位置的选择条，或使用组合键[Crtl+A]。
- 选定矩形文本区域：按下 Alt 键的同时，在要选择的文本上拖动鼠标，可以选定一个矩形块文本区域。

2．移动或复制文本

如果要在当前文档中短距离地移动文本，用户可以利用鼠标拖放的方法快速移动。首先选定要移动的文本，将鼠标指针指向选定文本，当鼠标指针呈现箭头状时按住鼠标左键，拖动鼠标时指针将变成 形状，同时还会出现一条虚线插入点。移动虚线插入点到要移到的目标位置，松开鼠标左键，选定的文本就从原来的位置被移动到了新的位置。

如果在拖动鼠标的同时按住 Ctrl 键，则将执行复制文本的操作。

如果要长距离地移动文本，例如将文本从当前页移动到另一页，或将当前文档中的部分内容移动到另一篇文档中，此时如果再用鼠标拖放的办法很显然非常不方便，在这种情况下用户可以利用剪贴板来移动文本。

首先选定要移动的文本，然后在"开始"选项卡的"剪贴板"组中单击"剪切"按钮 ，或按组合键[Ctrl+X]，此时剪切的内容被暂时放在剪贴板上。将插入点定位在新的位置，单击"开始"选项卡"剪贴板"组中的"粘贴"按钮，或按组合键[Ctrl+V]，选中的文本被移到了新的位置。如要进行复制操作，则在"开始"选项卡的"剪贴板"组中单击"复制"按钮或按组合键[Ctrl+C]。

3．查找文本

在文档中进行查找文本的具体操作步骤如下：

（1）将插入点定位在文档中的任意位置。

（2）单击"开始"选项卡下"编辑"组中的"查找"按钮，或者按组合键[Ctrl+F]，在文档的左侧打开"导航"窗格，如图 4-30 所示。

（3）在"导航"窗格上方的文本框中输入要查找的文本，如输入"编辑"，按下"搜索"按钮或按下回车键则在文档中以黄色底纹的方式标识出查找到的文本，如图 4-30 所示。

（4）单击窗格上的下一处搜索结果按钮 ▼，或上一处搜索结果按钮 ▲，则可以查看下一处或上一处搜索到的结果。

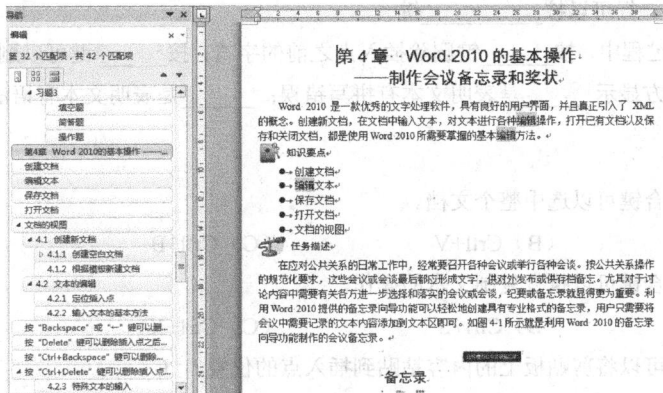

图4-30　查找文本

4．替换文本

在文档中选择替换操作的具体操作步骤如下。

（1）将插入点定位在文档中的任意位置。

（2）选择"开始"选项卡下的"编辑"组中的"替换"命令，打开"查找和替换"对话框，如图 4-31 所示。

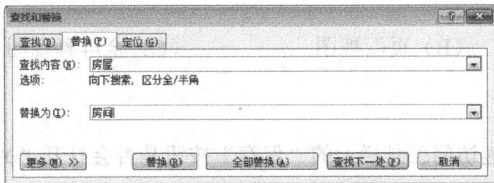

图4-31　在文档中选择替换操作

（3）在"查找内容"文本框中输入要替换的内容，如"房屋"。在"替换为"文本框中输入要替换成的内容，如"房间"。

（4）单击"查找下一处"按钮，系统从插入点处开始向下查找，查找到的内容高亮显示在屏幕上。

（5）单击"替换"按钮将会把该处的"房屋"替换成"房间"，并且系统继续查找。如果查找的内容不是需要替换的内容，可以单击"查找下一处"按钮继续查找。

（6）替换完毕，单击"取消"按钮关闭对话框。

习题4

填空题

1．在用鼠标选定文本时如果在按住_____键的同时，在要选择的文本上拖动鼠标，可以选定一个矩形块文本区域。

2．按_____方向键，插入点从当前位置向左移动一个字符；按_____方向键，插入点从当前位置向右移动一个字符。

3．在输入文本的过程中，按_____键删除插入点之前的字符，按_____键可以删除插入点之后的字符。

4．在输入文本时当到达页边距之前要结束一个段落时用户可以按_____键，如果用户不想另起一个段落而是想切换到下一行可以按_____键。

5．在输入文本的过程中，按_____键删除插入点之前的字符，按_____键可以删除插入点之后的字符。

6．在部分文本下方显示_____是表明文本有拼写错误；_____是表明文本有语法错误。

选择题

1．按（　　）组合键可以选中整个文档。

　　（A）Crtl+A 　　　　　　（B）Crtl+V 　　　　　　（C）Crtl+B 　　　　　　（D）Crtl+N

2．按（　　）组合键可以执行复制文本的操作。

　　（A）Crtl+B 　　　　　　（B）Ctrl+S 　　　　　　（C）Ctrl+X 　　　　　　（D）Ctrl+C

3．下面哪种方法可以将剪贴板上的内容粘贴到插入点的位置？（　　）

　　（A）按组合键[Ctrl+S] 　　　　　　　　　　（B）单击"剪贴板"组中的"粘贴"按钮

　　（C）按组合键[Ctrl+V] 　　　　　　　　　　（D）按组合键[Ctrl+C]

4．Word主窗口的标题栏最右边显示的按钮是（　　）。

　　（A）最小化按钮 　　　　（B）撤销按钮 　　　　（C）关闭按钮 　　　　（D）最大化按钮

5．在Word 2010的（　　）视图方式下，可以显示分页效果。

　　（A）草稿 　　　　　　　（B）大纲 　　　　　　　（C）页面 　　　　　　　（D）Web版式

6．在Word的编辑状态下，假如用户输入了一篇很长的文章，现在想观察这篇文章的总体结构，应当使用（　　）视图方式。

　　（A）主控文档视图 　　　（B）页面视图 　　　　（C）全屏幕视图 　　　　（D）大纲视图

简答题

1．保存文档时，单击快速访问工具栏上的"保存"按钮是否会打开"另存为"对话框？

2．删除文档中的错误文本有几种方法？

3．如果想在文档中插入"❶❷❸"这样的符号应如何操作？

4．选定文本有哪些方法？

第 5 章　文档基本格式的设置
——制作转正申请书和求职信

给文档设置必要的格式，可以使文档具有更加美观的版式效果，方便读者阅读和理解文档的内容。

知识要点

- 设置字符格式
- 设置段落格式
- 格式刷的应用
- 撤销与恢复

任务描述

在就业形势严峻的今天，找到一份满意的工作可不是一件容易的事，特别是能够转为正式员工更是令人羡慕，试用期满时，如果写上一份吸引人的转正申请书可能会对转正起到意想不到的效果。利用 Word 2010 提供的强大便捷的排版编辑功能，可以方便快捷地制作一份如图 5-1 所示的转正申请书，对工作的转正能起到事半功倍的效果！

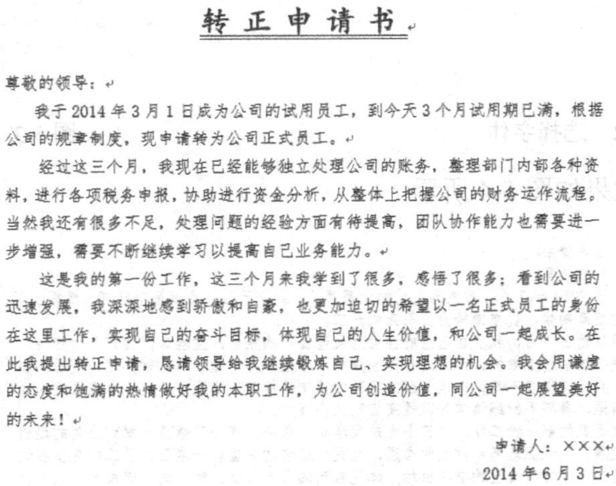

转 正 申 请 书

尊敬的领导：

我于 2014 年 3 月 1 日成为公司的试用员工，到今天 3 个月试用期已满，根据公司的规章制度，现申请转为公司正式员工。

经过这三个月，我现在已经能够独立处理公司的账务，整理部门内部各种资料，进行各项税务申报，协助进行资金分析，从整体上把握公司的财务运作流程。当然我还有很多不足，处理问题的经验方面有待提高，团队协作能力也需要进一步增强，需要不断继续学习以提高自己业务能力。

这是我的第一份工作，这三个月来我学到了很多，感悟了很多；看到公司的迅速发展，我深深地感到骄傲和自豪，也更加迫切的希望以一名正式员工的身份在这里工作，实现自己的奋斗目标，体现自己的人生价值，和公司一起成长。在此我提出转正申请，恳请领导给我继续锻炼自己、实现理想的机会。我会用谦虚的态度和饱满的热情做好我的本职工作，为公司创造价值，同公司一起展望美好的未来！

申请人：×××

2014 年 6 月 3 日

图5-1　转正申请书

案例分析

完成转正申请书的制作首先要对工作表中的数据进行编辑以保证数据的准确性，然后要用到设置字符格式、设置段落格式、格式刷的应用以及撤销与恢复等功能。

本章所涉及案例的素材和最终效果文件请登录华信教育资源网（www.hxedu.com.cn）下载，相关内容在下载后的“案例与素材\第 5 章素材”和“案例与素材\第 5 章案例效果”文件夹中。

5.1　设置字符格式

字符是指作为文本输入的汉字、字母、数字、标点符号等。字符是文档格式化的最小单位，对字符格式的设置决定了字符在屏幕上显示或打印的形式。

默认情况下，在新建的文档中输入文本时文字以正文文本的格式输入，即宋体五号字。通过设置字体格式可以使文字的效果更加突出。

5.1.1 利用功能区设置字符格式

如果要设置的字符格式比较简单，可以利用“格式”工具栏中的按钮进行快速设置。

将“转正申请书”文档中的正文文本的字符格式设置为仿宋、小四号字，操作步骤如下：

（1）选择要设置的正文文本。

（2）在“开始”选项卡下“字体”组中单击“字体”组合框后的下三角形箭头，打开字体下拉列表，如图 5-2 所示，在“字体”组合框列表中选择“仿宋”字体。

（3）在“开始”选项卡下“字体”组中单击“字号”组合框后的下三角形箭头，打开字号下拉列表，如图 5-3 所示，在“字号”组合框列表中选择“小四”字号。

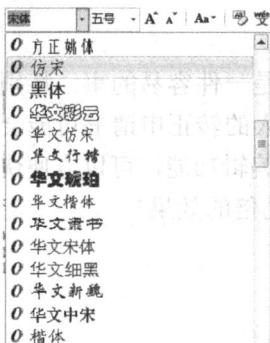

图 5-2 选择字体

图 5-3 选择字号

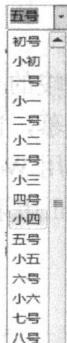

设置正文文本的效果如图 5-4 所示。

转正申请书
尊敬的领导：
我于 2014 年 3 月 1 日成为公司的试用员工，到今天 3 个月试用期已满，根据公司的规章制度，现申请转为公司正式员工。
经过这三个月，我现在已经能够独立处理公司的账务，整理部门内部各种资料，进行各项税务申报，协助进行资金分析，从整体上把握公司的财务运作流程。当然我还有很多不足，处理问题的经验方面有待提高，团队协作能力也需要进一步增强，需要不断继续学习以提高自己业务能力。
这是我的第一份工作，这三个月来我学到了很多，感悟了很多；看到公司的迅速发展，我深深地感到骄傲和自豪，也更加迫切的希望以一名正式员工的身份在这里工作，实现自己的奋斗目标，体现自己的人生价值，和公司一起成长。在此我提出转正申请，恳请领导给我继续锻炼自己、实现理想的机会。我会用谦虚的态度和饱满的热情做好我的本职工作，为公司创造价值，同公司一起展望美好的未来！
申请人：×××
2014 年 6 月 3 日

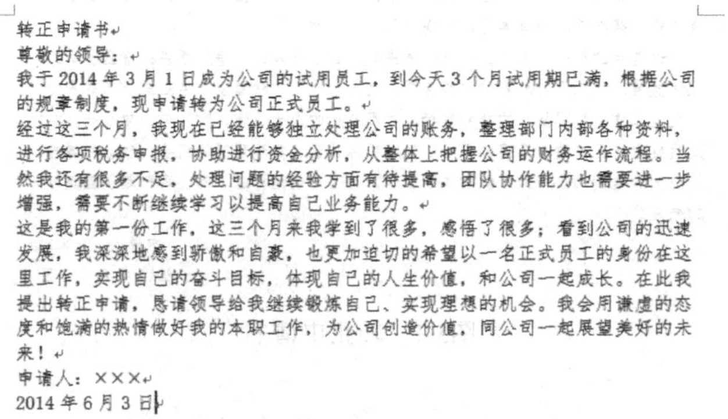

图5-4 设置正文的文字效果

用户还可以利用“字体”组中的其他相关工具按钮来设置字符的字形和效果：

- 加粗 **B**：单击“加粗”按钮使它显示被标记状态，可以使选中文本出现加粗效果，再次单击“加粗”按钮可取消加粗效果。
- 倾斜 *I*：单击“倾斜”按钮使它显示被标记状态，可以使选中文本出现倾斜效果，再次单击倾斜按钮可取消倾斜效果。
- 下画线 U·：单击“下画线”按钮使它显示被标记状态，可以为选中文本自动添加下画线，单击按钮右侧的下三角箭头可以选择下画线的线型和颜色，再次单击“下画线"按钮取消下画线效果。

- 字体颜色 **A** ▾：单击"字体颜色"按钮，可以改变选中文本字体颜色，单击按钮右侧的下三角箭头选择不同的颜色，选择的颜色显示在该符号下面的粗线上，再单击凹入状的"字体颜色"按钮取消字体颜色。
- 删除线 **abc**：单击"删除线"按钮，可以为选中文本的中间划一条线。
- 下标 **x₂**：单击"下标"按钮，可在文字基线下方创建小字符。
- 上标 **x²**：单击"上标"按钮，可在文字基线上方创建小字符。

> **提示**：如果用户单纯设置字体大小可以利用快捷键进行设置，选中文本按组合键 Ctrl+] 是增大文本字号，按 Ctrl+[组合键是缩小文本字号，另外用户也可以利用 Ctrl+Shift+> 或 Ctrl+Shift+< 组合键来增大或缩小文本字号。

5.1.2　利用对话框设置字符格式

如果要设置的字符格式比较复杂，可以在"字体"对话框中进行设置。利用对话框设置"转正申请书"文档标题的字符格式，操作步骤如下：

（1）选择要设置字符格式的文本"转正申请书"。

（2）选择"开始"选项卡下"字体"组右侧的对话框启动器，打开"字体"对话框，如图 5-5 所示。

（3）在"中文字体"下拉列表中选择"楷体"，在"字形"列表中选择"加粗"，在"字号"列表中选择"二号"。

（4）在"字体颜色"下拉列表中选择"蓝色"，在"下画线线型"下拉列表中选择双实线，在"下画线颜色"列表中选择"红色"，在"预览"框中显示的效果可以让用户先看到所设置的字符格式。

（5）设置完毕，单击"确定"按钮，设置字符格式后的标题效果如图 5-6 所示。

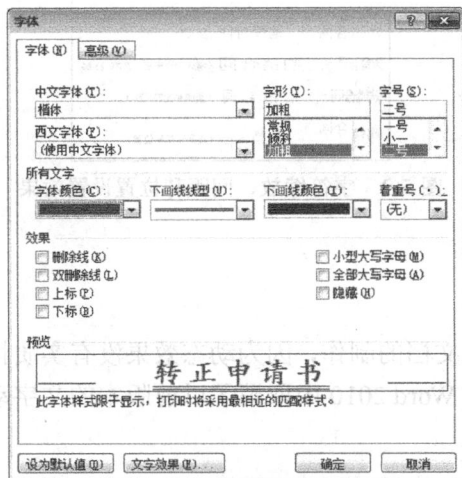

图5-5　"字体"对话框　　　　图5-6　设置文档标题字符格式的效果

5.1.3　设置字符间距

字符间距指文档中两个相邻字符之间的距离，对于一些特殊的文本适当调整它们的字符间距可以使文档的版面更美观。通常情况下，采用单位"磅"来度量字符间距。文档的标题字符较少，可以适当调整它们的间距，操作步骤如下：

（1）选中文本"转正申请书"。

（2）选择"开始"选项卡下"字体"组右侧的对话框启动器，打开"字体"对话框，单击"高级"选项卡，如图 5-7 所示。

（3）在"间距"下拉列表中选择"加宽"并在其后的文本框中输入"3 磅"，在下面的"预览"窗口中即可预览到设置字符间距后的效果。

（4）单击"确定"按钮，加宽字符间距后的效果，如图 5-8 所示。

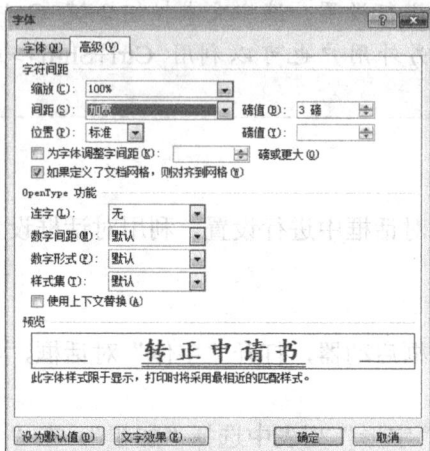

图5-7　设置字符间距　　　　　　　图5-8　设置字符间距的效果

在"高级"选项卡中用户还可以通过"缩放"文本框中扩展或压缩文本，用户既可以在下拉列表框中选择 Word 里面已经设定的比例，也可以通过直接单击文本框输入自己所需的百分比，缩放字符只能在水平方向上进行缩小或放大。

一般情况下，字符以行基线为中心，处于标准位置。用户可以根据需要在"位置"文本框中选择字符位置的类型是"标准"、"提升"或"降低"，如果为字符间距设置了"提升"或"降低"选项可以在右侧的"磅值"文本框中设置"提升"或"降低"的值。图 5-9 展示了设置字符间距、缩放和位置的文本效果。

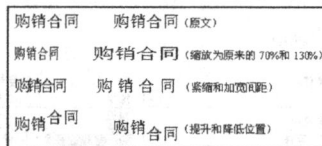

图 5-9　字符缩放、间距和位置设置效果

5.1.4　设置文字效果

字符的文字效果可以方便用户进行 Web 页或演示文档的制作，因为动态效果没有实质性的效果，不能打印出来，只能在 Word 文档中查看，故 Word 2010 中取消了以前版本的文字动态效果，将其扩展为了文字效果，使其更加实用。

设置文字效果的操作步骤如下：

（1）选择要设置字符格式的文本"转正申请书"。

（2）选择"开始"选项卡下"字体"组右侧的对话框启动器，打开"字体"对话框，单击"文字效果"按钮，打开"设置文本效果格式"对话框。

（3）在"文本填充"选项中选择"渐变填充"单选按钮，在"预设颜色"列表中选择渐变颜色，这里选择"红日西斜"，如图 5-10 所示。

（4）单击"关闭"按钮，效果图如图 5-11 所示。

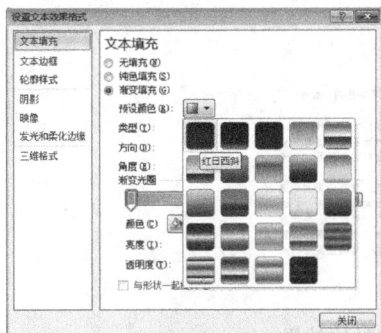

图5-10　设置文字效果　　　　　　　　图5-11　"红日西斜"渐变填充效果

5.2　设置段落格式

段落就是以回车键结束的一段文字，它是独立的信息单位。段落标记符包含了该段落的所有字符格式和段落格式。字符格式表示的是文档中局部文本的格式化效果，而段落格式的设置则将帮助用户布局文档的整体外观。

5.2.1　设置段落缩进格式

段落缩进可以调整一个段落与边距之间的距离，设置段落缩进还可以将一个段落与其他段落分开，或显示出条理更加清晰的段落层次，方便阅读。利用标尺或在"段落"对话框中都可以设置段落缩进。

缩进可分为"首行缩进"、"左缩进"、"右缩进"和"悬挂缩进"这 4 种方式。

- 左（右）缩进：整个段落中的所有行的左（右）边界向右（左）缩进，左缩进和右缩进通常用于嵌套段落。
- 首行缩进：段落的首行向右缩进，使之与其他的段落区分开。
- 悬挂缩进：段落中除首行以外的所有行的左边界向右缩进。

1．利用标尺设置段落缩进

在标尺上拖动缩进滑块可以快速灵活地设置段落的缩进，水平标尺上有四个缩进滑块，如图 5-12 所示。将鼠标放在缩进滑块上，鼠标变成箭头状时稍作停留将会显示该滑块的名称。在使用鼠标拖动滑块时可以根据标尺上的尺寸确定缩进的位置。

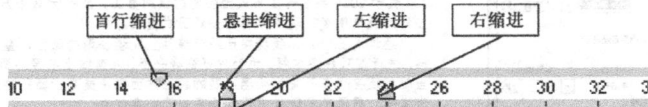

图5-12　标尺上的缩进滑块

利用标尺设置首行缩进，操作步骤如下：

（1）将插入点定位在正文第二段所在的段落中。

（2）在标尺上按住"首行缩进"滑块，在文档中出现一条垂直的虚线，如图 5-13 所示，拖动鼠标到达第二个字符位置时松开鼠标即可。

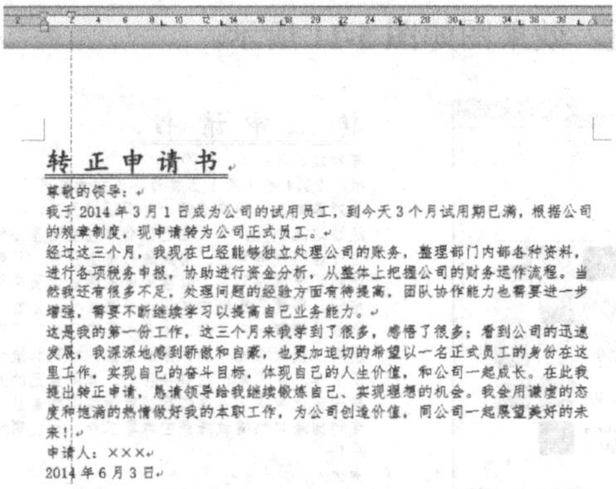

图5-13   利用标尺设置段落缩进时的效果

> **提示：**如果在拖动标尺设置段落缩进时按住 Alt 键的同时拖动虚线，在标尺上将显示缩进的距离值，可以精确地设置段落缩进。

2. 利用对话框设置段落缩进

拖动标尺上的缩进滑块设置段落的缩进不够精确，如果要精确地设置段落的缩进量，也可以在"段落"对话框中"缩进和间距"选项卡的缩进区域进行设置。

设置文档正文第三、第四段落首行缩进 2 个字符，操作步骤如下：

（1）选择正文的第三、第四段段落。

（2）选择"开始"选项卡下"段落"组右侧的对话框启动器，打开"段落"对话框，如图 5-14 所示。

（3）在"缩进"区域的"特殊格式"下拉列表中选择"首行缩进"，或者在"磅值"文本框中选择或输入"2 字符"。

（4）单击"确定"按钮，设置文档正文段落缩进后的效果如图 5-15 所示。

在"段落"对话框的缩进区域用户可以进行以下段落缩进的设置：

● 在"左侧"文本框中设置段落从文档左边界缩进的距离，正值代表向右缩进，负值代表向左缩进。

● 在"右侧"文本框中设置段落从文档右边界缩进的距离，正值代表向左缩进，负值代表向右缩进。

● 在"特殊格式"下拉列表框中可以选择"首行缩进"或"悬挂缩进"，选好后在度量值中输入缩进量即可。

图5-14   设置段落缩进 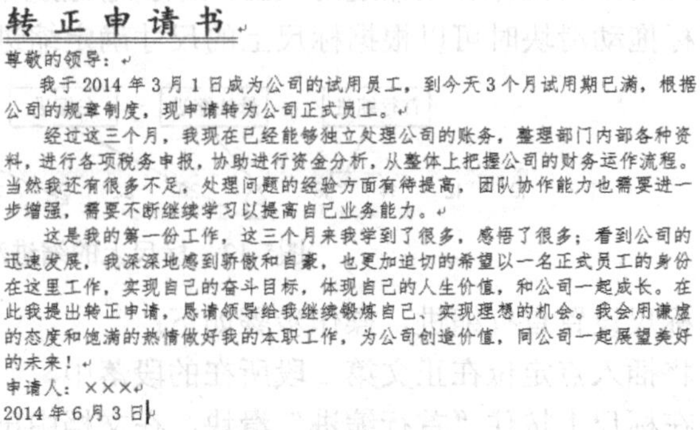   图5-15   设置文档正文段落缩进的效果

提示：用户也可以在功能区快速设置段落缩进，将鼠标定位在要设置段落缩进的段落中或者选中段落的所有文本，单击"开始"选项卡"段落"选项组中的"减少缩进量"按钮 ▣ 或"增加缩进量"按钮 ▣ 一次，选中段落的所有行将减少或增加一个汉字的缩进量。

5.2.2　设置段落对齐格式

段落的对齐直接影响文档的版面效果，段落的对齐方式分为水平对齐和垂直对齐。水平对齐方式控制了段落在页面水平方向上的排列方式，垂直对齐方式则可以控制文档中的排布情况。

段落的水平对齐方式控制了段落中文本行的排列方式，在"开始"选项卡下的"段落"组中提供了两端对齐、左对齐、右对齐、居中对齐和分散对齐 5 种对齐方式。

- 两端对齐：段落中除最后一行文本外，其余行文本的左、右两端分别以文档的左、右边界为基准向两端对齐。这种对齐方式是文档中最常用的，也是系统默认的对齐方式，平时用户看到的书籍正文都采用该对齐方式。
- 左对齐：段落中每行文本一律以文档的左边界为基准向左对齐。对于中文文本来说，左对齐方式和两端对齐方式没有什么区别。如果文档中有英文单词，左对齐将会使文档右边的边缘参差不齐，此时使用"两端对齐"的方式，右边缘就可以对齐了。
- 右对齐：文本以文档的右边界为基准向右对齐，而左边界是不规则的，一般文章的落款多采用该对齐方式。
- 居中对齐：文本位于文档的左、右边界的中间，一般文章的标题都采用该对齐方式。
- 分散对齐：段落所有行的文本的左、右两端分别沿文档的左、右边界对齐。

通常情况下文章的标题应居中显示，落款居右显示。设置"转正申请书"文档的标题居中显示，申请人和日期居右显示，操作步骤如下：

（1）将鼠标定位在标题"转正申请书"标题所在的段落中。

（2）单击"开始"选项卡下的"段落"组中的"居中"按钮 ≡ ，则标题所在的段落即可居中显示。

（3）选择申请人和日期所在的两个段落。

（4）单击"开始"选项卡下的"段落"组中单击"右对齐"按钮 ≡ ，即可将插入的申请人和日期右对齐显示，设置段落对齐格式后的效果如图5-16所示。

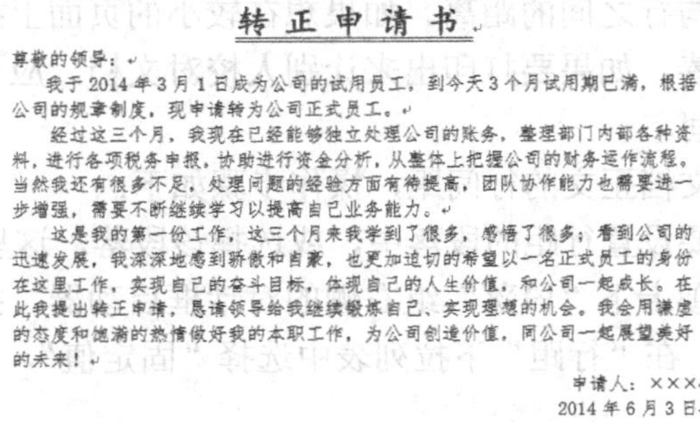

图5-16　设置段落对齐的效果

提示：选择"开始"选项卡下"段落"组右侧的对话框启动器，打开"段落"对话框，单击"缩进和间距"选项卡。在"常规"区域的"对齐方式"下拉列表中也可以设置水平对齐方式。

5.2.3　设置段落间距和行间距

段落间距是指两个段落之间的间隔，设置合适的段落间距，可以增强文档的可读性。行间距是一个段落中行与行之间的距离，行间距和段落间距的大小影响版面的排版效果。

1．设置段落间距

一篇文档的标题与后面的文本段落之间要留有一些距离，并且常常要大于正文各段落之间的距离。设置段落间距最简单的方法是在一段的末尾按回车键来增加空行，但是这种方法的缺点是不够确切。为了能够精确设置段落间距并将它作为一种段落格式保存起来，可以在"段落"对话框中进行设置。

设置"转正申请书"文档标题段落与下面段落之间的距离，操作步骤如下：

（1）将插入点定位在标题段落中，或选择该段落。

（2）选择"开始"选项卡下"段落"组右侧的对话框启动器，打开"段落"对话框，单击"缩进和间距"选项卡，在"间距"区域的"段前"和"段后"文本框中选择或输入"1 行"。

（3）单击"确定"按钮，设置段落间距后的效果如图 5-17 所示。

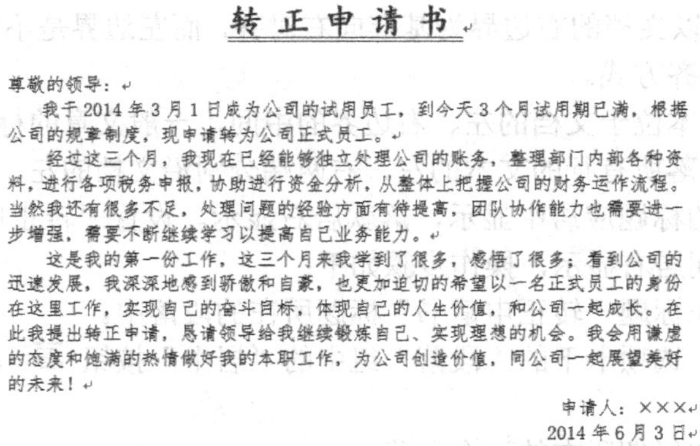

转 正 申 请 书

尊敬的领导：

　　我于 2014 年 3 月 1 日成为公司的试用员工，到今天 3 个月试用期已满，根据公司的规章制度，现申请转为公司正式员工。

　　经过近三个月，我现在已经能够独立处理公司的账务，整理部门内部各种资料，进行各项税务申报，协助进行资金分析，从整体上把握公司的财务运作流程。当然我还有很多不足，处理问题的经验方面有待提高，团队协作能力也需要进一步增强，需要不断继续学习以提高自己业务能力。

　　这是我的第一份工作，这三个月来我学到了很多，感悟了很多；看到公司的迅速发展，我深深地感到骄傲和自豪，也更加迫切的希望以一名正式员工的身份在这里工作，实现自己的奋斗目标，体现自己的人生价值，和公司一起成长。在此我提出转正申请，恳请领导给我继续锻炼自己、实现理想的机会。我会用谦虚的态度和饱满的热情做好我的本职工作，为公司创造价值，同公司一起展望美好的未来！

申请人：×××
2014 年 6 月 3 日

图5-17　设置标题段落间距的效果

2．设置行间距

行距是指段落内部行与行之间的距离。如果想在较小的页面上打印文档，使用单倍行距会使正文行与行之间很紧凑。如果要打印出来让别人校对文档，应该用较宽的行距，以便给修改者提供书写批注的空间。

设置"转正申请书"文档正文的行间距，操作步骤如下：

（1）将插入点定位在要设置行距的段落中，或选择该段落，这里选择正文的所有段落。

（2）选择"开始"选项卡下"段落"组右侧的对话框启动器，打开"段落"对话框，单击"缩进和间距"选项卡，在"行距"下拉列表中选择"固定值"，并在"设置值"文本框中选择或输入"20 磅"。

（3）单击"确定"按钮，设置行间距后的效果如图 5-18 所示。

> **提示：**可以利用功能区中的按钮快速设置行距和段落间距，将插入点定位在要设置行距的段落中或选中段落，单击"段落"组中的工具栏上的"行距和段落间距"按钮，然后在下拉菜单中选择需要的行距和段落间距。另外用户也可以按组合键[Ctrl+5]调整为 1.5 倍行距，按组合键[Ctrl+2]则调整为 2 倍行距，按组合键[Ctrl+1]调整为 1 倍行距。

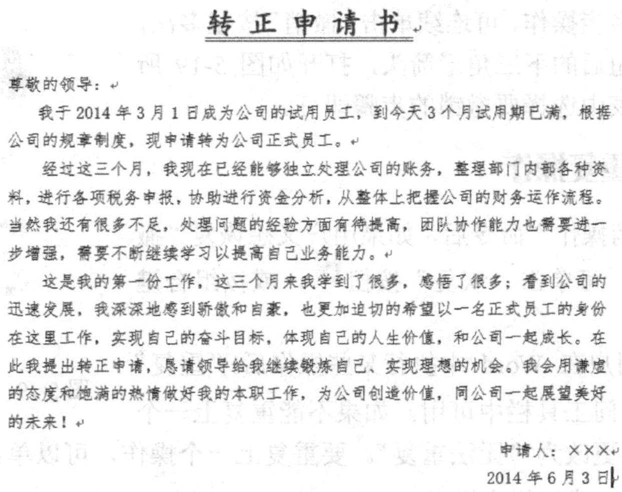

转 正 申 请 书

尊敬的领导：

　　我于 2014 年 3 月 1 日成为公司的试用员工，到今天 3 个月试用期已满，根据公司的规章制度，现申请转为公司正式员工。

　　经过这三个月，我现在已经能够独立处理公司的账务，整理部门内部各种资料，进行各项税务申报，协助进行资金分析，从整体上把握公司的财务运作流程。当然我还有很多不足，处理问题的经验方面有待提高，团队协作能力也需要进一步增强，需要不断继续学习以提高自己业务能力。

　　这是我的第一份工作，这三个月来我学到了很多，感悟了很多；看到公司的迅速发展，我深深地感到骄傲和自豪，也更加迫切的希望以一名正式员工的身份在这里工作，实现自己的奋斗目标，体现自己的人生价值，和公司一起成长。在此我提出转正申请，恳请领导给我继续锻炼自己、实现理想的机会。我会用谦虚的态度和饱满的热情做好我的本职工作，为公司创造价值，同公司一起展望美好的未来！

申请人：×××
2014 年 6 月 3 日

图5-18　设置行间距的效果

5.3　格式刷的应用

Word 2010 提供了格式刷的功能，利用它可以快速地设置文本或段落的格式。

利用格式刷快速复制段落格式的操作方法如下：

（1）将插入点定位在样本段落或选择样本段落。

（2）单击工具栏上的"格式刷"按钮 ，此时鼠标光标变成刷子状 。

（3）移动鼠标目标段落，单击鼠标左键，或者选中目标段落，则将样本段落的格式应用到目标段落。

> 提示：在使用格式刷时双击"格式刷"按钮，则格式刷可以多次应用，如果要结束使用可再次单击"格式刷"按钮。

5.4　操作的撤销、恢复和重复

当用户对文档进行编辑操作时，Word 2010 把每一步操作和内容的变化都记录下来，这种暂时存储的功能使撤销、恢复和重复变得十分方便。合理地利用"撤销"、"恢复"和"重复"命令可以提高工作的效率。

5.4.1　撤销操作

Word 2010 会随时观察用户的工作，并能记住操作细节，还可以撤销一个错误的操作。Word 2010 在执行 "撤销"命令时，它的名称也会随着用户的具体工作内容而变化。如果只撤销最后一步操作，可单击"快速访问工具栏"工具栏中的"撤销"按钮 或使用组合键[Ctrl+Z]。

例如上面应用格式刷设置正文第一段的效果是错误的操作，现在可以将那一步操作撤销，单击"快速访问工具栏"中的"撤销"按钮 ，就可恢复原来的格式。

　　如果想一次撤销多步操作，可连续单击"撤销"按钮多次，或者单击"撤销"按钮后的下三角形箭头，打开如图 5-19 所示的下拉列表，在列表中选择要撤销的步骤即可。

5.4.2 恢复和重复操作

　　执行完一次"撤销操作"命令后，如果用户又想恢复"撤销"操作之前的内容，可单击"恢复"按扭 ，或按组合键[Ctrl+Y]。

　　默认情况下，当用户在 Word 中执行某些操作后，"重复"命令 将在快速访问工具栏中可用。如果不能重复上一个操作，"重复"命令将更改为"无法重复"。要重复上一个操作，可以单击快速访问工具栏上的"重复"按钮 ，或按组合键[Ctrl+Y]。

图 5-19　可以撤销的操作列表

　　技巧：转正申请书是员工试用期工作的总结，对员工的今后工作去向举足轻重，一定要认真对待。一般情况转正申请书可以分为开头、正文和落款三大部分。在书写正文时一般也要分为三部分，第一部分要写清楚自己进入公司的时间；第二部分要写一下试用期期间的工作业绩、工作经验、思想认识和成长过程。简单说就是赞扬一下公司的整体氛围，说明自己有收获，但是不要写得太夸张；第三部分写一下自己经过了试用期之后的成绩，说明自己有能力做好这份工作，再表达一下未来的决心。

举一反三　制作求职信

　　求职信是用人单位对应聘者的第一印象，一份好的求职信也能给用人单位留下好的印象。以下文档是一封求职信的范文，如图 5-20 所示。

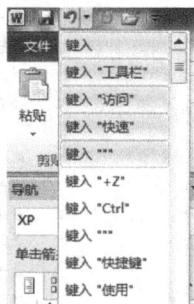

图5-20　求职信

　　在制作求职信之前首先打开"案例与素材\第 5 章素材"文件夹中的"求职信（初始）"文档。

　　制作"求职信"文档的操作步骤如下：

（1）选择标题文本"求职信"，选择"开始"选项卡下"字体"组右侧的对话框启动器，打开"字体"对话框。单击"字体"选项卡，在"中文字体"下拉列表中选择"黑体"，在"字号"列表框中选择"二号"，在"字形"列表框中选择"加粗"。

（2）单击"字符间距"选项卡，在"间距"下拉列表中选择"加宽"，在"磅值"文本框中选择或输入"12 磅"，单击"确定"按钮。

（3）选中所有正文文本，单击"开始"选项卡下的"字体"域中"字号"按钮，在"字号"列表框中选择"小四"。设置字体后的效果如图 5-21 所示。

图5-21　设置字符格式的效果

（4）将鼠标定位在标题"求职信"段落中，单击"格式"工具栏上的"居中"按钮，则标题所在的段落居中显示。

（5）选择文档末尾"×××"和"××年××月"这两个段落。

（6）选择"开始"选项卡下"段落"组右侧的对话框启动器，打开"段落"对话框，在"段落"对话框的左下角单击"制表位"按钮，打开"制表位"对话框，如图 5-22 所示。

（7）在"制表位位置"文本框中输入"34 字符"；在"对齐方式"选项区域选择"右对齐"单选按钮；在"前导符"选项区中根据需要选择"无"；单击"设置"按钮，单击"确定"按钮，返回到文档中。

（8）分别将插入点定位在"×××"和"××年××月 " 所在段落的前面，然后分别按键盘上的 Tab 键，利用制表位将段落进行对齐的效果如图 5-23 所示。

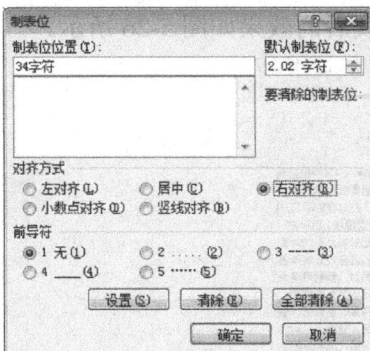

图 5-22　"制表位"对话框　　　　　　图 5-23　利用制表位对齐的效果

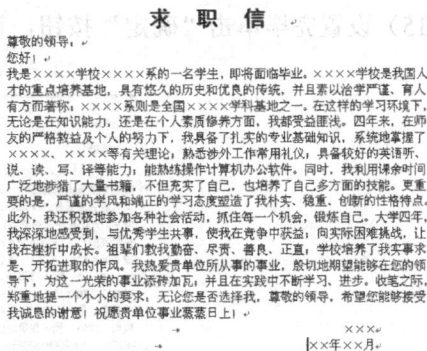

（9）选择文档正文第二、三段，选择"开始"选项卡下"段落"组右侧的对话框启动器，打开"段落"对话框，单击"缩进和间距"选项卡。在"特殊格式"下拉列表中选择"首行缩进"，并在"度量值"文本框中输入"2 字符"。

（10）选择正文所有文本，选择"开始"选项卡下"段落"组右侧的对话框启动器，打开"段落"对话框，单击"缩进和间距"选项卡。在"行距"下拉列表中选择"固定值"，并在后面的文本框中输入"28 磅"，单击"确定"按钮。

（11）选择文档标题，选择"开始"选项卡下"段落"组右侧的对话框启动器，打开"段落"对话框，单击"缩进和间距"选项卡。在"间距"区域的"段后"下拉列表中选择或输入"1 行"，单击"确定"按钮。

（12）选择文档第二、三、四、五段，选择"开始"选项卡下"段落"组右侧的对话框启动器，打开"段落"对话框，单击"缩进和间距"选项卡。在"间距"区域的"段前"和"段后"下拉列表中选择或输入"0.5 行"，单击"确定"按钮。设置段落缩进和间距后的效果如图 5-24 所示。

（13）选择标题文本"求职信"，选择"开始"选项卡下"段落"组中的"下框线"按钮，在弹出的的下拉列表中选择"边框和底纹"，打开"边框和底纹"对话框，如图 5-25 所示。

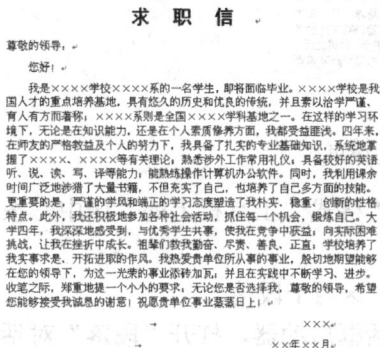

图 5-24 设置段落缩进和间距的效果

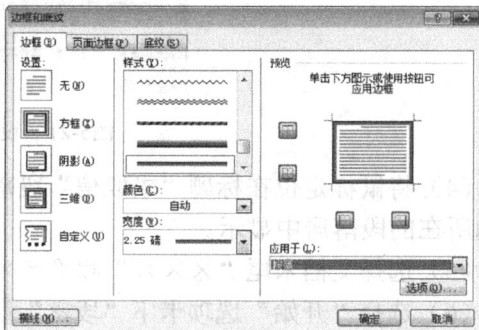

图 5-25 设置边框

（14）在"设置"区域单击"自定义"按钮，在"样式"列表框中选择边框线的类型为"三维线形"，在"颜色"下拉列表中选择边框线的颜色为"自动"。在"宽度"下拉列表中选择边框线的宽度为"2.25 磅"。用户选择的线型不同，则在宽度下拉列表中供选择的宽度值也不同。在"应用范围"文本框中选择边框的应用范围为"段落"。最后在"预览"区域中单击"下边框线"按钮。

（15）设置完毕单击"确定"按钮，设置标题边框线后的效果如图 5-26 所示。

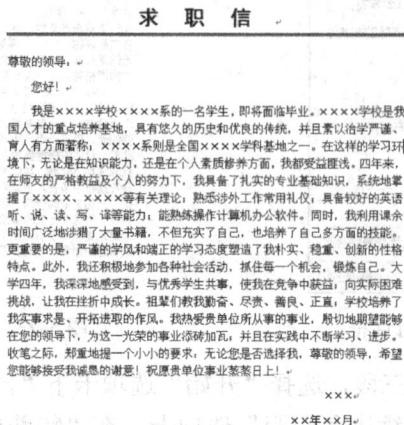

图5-26 为求职信标题添加边框的效果

提示：在为文本设置边框时，选择的应用范围不同将会得到不同的效果。如果在应用范围中选择"文字"则为选中的文本添加的边框是以"行"为单位添加的，即选中的文本的每一行都添加边框。如果在应用范围中选中"段落"，则添加的边框是为所选择的整个段落添加边框。

技巧：在写求职信的时候，应尽可能简明扼要地把自己所学的专业知识等基本情况介绍清楚，并努力突出重点，与申请工作无关的事尽量不要写。为了让用人单位更全面地了解自己，在求职信中可将自己所获得的各种成绩展示出来。一定要用积极的语言，切忌用缺乏自信和消极的语言写求职信。当然，在求职信中更不能出现错别字、语法和标点符号等低级错误。

回头看

通过案例"转正申请书"以及"求职信"的制作过程，主要学习了 Word 2010 字体格式和段落格式的设置方法。字体格式和段落格式是文字排版中很重要的一个内容，运用它们可以排出整齐、漂亮的文章。

知识拓展

1．垂直对齐方式

如果一篇文档的字数较少，为了能够使打印效果更加美观，用户还可以将其设置为垂直居中的对齐方式。将插入点定位在文档中的任意位置，选择"页面布局"选项卡下"页面设置"组右侧的对话框启动器，打开"页面设置"对话框，单击"版式"选项卡，然后在"垂直对齐方式"的下拉列表中选择居中对齐方式，如图 5-27 所示。

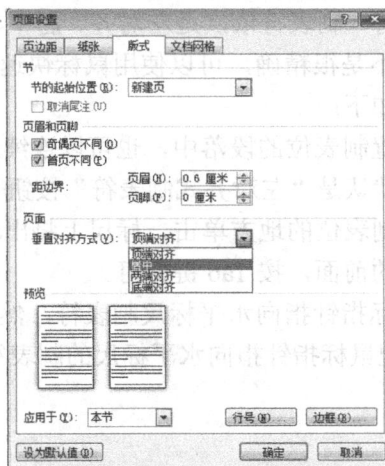

图5-27　设置垂直对齐方式

2．添加底纹

利用"开始"选项卡下的"字体"域中的"字符底纹"按钮 **A**，可以方便地为选择的一个或多个字符添加默认底纹。如果要为段落或选择的文本添加更多样式的底纹则可在"边框和底纹"对话框中进行设置，操作步骤如下：

（1）选择要添加边框的文本或段落。

（2）选择"开始"选项卡下"段落"组中的"下框线"按钮，在弹出的的下拉列表中选择"边框和底纹"，打开"边框和底纹"对话框，单击"底纹"选项卡，如图 5-28 所示。

（3）在"填充"区域的颜色列表中选择所需的底纹填充颜色，如果选择"无颜色"将取消所有的底纹填充。

（4）在"图案"区域中，可以设置应用于底纹的样式。在"样式"下拉列表中，可以选择一种自己满意的底纹样式。如果选择"清除"选项，Word 2010 将只在文档中填充前面设置的颜色而不使用任何底纹样式。

（5）在"颜色"文本框中设置底纹样式的颜色，如果在"样式"选择框中选择"清除"项，则该选择框发灰不可用。

（6）在"应用于"文本框中选择所设底纹应用的范围。

（7）单击"确定"按钮。

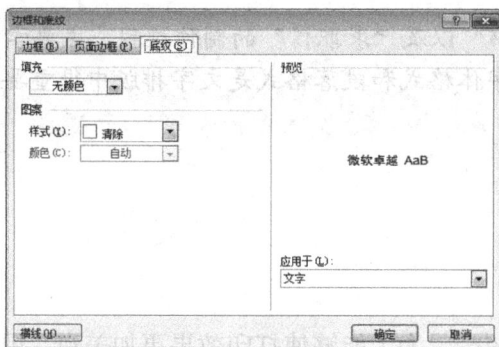

图5-28　设置底纹

3. 利用标尺设置制表位

水平标尺最左端是一个"制表符对齐方式"按钮，当每次单击该按钮时，在其旁边即可显示是哪一种对齐方式的制表符，制表符依次是左对齐、居中、右对齐、小数点和竖线对齐。

如果对制表位的位置要求不是很精确，可以使用鼠标快速地设置制表位将文档中需要对齐的段落进行对齐，操作步骤如下：

（1）将插入点定位到要设置制表位的段落中，也可以连续选择多个段落。

（2）在竖直标尺的上方，默认是"左对齐式制表符"按钮 └，单击该按钮，选择所需的制表符类型，在标尺上要设置制表位的地方单击，标尺上将出现相应类型的制表符。

（3）将插入点定位在段落的前面，按 Tab 键即可。

改变制表位时，可以把鼠标指针指向水平标尺制表符，然后按住鼠标左键在水平标尺上左、右拖动；删除制表位时，把鼠标指针指向水平标尺的制表符 ，然后按住鼠标左键拖出标尺范围即可。

习题 5

填空题

1．段落的水平对齐方式有_____、_____、_____、_____和_____这 5 种。

2．段落的缩进可分为_____、_____、_____和_____这 4 种方式。

3．字符间距指的是_____，对于一些特殊的文本适当调整他们的字符间距可以使文档的版面更美观。通常情况下，采用单位＿＿＿＿＿＿来度量字符间距。

4．在使用格式刷时＿＿＿＿＿＿格式刷按钮，则格式刷可以多次应用，如果要结束使用可再次＿＿＿＿＿＿格式刷按钮。

选择题

1．在 Word 2010 中系统默认的字体是（　　　）。

（A）宋体　　　　　　（B）楷体　　　　　　（C）黑体　　　　　　（D）仿宋

2．在 Word 2010 的编辑状态，连续进行了两次"插入"操作，当单击一次"撤销"按钮后（　　　）。

（A）将两次插入的内容全部取消　　　　　　（B）将第一次插入的内容取消

（C）将第二次插入的内容取消　　　　　　（D）两次插入的内容都不被取消

3．在 Word 2010 中，段落标记符包含了该段落的所有（　　　）。

（A）控制符　　　　　（B）字符格式　　　　（C）段落格式　　　　（D）段落格式及字符格式

4．在 Word 2010 工作中，如果操作错误，按（　　　）可撤销最近的一次操作。

（A）[Ctrl+Z]　　　　（B）[Ctrl+A]　　　　（C）[Ctrl+C]　　　　（D）[Ctrl+V]

操作题

1．打开"案例与素材\第 5 章素材"文件夹中的"病毒的预防"文档，按下述要求完成全部操作，如图 5-29 所示。

（1）标题文本设为黑体、三号字、加底纹、加边框。

（2）设置正文为楷体、小四号。

（3）设置正文左缩进 0 字符，首行缩进 2 字符，行距为 1.5 倍行距。

（4）设置标题段落居中显示，段后间距为 1 行。

病毒的预防

若您在使用计算机时，能经常注意以下几点，可将您的计算机感染的危险减至最小：

1、使用检测工具，以及使用能检测病毒存在的病毒扫毒程序；

2、用病毒免疫程序来进行保护；

3、使用病毒识别和消除工具来识别病毒类型并消除它；

4、有一定的计算机病毒知识，并养成备份的习惯。

只要您在使用过程中，不断注意以上几点，并且，不滥用盗版软件或来历不明的软件，若要用，应首先用查毒程序对其进行检测并消除其上病毒。这样您计算机必会少很多感染病毒的可能。

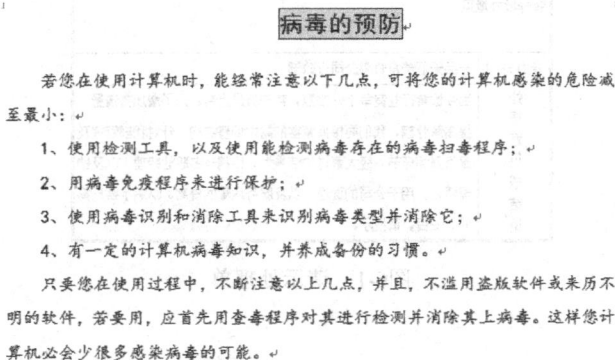

图5-29　文档的最终效果

第 6 章　Word 2010 表格的应用
——制作处理请示单和用车记录表

　　表格是编辑文档常见的文字信息组织形式。以表格的方式组织和显示信息，可以给人一种清晰、简洁、明了的感觉。

🔑 知识要点

- 创建表格
- 编辑表格
- 修饰表格

🎤 任务描述

　　请示处理单是指下级单位没有办法处理的事件向上级请示处理方案的一种公文，它有着相对固定的格式。利用 Word 2010 提供的强大、便捷的表格制作和编辑功能，可以方便快捷地做一个如图 6-1 所示的请示处理单。

请示处理单

来文机关	一品天下美食有限公司郑州分公司	文件字号	【2014】06 号
文件标题	关于加强管理与提高服务的请示	收文时间	2014年6月15号
拟办意见：在饮食行业中，服务已成为决定营业额高低的非常重要的一个环节。而我部由于在饮食行业的旺季销售额较高，忽略了人员的管理及为顾客服务的标准，以至于在淡季销售额大幅度下滑。			
领导批办意见：			
承办部门	一品天下美食有限公司行政部		
处理意见或结论	当今饮食行业竞争十分激烈，客户就是上帝。为了增加客流量，提高营业额，我们要根据顾客的需求调整结构。针对我部管理及服务薄弱环节，经大家讨论结果为：招聘一名职业经理人以及助理两名，用于公司的管理、以及服务质量的提高。以满足客户需要。妥否，请批示。		

图6-1　请示处理单

🔲 案例分析

　　完成请示处理单的制作首先要创建一个表格，然后在应用插入或删除行（列）、合并或拆分单元格、调整行高和列宽、设置表格中的文本等功能对表格进行编辑。

　　本章所涉及的案例素材和最终效果文件请登录华信教育资源网（www.hxedu.com.cn）下载，相关内容在下载后的"案例与素材\第 6 章素材"和"案例与素材\第 6 章案例效果"文件夹中。

6.1　创建表格

　　表格是由水平的行和垂直的列组成，行与列交叉形成的方框称为单元格。Word 2010 中提供了多种创建表格的方法，可以使用"插入"选项卡下的"表格"组中的"插入表格"按钮、"插入表格"对话框或直接绘制表格等方法来创建。

6.1.1　利用"插入表格"对话框创建表格

利用"插入表格"对话框创建表格，可以在其中输入表格的行列数，让系统自动在文档中插入表格，这种方法不受表格行、列数的限制，并且还可以同时设置表格的列宽。

利用"插入表格"对话框创建表格的操作步骤如下：

（1）首先输入表格的标题"请示处理单"，然后将插入点定位在标题的下面一行。

（2）切换到"插入"选项卡，单击"表格"组中的"表格"按钮，在下拉菜单中选择"插入表格"命令，打开"插入表格"对话框，如图 6-2 所示。

（3）在"列数"文本框中选择或输入表格的列数值，这里输入"4"；在"行数"文本框中选择或输入表格的行数值，这里输入"16"；在"自动调整"操作选项区域中选择"固定列宽"。

（4）单击"确定"按钮完成插入表格的操作，插入的表格如图 6-3 所示。

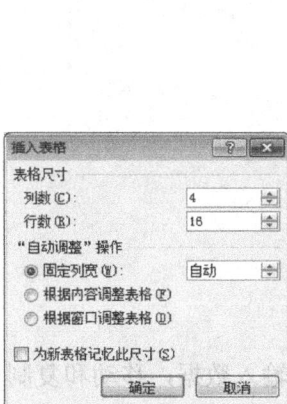

图 6-2　"插入表格"对话框

图 6-3　插入的表格

在"插入表格"对话框的"自动调整"操作选项区域中各选项的功能如下。

- 选择"固定列宽"，可以在数值框中输入或选择列的宽度，也可以使用默认的"自动"选项把页面的宽度在指定的列数之间平均分布。
- 选择"根据窗口调整表格"，可以使表格的宽度与窗口的宽度相适应，当窗口的宽度改变时，表格的宽度也跟随变化。
- 选择"根据内容调整表格"单选按钮，可以使列宽自动适应内容的宽度。单击"自动套用格式"按钮，可以按预定义的格式创建表格。

> **提示：** 如果在插入表格之前没有输入表格标题，想要在表格上方插入一个空行用于输入表格标题，可以将插入点定位在表格的第一个单元格中，然后按回车键。

6.1.2　利用"插入表格"按钮创建表格

如果创建的表格行列数比较少，可以利用"插入表格"按钮创建表格，但是创建的表格不能设置自动套用格式和列宽，需要在创建表格后作进一步调整。

利用"插入表格"按钮创建表格的操作步骤如下：

（1）将插入点定位在文档中要插入表格的位置。

（2）切换到"插入"选项卡，单击"表格"组中的"表格"按钮，此时在下拉菜单中的"插入表格"区出现一个网格。按住鼠标左键沿网格左上角向右拖动指定表格的列数，向下拖动指定表格的行数，如图 6-4 所示的即为准备绘制一个 6 行 8 列的表格。

（3）当拖动到需要的行列时松开鼠标左键，即可在插入点处绘制一个平均分布各行、平均分布各列的规则表格。

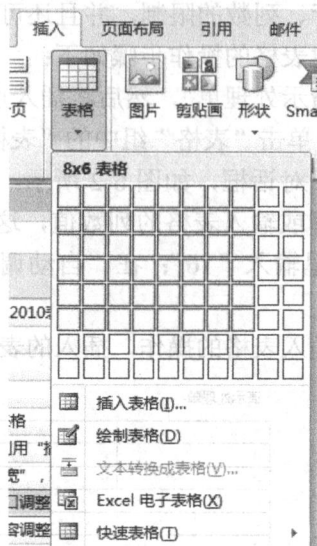

图6-4 利用“插入表格”按钮创建表格

6.2 编辑表格

编辑表格主要包括在表格中移动插入点并在相应的单元格中输入数据，移动和复制单元格中的内容以及插入、删除行（列）等一些基本的编辑操作。

6.2.1 在表格中输入数据

在表格中输入数据与在文档中输入文本的方法一样，都是先定位插入点，创建好表格后插入点默认的定位在第一个单元格中。如果需要在其他单元格中输入内容，只要用鼠标单击该单元格即可定位插入点，再向表格中输入数据就可以了。

如果在单元格中输入文本时出现错误，按 Backspace 键可以删除插入点左边的字符，按 Delete 键可以删除插入点右边的字符，在创建的处理请示单表格中输入内容后的效果如图 6-5 所示。

请示处理单

来文机关		文件字号	
拟办意见：			
领导批办意见：			
承办部门			
处理意见或结论			

图6-5 在创建的表格中输入内容

6.2.2　插入、删除行（列）

在创建表格时有可能行（列）数不能满足要求，此时可以在表格中插入行（列）或者删除多余的行（列）使表格的行（列）数满足实际需要。

1．插入行（列）及单元格

如果用户希望在表格的某一位置插入行（列），首先将鼠标定位在对应位置，然后根据需要，选择“布局”选项卡下的“行和列”组中各按钮，单击“插入”即可。

在“请示处理单”表格中输入文字后发现没有“文件标题”一项，因此需要在“请示处理单”表格“拟办意见”所在行的上方插入一个新行，操作步骤如下：

（1）将插入点定位在“拟办意见”单元格中。

（2）在“布局”选项卡“下行和列”组中单击“在上方插入”按钮，就会在“拟办意见”所在行上面插入一个空白行，如图 6-6 所示。

（3）在插入的行中输入“文件标题”等相应文本，如图 6-7 所示。

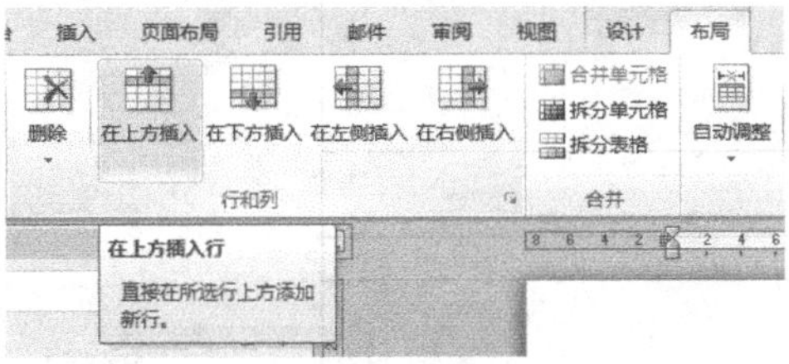

图6-6　单击“在上方插入”按钮

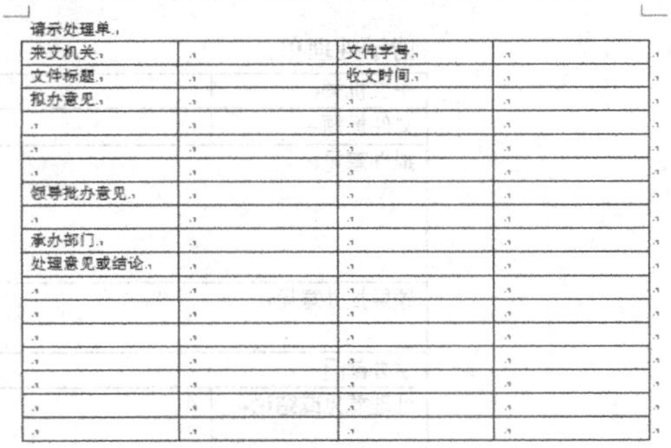
请示处理单

来文机关		文件字号	
文件标题		收文时间	
拟办意见			
领导批办意见			
承办部门			
处理意见或结论			

图6-7　插入一行效果

“行和列”组中的其他插入命令的功能如下。

- 单击“在下方插入”命令，即可在插入点所在行的下方插入新行。
- 单击“在左侧插入”命令，即可在插入点所在列的左边插入新列。
- 单击“在右侧插入”命令，即可在插入点所在列的右边插入新列。
- 单击“行和列”组右侧的对话框启动器，打开“插入单元格”对话框，即可在插入点设置插入单元格的不同方式，如图 6-8 所示。

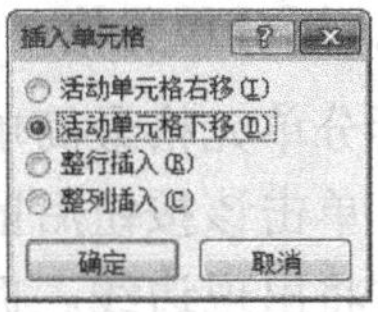

图6-8　“插入单元格”对话框

2．删除行（列）及单元格

插入表格时，对表格的行或列控制的不好将会出现多余的行或列，可以根据需要将多余的行或列删除。在删除单元格、行或列时，单元格、行或列中的内容同时也被删除。

如果希望将表格的某行（列）删除，首先将鼠标定位在对应位置，然后单击“插入”选项卡下的“行和列”组中的“删除”按钮，在下拉菜单中选择需要删除的行（列）命令即可，如图 6-9 所示。

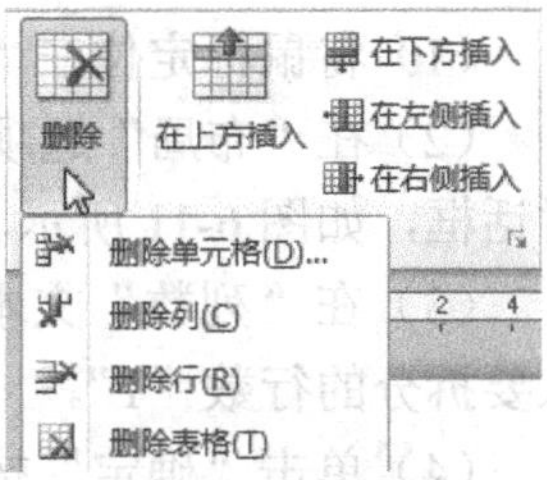

图6-9　删除列表

如“请示处理单”表格的最后一行是多余的，可将它删除。

将插入点定位在最后一行中的任意单元格中，然后单击"插入"选项卡下的"行和列"组中的"删除"按钮，在下拉菜单中选择"删除行"选项，则最后一行被删除。

6.2.3 合并、拆分单元格

Word 2010 允许将多个单元格合并成一个单元格，或者将一个单元格拆分为多个单元格，这为制作复杂结构的表格提供了极大的便利。

1．合并单元格

在调整表格结构时，如果需要让几个单元格变成一个单元格，可以利用 Word 2010 提供的合并单元格功能。例如对"请示处理单"表格的单元格进行合并，操作步骤如下：

（1）选择"拟办意见"和右侧的三个单元格以及下面的三行单元格。

（2）单击"布局"选项卡下"合并"组中的"合并单元格"按钮，则选中的单元格被合并为一个单元格。

（3）重复此操作，将表格中需要合并的单元格区依次合并，如图 6-10 所示。

请示处理单

来文机关		文件字号	
文件标题		收文时间	
拟办意见			
领导批办意见			
承办部门			
处理意见或结论			

图6-10　合并单元格的效果

2．拆分单元格

拆分单元格最简单的方法是使用"设计"选项卡下的"绘制表格"按钮在单元格中画出边线。单击该按钮后鼠标将变成铅笔形状，在单元格中拖动铅笔形状的鼠标时，被鼠标拖过的地方将出现边线。拆分单元格时如果情况比较复杂可以使用"拆分单元格"命令对要拆分的单元格进行详细的设置。

如果在合并单元格的过程中不小心将承办部门几个单元格合并错了，这里可以将其拆分，操作步骤如下：

（1）将鼠标定位在"承办部门"单元格中。

（2）在"布局"选项卡下的"合并"组中单击"拆分单元格"按钮，打开"拆分单元格"对话框，如图 6-11 所示。

（3）在"列数"文本框中选择或输入要拆分的列数"2"；在"行数"文本框中选择或输入要拆分的行数"1"。

（4）单击"确定"按钮，即可将单元格进行拆分，如图 6-12 所示。

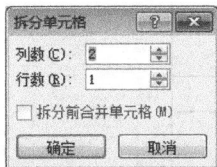

图6-11　"拆分单元格"对话框　　　　　　　图6-12　拆分单元格的效果

> **提示：** 在拆分单元格时如果选择的是多个单元格，则在"拆分单元格"对话框中还可以选择"拆分前合并单元格"复选框，这样在拆分时首先将选择的多个单元格进行合并，然后再拆分。

6.3　修饰表格

表格创建编辑完成后，为了使其更加美观大方，还可以进行添加边框和底纹、设置表格中文本的对齐方式等修饰操作。

6.3.1　调整行高、列宽及单元格的宽度

对于已有的表格，为了突出显示标题行的内容，或者让各列的宽度与内容相符，可以调整行高与列宽。在 Word 2010 中不同的列可以有不同的宽度，同一列中各单元格的宽度也可以不同。

1．调整行高

在调整行高时可以利用"表格属性"对话框精确的调整表格的行高。利用"表格属性"对话框调整"处理请示单"表格行高，操作步骤如下：

（1）将鼠标移到第一行左边界的外侧，当鼠标变成箭头状形 $\nearrow$ 时，单击鼠标则可选择该行。按住 Ctrl 键在分别单击第二行和"承办部门"所在行，将这三行选中。

（2）在"布局"选项卡下"单元格大小"组的"表格行高度"文本框中输入"0.8 厘米"，则选定的行高度被设置为 0.8 厘米，调整行高后的效果如图 6-13 所示。

如果对行的高度要求不是很精确，也可以手动调整。由于表格中的"拟办意见"、"处理意见或结论"两行中所要填写的内容较多，可以适当增加行高，使它能够容纳更多的内容。

如图 6-14 所示将光标移至要调整行高的行边框线上，这里移动到"拟办意见"的下边线上当出现改变行尺寸大小的工具 $\Leftrightarrow$ 时按住鼠标左键向下或向上拖动鼠标，此时出现一条水平的虚线，显示改变行高度后的位置，当行高调整合适时释放鼠标左键即可。

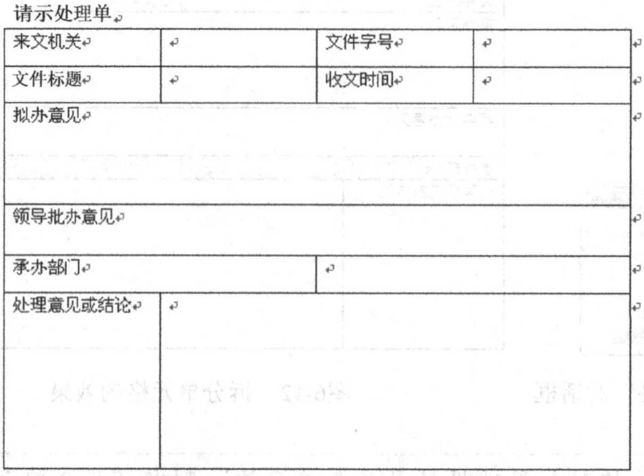

图6-13   调整行高后的效果

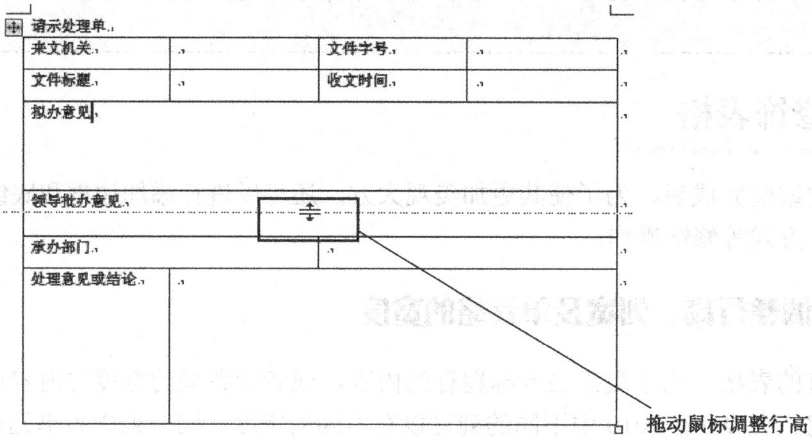

拖动鼠标调整行高

图6-14   利用鼠标调整行高

2．调整列宽

将鼠标指向列的顶部，当鼠标变黑色实心箭头 ↓ 时单击鼠标选中列。在"布局"选项卡下"单元格大小"组的"表格列宽"文本框中输入具体的数值，则选定的列宽度度被设置为相应的列宽。在利用"单元格"大小组中的"表格列宽"文本框调整列宽时，如果选中的是一列则调整当前列列宽，如果选中的是行，则调整该行中每一个列的宽度。

另外，用户还可以利用鼠标拖动来调整列宽，将鼠标指针移到要调整列宽的列边框线上，当出现改变列尺寸大小的工具 ╫ 时按住鼠标左键拖动鼠标，此时出现一条垂直的虚线，显示列改变后的宽度，如图 6-15 所示。到达合适位置松开鼠标左键即可。

> **提示**：这种方法改变的是相邻两个列的大小而且这两列的总宽度不变，整个表格的大小也不发生改变。如果在拖动鼠标时，按住 Shift 键，则将会改变边框左侧一列的宽度，并且整个表格的宽度将发生变化，但是其他各列的宽度不变。如果在拖动鼠标时按住 Ctrl 键，则边框右侧的各列宽度发生均匀变化，整个表格宽度不变。如果在拖动鼠标时，按住 Alt 键，可以在标尺上同时显示列宽。

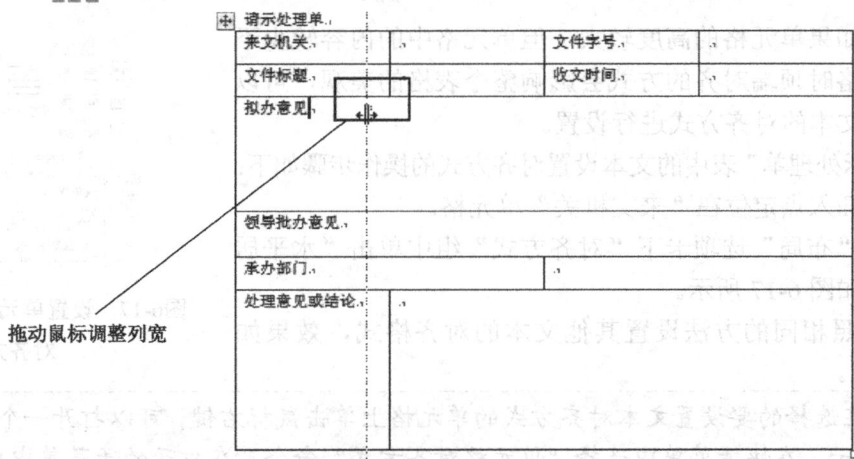

图6-15　调整列宽时的效果

3．调整单元格宽度

　　表格中不但可以调整整列的宽度，还可以对个别单元格的宽度进行调整。例如当用户对表格中某列的宽度进行调整时影响到相邻列的宽度，这时可以对表格中的个别单元格的宽度进行调整，使它的结构更加合理。如调整"承办部门"单元格的宽度，操作步骤如下：

　　（1）将鼠标移动到"承办部门"单元格左边界与第一个字符之间，当鼠标指针变成 ➤ 形状时单击鼠标左键即可选择该单元格，如图 6-16 所示。

　　（2）将光标移至该单元格右侧边框线上，当出现一个改变列尺寸的大小工具 ╫ 时按住鼠标左键向左拖动，到达合适位置后松开鼠标左键即可。

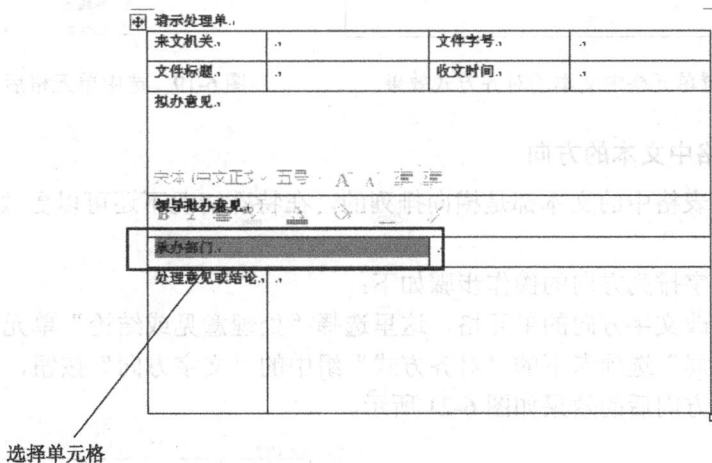

图6-16　选择单元格

6.3.2　设置表格中的文本

　　设置表格中文本的格式和在普通文档中一样，可以采用设置文档中文本格式的方法设置表格中文本的字体、字号、字形等格式，此外还可以设置表格中文字的对齐方式。

1．设置单元格中文本的对齐方式

　　单元格默认的对齐方式为"靠上两端对齐"，即单元格中的内容以单元格的上边线为基准向左对齐。如果单元格的高度较大，但单元格中的内容较少不能填满单元格时顶端对齐的方式会影响整个表格的美观，可以对单元格中文本的对齐方式进行设置。

为"请示处理单"表中的文本设置对齐方式的操作步骤如下：

（1）将插入点定位在"来文机关"单元格。

（2）在"布局"选项卡下"对齐方式"组中单击"水平居中"按钮，如图 6-17 所示。

（3）按照相同的方法设置其他文本的对齐格式，效果如图 6-18 所示。

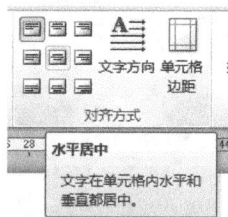

图6-17 设置单元格中文本的对齐方式

> 提示：在选择的要设置文本对齐方式的单元格上单击鼠标右键，可以打开一个快捷菜单，如图 6-19 所示。在快捷菜单中选择"单元格对齐方式"命令，在打开的子菜单中也可以根据需要选择相应的对齐方式按钮。

图 6-18 设置单元格中文本的对齐方式效果

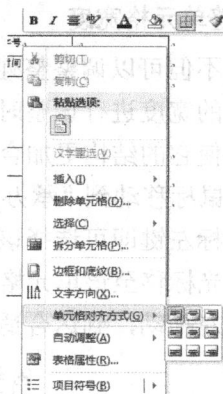

图 6-19 选中单元格后弹出的快捷菜单

2. 设置单元格中文本的方向

默认状态下，表格中的文本都是横向排列的，在特殊情况下还可以更改表格中文字的排列方向。

更改表格中文字排列方向的操作步骤如下：

（1）选择要更改文字方向的单元格，这里选择"处理意见或结论"单元格。

（2）单击"布局"选项卡下的"对齐方式"组中的"文字方向"按钮，如图 6-20 所示。

（3）更改文字方向后的效果如图 6-21 所示。

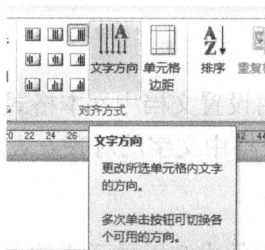

图 6-20 "文字方向"按钮

图 6-21 设置文字方向的效果

6.3.3　设置表格边框

文字可以通过使用 Word 2010 提供的修饰功能，变得更加漂亮，颜色、线条、底纹可以随心所欲，任意选择，表格也不例外。

例如，为请示处理单表格的外边框添加双实线边框，操作步骤如下：

（1）单击表格左上角的控制按钮 ⊹ ，选中整个表格。

（2）单击"设计"选项卡下"绘图边框"组右侧的对话框启动器，或在"表格样式"组中单击"边框"按钮，在下拉菜单中选择"边框和底纹"按钮，打开"边框和底纹"对话框，如图 6-22 所示。

（3）在"设置"区域单击"虚框"按钮，在"样式"列表中选择"双实线"，"宽度"选择"0.75 磅"，在"应用于"下拉列表中选择"表格"。

（4）单击"确定"按钮。为表格添加外边框的效果如图 6-23 所示。

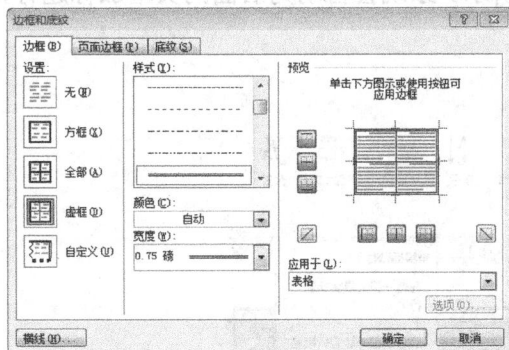

图6-22　"边框和底纹"对话框　　　　图6-23　为表格设置外边框的效果

在"请示处理单"表格的单元格中输入相应的内容，设置表格的标题为"楷体"，"一号"，"加粗"，表格内部的字体为"宋体"，"四号"，"请示处理单"的效果如图 6-24 所示。

技巧： 由于"请示处理单"具有相对稳定的样式，所以可以把它作为模板使用，提高用户的工作效率。选择"文件"选项卡下的"另存为"命令，打开"另存为"对话框，在"保存类型"列表中选择"Word 模板"，在"保存位置"列表中选择自己创建的"新建模板"文件夹，单击"保存"按钮，即可将"请示处理单"保存 Word 模板。

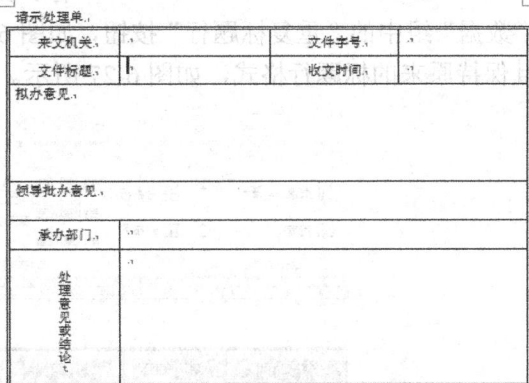

图6-24　在"请示处理单"中输入相应文本并设置字体格式

举一反三　制作用车记录表

公司为了严格管理车辆的使用，规定员工用车时必须详细登记车辆的使用情况。如图 6-25 所示就是利用 Word 2010 表格功能制作的公司用车记录季度统计表。

在制作用车记录统计表之前先打开"案例与素材\第 6 章素材"文件夹中的"用车记录表（初始）"文档。

制作"用车记录统计表"的操作步骤如下：

（1）由于用车记录表比较大，分布在两页中，为了方便表格的查看，可以为第二页的表格也添加标题行。在第一页中选择标题行，选择"布局"选项卡下的"数据"组中的"重复标题行"按钮，如图 6-26 所示。系统会自动为后面的页增加标题行，而且保持原来的标题行格式，如图 6-27 所示。

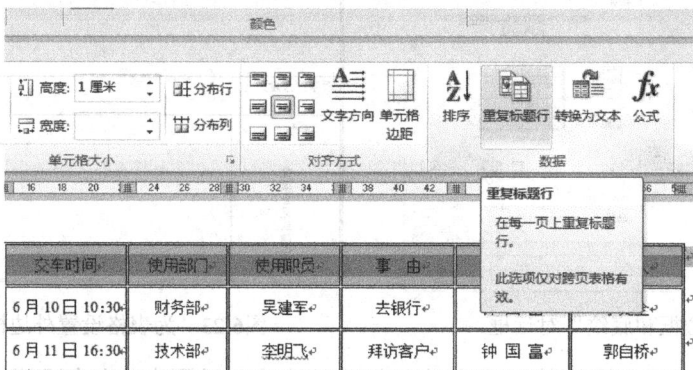

图6-25　用车记录季度统计表

图 6-26　"重复标题行"按钮

图6-27　标题行重复效果

（2）将插入点定位在用车记录表的第三页，输入标题"用车记录季度统计表"，然后将鼠标定位在标题下面一行，切换到"插入"选项卡，单击"表格"组中的"表格"按钮，此时在下拉菜单中的"插入表格"区出现一个网格。

（3）按住鼠标左键沿网格左上角向右拖动指定表格的列数，向下拖动指定表格的行数。这里选择列数为 5，行数为 4 松开鼠标，完成插入表格的操作。

（4）在表格中输入相应文本，如图 6-28 所示。

（5）将鼠标定位在表格中的第一个单元格内，单击"插入"选项卡下"插图"组中的"形状"按钮，在下拉菜单中选择"线条"区域下的"直线"按钮，如图 6-29 所示。在第一个单元格中根据需要绘制两条如图 6-30 所示的斜线。

用车记录季度统计表

	财务部	行政部	后勤部	技术部
四月份				
五月份				
六月份				

图6-28　输入表格文本

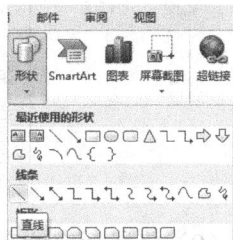

图6-29　插入直线

用车记录季度统计表

	财务部	行政部	后勤部	技术部
四月份				
五月份				
六月份				

图6-30　插入斜线表头

（6）用鼠标选中刚添加的两条斜线，单击"格式"选项卡下的"形状样式"组中的"形状轮廓"按钮，设置线条颜色为"黑色"，如图 6-31 所示。

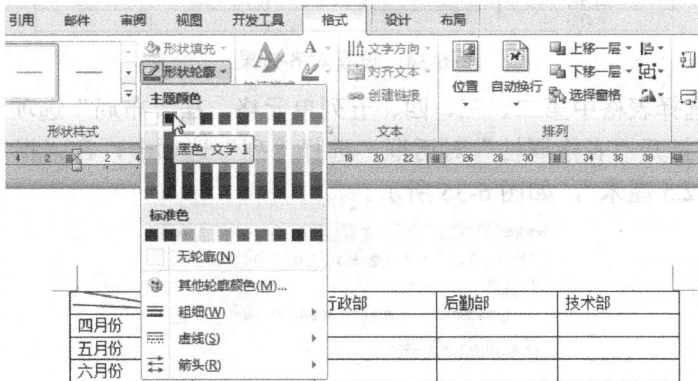

图6-31　设置线条颜色

（7）选中第一行，在"布局"选项卡下"单元格大小"组的"表格行高度"文本框中输入"3 厘米"，则选定的行高度被设置为 3 厘米。选中第一列，在"布局"选项卡下"单元格大小"组的"表格列宽"文本框中输入"4.5 厘米"，然后利用鼠标拖动再次调整插入的斜线位置及长度，则插入斜线表头的效果如图 6-32 所示。

图6-32　插入斜线表头的效果

（8）输入相应的表头文字，然后通过空格键与回车键调整表头文字的相应位置，效果如图 6-33 所示。

图6-33　输入表头文字

（9）将鼠标定位在"四月份"单元格中，按住鼠标左键向下拖动选中"四月份"、"五月份"、"六月份"三个单元格，单击"布局"选项卡下"对齐方式"组中的"中部居中"按钮。将鼠标定位在"财务部"单元格中，按住鼠标左键向右拖动选中"财务部"、"行政部"、"后勤部"、"技术部"四个单元格，单击"布局"选项卡下"对齐方式"组中的"中部居中"按钮，设置对齐效果如图 6-34 所示。

图6-34　设置对齐效果

（10）用鼠标选择表格中第二、三、四、五列单元格，在"布局"选项卡的"表"组中单击"属性"按钮，打开"表格属性"对话框，选择"列"选项卡，在"指定宽度"列表框中选择或输入列宽"2.5 厘米"，如图 6-35 所示。

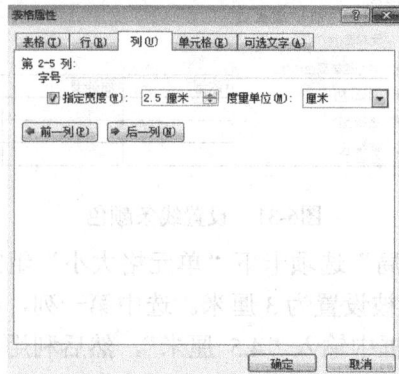

图6-35　设置列宽

（11）用鼠标选择表格中第二、三、四行单元格，在"布局"选项卡的"表"组中单击"属性"按钮，打开"表格属性"对话框，选择"行"选项卡，如图 6-36 所示。在"指定宽度"
列表框中选择或输入行高为"1.2 厘米"，设置行高列宽的效果如图 6-37 所示。

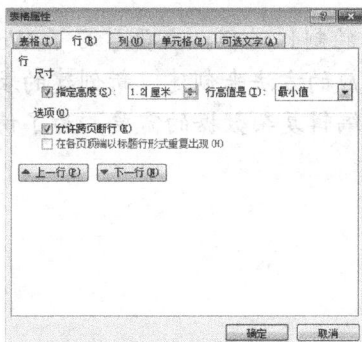

图 6-36　设置列宽

图 6-37　设置行高和列宽的效果

（12）将鼠标移至表格第一行的左侧，当鼠标变成 ⬈ 形状时单击鼠标左键将该行选中，
单击"设计"选项卡下"表格样式"组中的"边框"按钮，在弹出的下拉菜单中选择"边框
和底纹"，打开"边框和底纹"对话框，单击"底纹"选项卡，如图 6-38 所示。

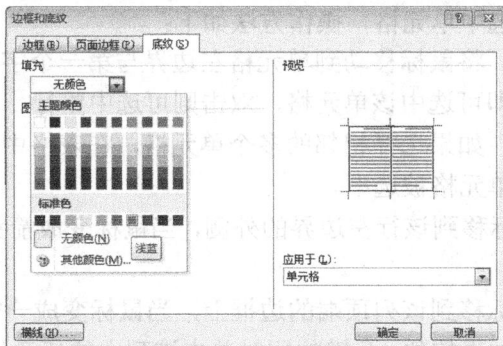

图6-38　设置底纹

（13）在"填充"区域的颜色列表中选择"浅蓝"色，单击"确定"按钮，为表格的第一
行添加了"天蓝色"底纹。

（14）选中表格中剩余各行，单击"设计"选项卡下"表格样式"组中的"边框"按钮，
在弹出的下拉菜单中选择"边框和底纹"，打开"边框和底纹"对话框，单击"底纹"选项卡。
在"填充"区域的颜色列表中选择"水绿色"，单击"确定"按钮，为表格的其余各行添加"水
绿色"底纹，效果如图 6-39 所示。

（15）选择整个表格，单击"常用"格式工具栏中的"居中"按钮，则表格居中显示。

（16）设置表格标题和表格表头的字体格式，设置字体后的效果如图 6-40 所示。

图 6-39　设置底纹的效果

图 6-40　设置表格的最终效果

📽 回头看

　　通过案例"请示处理单"以及"用车记录统计表"的制作过程，主要学习了 Word 2010 的表格的应用，在创建表格时可以根据实际情况使用相应的方法来创建。新创建的表格比较简单、规则，可以通过改变表格的结构来满足在表格中编辑复杂数据的需要，为了使表格在整体上显得美观大方，还可以对表格进行修饰。

知识拓展

1．选定单元格

　　选定单元格是编辑表格的最基本操作之一。用户可以利用鼠标选中和利用"选定"命令选中表格中相邻的或不相邻的多个单元格，可以选择表格的整行或整列，也可以选定整个表格。在设置表格的属性时应选定整个表格，有一点要注意的是选定表格和选定表格中的所有单元格在性质上是不同的。

　　利用鼠标可以快速地选中单元格，操作方法如下：

● 选择单个单元格：将鼠标移动到单元格左边界与第一个字符之间，当鼠标指针变成 ➶ 状时单击鼠标即可选中该单元格，双击则可选中整行。

● 选择多个单元格：如果选择相邻的多个单元格，在表格中按下鼠标左键拖动鼠标，在虚框范围内的单元格被选中。

● 选择一行：将鼠标移到该行左边界的外侧，当鼠标变成箭头状时 ◿，单击鼠标则可选中该行。

● 选择一列：将鼠标移到该列顶端的边框上，当鼠标变成一个向下的黑色实心箭头 ↓ 时，单击鼠标。如果按住 Alt 键的同时单击该列中的任意位置，则整个列也被选中。

● 选择多行（列）：先选定一行（列），然后按住 Shift 键单击另外的行（列），则可将连续的多行（列）同时选中。如果先选定一行（列），然后按住 Ctrl 键单击另外的行（列），则可将不连续的多行（列）同时选中。

● 单击表格左上角的 ⊞ 标记可以选中整个表格，或者在按住 Alt 键的同时双击表格中的任意位置也可选中整个表格。

　　对于计算机的操作并不十分熟练的用户，可以利用命令来选中表格中的内容。首先将插入点定位在表格中，单击布局选项卡下表组中的"选择"按钮，打开一个下拉列表，如图 6-41 所示。用户可以在列表中进行选择：

● "选择单元格"选项则选中插入点所在的单元格。

● "选择行（或列）"选项则选中光标所在单元格的整行（整列）。

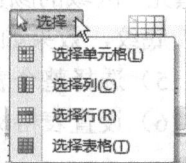

图 6-41　"选择"下拉列表

● "选择表格"选项则选中整个表格。

2．自由绘制表格

　　Word 2010 提供了用鼠标绘制任意不规则的自由表格的强大功能，单击插入选项卡下表格组中的"表格"按钮，在打开的下拉列表中选择"绘制表格"选项，此时鼠标指针变成铅笔

形状 ✎ ，在文档窗口按住鼠标左键不放拖动鼠标，即可画出表格的边框线。单击设计选项卡下绘图边框组中的"擦除"按钮 🖼 ，这时鼠标指针变成橡皮状 🖉 。按住鼠标左键并拖动经过要删除的线，就可以删除表格的框线。

3．文本转换为表格

如果以前用户输入过和表格内容类似的信息，现在可以直接把它变成表格分析，这样可以减少重复输入进而提高工作效率。

将文本内容转换为表格的具体步骤如下：

（1）在需要转换文本的适当位置添加必要的分隔符，单击"开始"选项卡"段落"组中的"显示/隐藏编辑标记"按钮 🔲 ，可以查看文本中是否包含适当的分隔符。选中需要转换为表格的文本，如图 6-42 所示。

（2）在"插入"选项卡的"表格"组中单击"表格"按钮，在下拉列表中选择"文本转换成表格"选项，打开"将文字转换成表格"对话框，如图 6-43 所示。

（3）在"列数"文本框中显示出系统辨认的列数，用户也可以在"列数"文本框中选择或输入所需的列数。

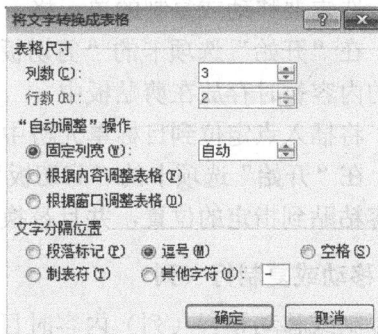

图 6-42　为文本添加分隔符并选中文本　　　图 6-43　"将文字转换成表格"对话框

（4）在"行数"文本框中显示的是表格中将要包含的行数。在将文本转换为表格时，"行数"文本框是不可用的。此时的行数由选择内容中所含的分隔符数和选定的列数决定。

（5）在"自动调整操作"区域中设置适当的列宽。

（6）在"文字分隔位置"区域中选择确定列的分隔符。

（7）单击"确定"按钮，选中的文本将自动转换为一个表格，如 6-44 所示。

国内部分城市区号及邮政编码

城市名	区号	邮编
北京	010	100000
太原	0351	030000
沈阳	024	110000
苏州	0512	215000
杭州	0571	310000

图 6-44　文本转换为表格后的效果

4．表格转换为文本

将表格转换为文本的具体步骤如下：

（1）将插入点定位在表格中的任意单元格中。

（2）在"布局"选项卡下"数据"组中单击"表格转换成文本"按钮，打开"表格转换成文本"对话框，如图6-45所示。

（3）在"文字分隔位置"区域选中一种文字分隔符，例如这里选择制表符。

（4）单击"确定"按钮，表格即可转化为普通的文本。

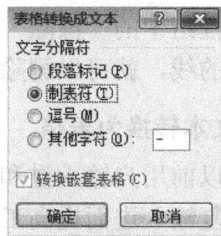

5. 移动或复制单元格

图 6-45　"表格转换成文本"对话框

在单元格中移动或复制文本与在表格以外的文档中的操作基本相同，仍然可以利用鼠标拖动、使用功能区的命令或快捷键等方法进行移动或复制。

选择单元格中的内容时，如果选中的内容不包括单元格结束符，则只是将选中单元格中的内容移动或复制到目标单元格内，并不覆盖原有文本。如果选中的内容包括单元格结束标记，则将替换目标单元格中原有的文本和格式。

移动或复制单元格的具体操作方法如下：

（1）选定要移动或复制的单元格，包括单元格的结束符。

（2）在"开始"选项卡的"剪切板"组中单击"剪切"按钮，或者单击"复制"按钮，把选定的内容暂时存放在剪贴板中。

（3）将插入点定位到目标单元格中。

（4）在"开始"选项卡的"剪切板"组中单击"粘贴"按钮，此时 Word 就把存放在剪贴中的内容粘贴到指定的位置，并且替换单元格中已经存在的内容。

6. 移动或复制行（列）

在复制或移动整行（列）内容时目标行（列）的内容则不会被替换，被移动或复制的行（列）将会插入到目标行（列）的上方（左侧）。

移动行（列）的具体操作方法如下：

（1）选中要移动的行（列）。

（2）在"开始"选项卡的"剪切板"组中单击"剪切"按钮，或者单击"复制"按钮，把选定的内容暂时存放在剪贴板中。

（3）将插入点定位到目标位置行的第一个单元格中。

（4）在"开始"选项卡的"剪切板"组中单击"粘贴"按钮，此时被移动或复制的行（列）将会插入到目标行（列）的上方（左侧）。

7. 自动调整行高与列宽

图 6-46　"自动调整"列表

Word 2010 提供了自动调整行高和列宽的功能，用户可以利用该功能方便地调整表格的行高和列宽。首先将插入点定位在表格中，在"布局"选项卡下"单元格大小"组中单击"自动调整"按钮，如图6-46所示。

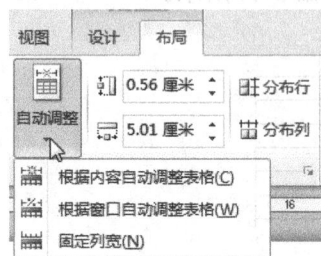

子菜单中各命令的功能如下：

● 选择"根据内容自动调整表格"选项，则表格按每一列的文本内容重新调整列宽，调整后的表格看上去更加整洁、紧凑。

- 选择"根据窗口自动调整表格"选项，则表格中每一列的宽度将按照相同的比例扩大，调整后的表格宽度与正文区宽度相同。
- 在"单元格大小"组中单击"分布行"按钮，则将整个表格或选中的行设置成相同的高度。
- 在"单元格大小"组中单击"分布列"按钮，则将整个表格或选中的列设置成相同的宽度。

8．拆分表格

有时用户需要将一个大表格拆分为两个表格，具体操作步骤如下：

（1）将插入点定位在想成为第二个表格首行的那一行中。

（2）单击"布局"选项卡下"合并"组中的"拆分表格"按钮即可将表格拆分为两个表格。

如果将插入点定位在表格的第一行，进行拆分表格时会在表格的上方插入一个空行。

习题6

填空题

1．创建表格有_____、_____和_____这 3 种方法。

2．单击"布局"选项卡下_____组中的_____按钮，则选中的单元格被合并为一个单元格。

3．在 Word 2010 中不同的行可以有不同的高度，但同一行中的所有单元格必须_____，同一列中各单元格的列宽_____。

4．单元格默认的对齐方式为_____即单元格中的内容以单元格的上边线为基准向左对齐。在"布局"选项卡下_____组中用户可以设置单元格的对齐格式。

选择题

1．在利用拖动鼠标调整列宽时按住（　　）键，则边框右侧的各列宽度发生均匀变化，整个表格宽度不变（　　）。

（A）Ctrl　　　　　　（B）Shift　　　　　　（C）Alt　　　　　　（D）Tab

2．在表格中不属于"自动调整"操作中的选项是（　　）。

（A）根据内容调整表格　　　　　　　　（B）根据窗口调整表格

（C）固定列宽　　　　　　　　　　　　（D）根据表格调整内容

3．下列说法错误的是（　　）。

（A）在复制或移动整行（列）内容时目标行（列）的内容会被替换

（B）在复制或移动单元格时目标单元格中的内容会被替换

（C）用户可以只调整某一个单元格的宽度而不必调整整列的宽度

（D）在表格中用户不但可以插入行或列，还可以只插入一个单元格

4．将鼠标定位在某个单元格后，用户可以执行以下删除的操作（　　）。

（A）用户可以删除该单元格所在的行　　　　（B）用户可以删该单元格所在的列

（C）用户可以删除当前单元格　　　　　　　（D）户可以删除整个表格

简单题

1. 选定行或列有哪些方法？
2. 如何拆分单元格？
3. 怎样将文本转换为表格？
4. 如何调整单元格的宽度？
5. 在单元格中如何实现文字的竖排？

操作题

制作一个列车时刻表，如图6-47所示。

（1）在文档中插入一个7行5列的表格。

（2）如图6-47所示合并单元格，并在表格中输入相应文本，并适当设置字体格式。

（3）如图6-47所示将表格上下边线设置为实线，左右无边线，将表格内部的横线设置为点划线，内部的竖线设置为实线。

（4）如图6-47所示为表格第一行单元格添加"浅蓝色"底纹，表格其他单元格添加"水绿色，强调文字5，淡色40%"底纹。

列车时刻表

车次	开出时间	终止站	终到时间	附　注
1487	8：10	郑　州	当日20：20	经京九线
T79	9：20	武　昌	当日22：12	
2567	8：40	汉　中	次日14：02	经京广线
T525	10：00	郑　州	当日21：00	
T79	10：06	九　龙	次日13：10	经京哈线
K307	9:00	哈尔滨	次日19：20	

图6-47　列车时刻表

第7章　编排图文混排文档——制作内部刊物和企划方案

Word 2010 可以把图形对象与文字对象结合在一个版面上，实现图文混排，轻松地设计出图文并茂的文档。在文档中使用图文混排可以增强文章的说服力，并且使整个文档的版面显得美观大方。

知识要点

- 应用文本框
- 在文档中应用图片
- 在文档中应用艺术字
- 绘制自选图形

任务描述

通过制作内部刊物可以更好的宣传企业文化，使企业的面貌焕然一新，这里就利用 Word 2010 制作一个如图 7-1 所示的内部刊物。

图7-1　内部刊物

案例分析

完成内部刊物的制作要用到插入艺术字、插入图片以及绘制自选图形和插入文本框等图文混排功能。

本章所涉及案例的素材和最终效果文件请登录华信教育资源网（www.hxedu.com.cn）下载，相关内容在下载后的"案例与素材\第 7 章素材"和"案例与素材\第 7 章案例效果"文件夹中。

7.1 应用文本框

在文档中灵活使用 Word 2010 中的文本框对象，可以将文字和其他各种图形、图片、表格等对象在页面中独立于正文放置并方便定位。文本框是独立的对象，可以在页面上进行任意调整。可以将文本输入或复制到文本框中，文本框中的内容也可以在框中进行任意调整。

7.1.1 绘制横排文本框

根据文本框中文本的排列方向，可将文本框分为"竖排"或"横排"两种文本框。

在文档中创建"横排"或"竖排"文本框的方法相似，创建横排文本框的操作步骤如下：

（1）单击"插入"选项卡下"文本"组中的"文本框"按钮，在弹出的下拉菜单中选择"绘制文本框"按钮，此时的鼠标指针变为 ＋ 形状。

（2）在要插入文本框的位置处按住鼠标左键拖动，画出一个大小合适的文本框，如图 7-2 所示。

（3）将插入点定位在文本框中，然后输入两段文本，如图 7-2 所示。

图7-2 在文本框中输入文本

（4）将鼠标定位在 E-mail 红色波浪线处，单击鼠标右键，在弹出的菜单中选择"忽略"命令。

（5）选择文本框中的第一段文本，在"字体"下拉列表中选择"黑体"，在"字号"下拉列表中选择"四号"，选择文本框中的第二段文本，在"字体"下拉列表中选择"黑体"，在"字号"下拉列表中选择"小四"，设置字体后的效果如图 7-3 所示。

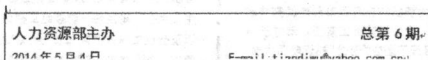

图7-3 设置文本框字体格式的效果

7.1.2 设置文本框格式

默认情况下，插入的文本框带有边框线，并且有白色的填充颜色。可以根据需要对文本框的边框线和填充颜色进行设置。

设置文本框格式的操作方法如下：

（1）在文本框的边框线上单击鼠标选中文本框，将鼠标指向文本框的右下脚，当鼠标变为双向箭头形状时拖动鼠标，适当调整文本框的大小。使文本框的高度能够显示全部文本，使文本框的宽度和页面宽度相同，如图 7-4 所示。

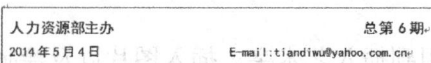

图7-4 调整文本框大小的效果

（2）在文本框的边线上单击鼠标右键，在弹出的快捷菜单中选择"设置形状格式"命令，打开"设置形状格式"对话框，如图 7-5 所示。

（3）在"填充"区域单击"纯色填充"按钮，然后在"填充颜色"区域，选择"蓝色"，单击"线条颜色"按钮，选择"无线条"单选项。

（4）单击"关闭"按钮，设置文本框后的效果，如图 7-6 所示。

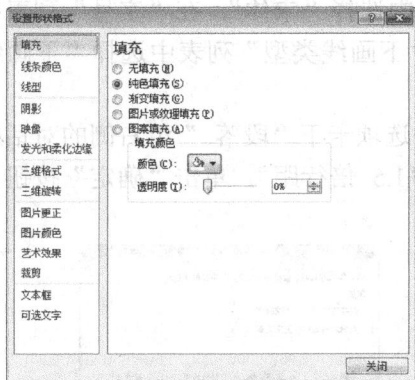

图7-5　"设置形状格式"对话框

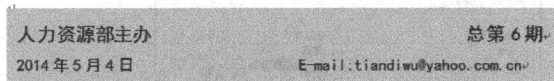

图7-6　编辑文本框后的效果

（5）将鼠标移至文本框边框上，当鼠标呈 形状时，按下鼠标左键拖动鼠标，此时将显示一个虚线框，表明文本框的移动位置，当虚线框到达合适位置后，松开鼠标左键。

（6）将鼠标定位在文本框的段落中，然后单击"开始"选项卡下"段落"组中的"居中"按钮，使文本框中的文本居中显示。

按照相同的方法在文档中绘制两个横排文本框，无填充颜色，无线条颜色，文本框中的字体为"宋体"，"五号"，效果如图 7-7 所示。

图7-7　利用文本框排版文本的效果

7.1.3　绘制竖排文本框

在文档中绘制竖排文本框的操作步骤如下：

（1）单击"插入"选项卡下"文本"组中的"文本框"按钮，在弹出的下拉菜单中选择"绘制竖排文本框"按钮，此时的鼠标指针变为 ＋ 形状。

二〇一四年四月十五日

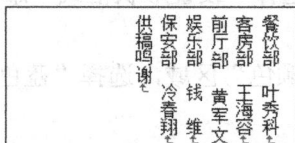

餐饮部 叶秀科
客房部 王海谷
前厅部 黄军文
娱乐部 钱 维
保安部 冷睿翔
供稿鸣谢

图7-8 在文档中插入竖排文本框

（2）在要插入文本框的位置处按住鼠标左键拖动，画出一个大小合适的文本框，如图 7-8 所示。

（3）在文本框中输入相应的文本，如图 7-8 所示。

（4）拖动鼠标选择右边的五段文本，单击"开始"选项卡下"字体"组右侧的对话框启动器，打开"字体"对话框，在"中文字体"列表中选择"宋体"，在"字号"列表中选择"小五"，在"字体颜色"列表中选择"紫色"，在"下画线类型"列表中选择"下画线"，单击"确定"按钮，如图 7-9 所示。

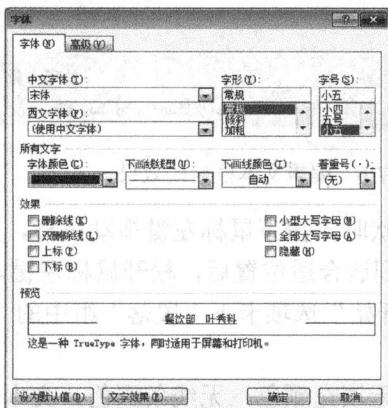

（5）拖动鼠标选中右边的五段文本，单击"开始"选项卡下"段落"组右侧的对话框启动器，打开"段落"对话框，在"行距"列表中选择"1.5 倍行距"，单击"确定"按钮，如图 7-10 所示。

图 7-9 "字体"对话框

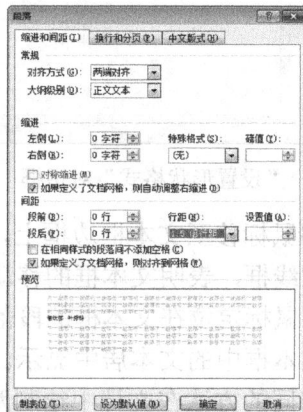

图 7-10 "段落"对话框

（6）按相同的方法设置竖排文本框最左边段落的字体为"方正舒体"，字号为"小三"，字体颜色为"深蓝"，添加下画线。

（7）选中竖排文本框最左边的段落文本，单击"开始"选项卡下"段落"组右侧的对话框启动器，打开"段落"对话框，在"间距"区域，设置"段前"为 1 行。

（8）选中竖排文本框，切换到"格式"选项卡，在"形状样式"组中单击"形状轮廓"按钮，在列表中选择"无轮廓"，如图 7-11 所示。

（9）适当调整文本框大小，完成设置后的效果如图 7-11 所示。

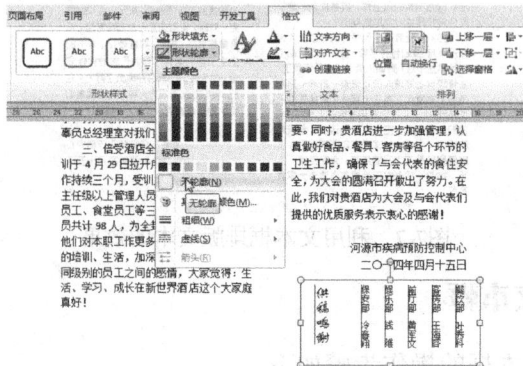

图 7-11 设置竖排文本框的效果

技巧：在选中文本框后，用户可以在"格式"选项卡的"形状样式"组中对文本框的"填充效果"、"形状轮廓"、"形状效果"以及"形状样式"进行设置。

7.2　在文档中应用图片

Word 2010 是图文并茂、功能强大的图文混排系统，允许用户在文档中导入多种格式的图片文件，并且可以对图片进行编辑和格式化。在文档中使用图文混排功能可以增强文章的说服力。

7.2.1　插入图片

Word 2010 提供了一个巨大的含有大量现成图片的剪贴画库，可以很方便地在 Word 2010 中插入图片，也可以使用网站上的、电子邮件中夹带的或使用扫描仪得到的图片。

用户不但可以很方便地在 Word 2010 中插入剪辑库中的图片，同时也可以插入多种格式的外部图片，比如*.bmp、*.pcx、*.tif 和*.pic 等。

在文档中插入来自文件中图片的步骤如下：

（1）将插入点定位在文档中要插入图片的位置。

（2）单击"插入"选项卡下"插图"组中的"图片"按钮，打开"插入图片"窗口，如图 7-12 所示。

图7-12　"插入图片"对话框

（3）通过导航窗口，选择要插入的图片所在的位置，在文件列表中选择需要插入的图片。

（4）单击"插入"按钮，在文档中插入图片后的效果如图 7-13 所示。

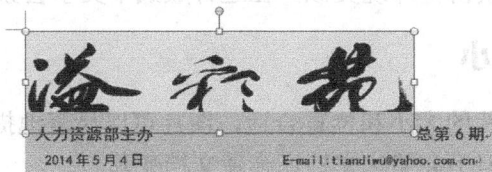

图7-13　在文档中插入图片的效果

7.2.2　设置图片版式

用户可以通过使用 Word 2010 设置图片版式的功能，将图片置于文字中的任何位置，并通过设置不同的环绕方式得到各种效果。

这里将图片设置为"四周型环绕"，具体操作步骤如下：

（1）在图片上单击鼠标选中上面插入的图片。

（2）单击"格式"选项卡下"排列"组中的"自动换行"按钮，打开一个下拉列表，如图 7-14 所示。

（3）这里在列表中选中"四周型环绕"选项，设置图片版式后的效果如图 7-15 所示。

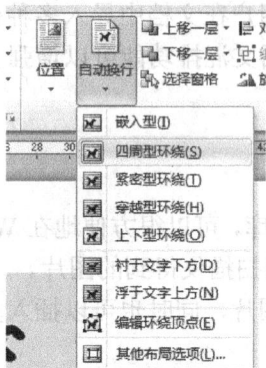

图 7-14　设置图片版式　　　　　　　　　　　　图 7-15　图片设置四周型后的效果

Word 2010 中有常用的 7 种环绕方式，默认的环绕方式是嵌入型。

- 嵌入型：这种版式是图片的默认插入方式，图片嵌入在文本中，可将图片作为普通文字处理。
- 四周型环绕：在这种版式下文本排列在图片的四周，如果图片的边界是不规则的，则文字会按一个规则的矩形边界排列在图片的四周。这种版式可以利用鼠标拖动将图片放到任何位置。
- 紧密型环绕：和四周型类似，但如果图片的边界是不规则的，则文字会紧密地排列在图片的周围。
- 衬于文字下方：在这种版式下图片衬于文本的底部，此时把鼠标放在文本空白处，在显示图片的地方也可拖动鼠标移动图片的位置。
- 浮于文字上方：在这种版式下图片浮在文本上方，此时被图片覆盖的文字是不可视的，用鼠标拖动图片也可以把图片放在任意位置。
- 上下型环绕：在这种版式下文本文本分布在图片的上、下方，图片的左右两端则无文本。
- 穿越型环绕：和紧密型环绕类似，在这种版式下文字会紧密地排列在图片的周围。

7.2.3　调整图片大小

在插入图片时如果图片的大小和位置合适，图片可以显著地提高文档质量，但如果插入的大小和位置不合适，不但不会美化文档还会使文档变乱。

如果文档中对图片的大小要求并不是十分精确，可用鼠标快速地进行调整。选中图片后在图片的四周将出现八个控制点，如果需要调整图片的高度可以移动鼠标到图片上、下两边的控制点上，当鼠标变成 ↕ 形状时，上下拖动鼠标即可调整图片的高度；如果需要调整图片的宽度，将鼠标移到图片左、右两边控制点上，当鼠标指针变成 ↔ 形状时，左右拖动鼠标即可调整图片的宽度；如果要整体放缩图片，移动鼠标到图片右下角的控制点上，当鼠标变成 ⬂ 形状时，拖动鼠标即可整体放缩图片。

例如对刊物中的图片大小和位置进行调整，操作步骤如下：

（1）用鼠标左键单击图片选中它。

（2）移动鼠标到图片右下角的控制点上，当鼠标变成 形状时，按下鼠标左键向外拖动鼠标，此时会出现一个虚线框，表示调整图片后的大小，如图 7-16 所示。当虚线框到达合适位置时松开鼠标左键即可。

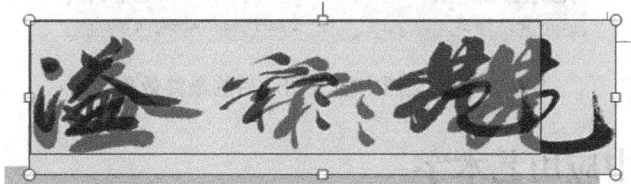

图7-16　调整图片的大小

（3）单击图片将其选中。将鼠标移至图片上，当鼠标变成 形状时，按下鼠标左键并拖动鼠标，此时会显示出一个虚线框，显示调整图片后的位置，如图 7-17 所示。到达合适的位置时松开鼠标左键即可。

图7-17　调整图片的位置

在实际操作中如果需要对图片的大小进行精确地调整，可以在"格式"选项卡下的"大小"组中进行设置，如图 7-18 所示。用户还可以单击"大小"组右侧的对话框启动器，打开"布局"对话框中的"大小"选项卡，如图 7-19 所示。在对话框中更改图片的大小有两种方法。一种方法是在"高度"和"宽度"选项区域中直接输入图片的高度和宽度的确切数值。另外一种方法是在"缩放"区域中输入高度和宽度相对于原始尺寸的百分比；如果选中"锁定纵横比"复选框，则 Word 2010 将限制所选图片的高与宽的比例，以便高度与宽度相互保持原始的比例。此时如果更改对象的高度，则宽度也会根据相应的比例进行自动调整，反之亦然。

图7-18　直接设置图片大小　　　　　图7-19　"布局"对话框"大小"选项卡

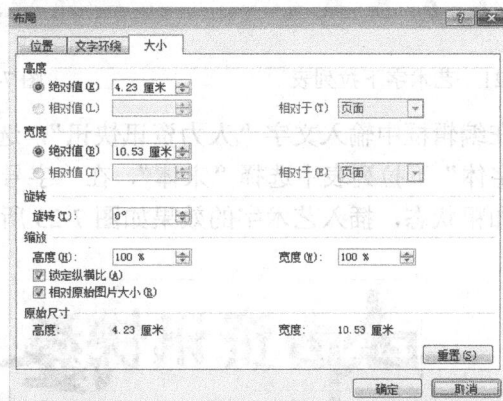

　　按相同的方法在文档中插入一个会徽图片，设置图片的版式为"嵌入型"，适当调整图片的大小，插入图片后的效果如图 7-20 所示。

图7-20　在文档中插入图片后的最终效果

7.3　在文档中应用艺术字

　　通过字符的格式化可将字符设置为多种字体，但这远远不能满足文字处理工作中对字形艺术性的设计需求。使用 Word 2010 提供的艺术字功能，可以创建出各种各样的艺术文字效果。

7.3.1　创建艺术字

　　可以将刊物左面文本框中文本的标题"人力资源快讯"设置为艺术字效果，操作步骤如下：

　　（1）将鼠标定位在蓝色文本框的下面。

　　（2）单击"插入"选项卡下"文本"组中的"艺术字"按钮，打开艺术字样式下拉列表，如图 7-21 所示。

　　（3）在艺术字样式下拉列表中单击第五行第三列艺术字样式后，在文档中会出现一个"请在此放置您的文字"编辑框，如图 7-22 所示。

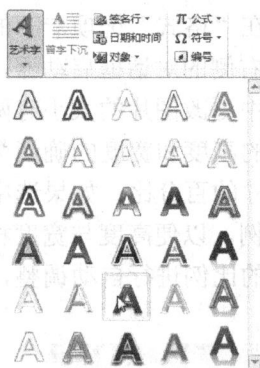

图 7-21　艺术字下拉列表

图 7-22　请在此放置您的文字文本框

　　（4）在编辑框中输入文字"人力资讯快讯"，选中输入的文字，切换到"开始"选项卡，然后在"字体"下拉列表中选择"宋体"，在"字号"下拉列表中选择 36 字号，单击"粗体"按钮取消加粗状态，插入艺术字的效果如图 7-23 所示。

图7-23　在文档中插入艺术字后的效果

7.3.2　设置艺术字效果

插入艺术字后，还可以根据需要对艺术字进行颜色的填充、形状大小的改变、阴影效果等设置，来增加艺术字的可读性。

1. 设置艺术字版式

在文档中插入的艺术字是作为图形对象插入的，因此可以像设置图片版式一样设置艺术字的版式。设置艺术字版式的操作步骤如下：

（1）在艺术字上单击鼠标选择艺术字"人力资讯快讯"。

（2）单击"格式"选项卡下"排列"组中的"自动换行"按钮，在弹出的下拉菜单中选择"四周型环绕"，设置艺术字版式后的效果，如图 7-24 所示。

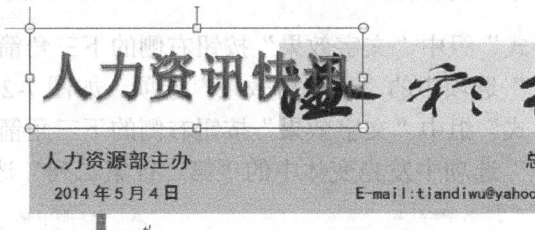

图7-24　设置艺术字版式后的效果

2. 调整艺术字位置

如果艺术字的位置不合适，可以调整它的位置使之符合要求。调整艺术字位置的操作步骤如下：

（1）将鼠标移至艺术字上，当鼠标变成 形状时，按住鼠标左键不放，拖动鼠标移动艺术字。

（2）拖动鼠标到达合适位置后松开鼠标左键即可，如图 7-25 所示。

图7-25　调整艺术字位置的效果

3. 设置艺术字样式

在插入艺术字后，用户还可以对插入的艺术字设置效果，操作步骤如下：

（1）选中艺术字编辑框中的艺术字，切换到绘图工具下的"格式"选项卡。

（2）单击"艺术字样式"组中"文本填充"按钮右侧的下三角箭头，打开一个下拉列表。在下拉列表中选择"主题颜色"区域的"橙色，强调文字颜色6"，如图 7-26 所示。

（3）单击"艺术字样式"组中"文本轮廓"按钮右侧的下三角箭头，打开一个下拉列表。

在下拉列表中选择"标准色"区域的"红色"，如图 7-27 所示。

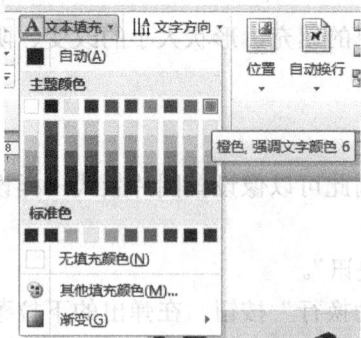

图 7-26　　"文本填充"下拉列表

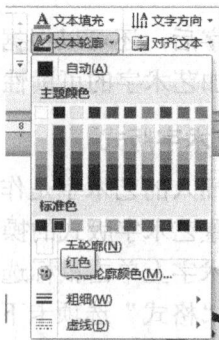

图 7-27　　"文本轮廓"下拉列表

　　（4）单击"艺术字样式"组中"文字效果"按钮右侧的下三角箭头，打开一个下拉列表。在下拉列表中选择"棱台"选项中的"无棱台效果"选项，如图 7-28 所示。

　　（5）单击"艺术字样式"组中"文字效果"按钮右侧的下三角箭头，打开一个下拉列表。在下拉列表中选择"发光"选项中发光变体中的"第一行第二列"选项，如图 7-29 所示。

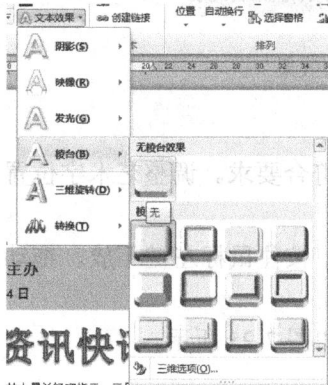

图 7-28　设置棱台效果

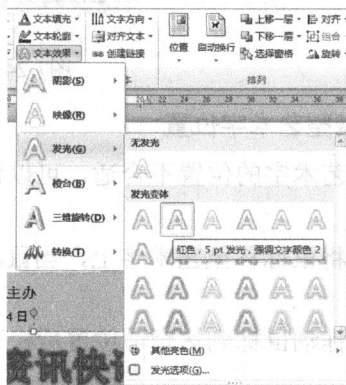

图 7-29　设置发光效果

　　（6）在"发光"选项列表中选择"发光选项"，打开"设置文本效果格式"对话框，如图 7-30 所示。

　　（7）在发光区域单击"颜色"按钮，打开一个下拉列表，在下拉列表中选择"橙色"，设置"大小"为"5 磅"，"透明度"为"60%"。

　　（8）设置完毕，单击"关闭"按钮，艺术字的最终效果如图 7-31 所示。

图 7-30　"设置文本效果格式"对话框

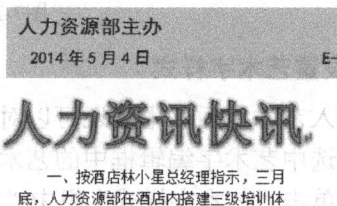

图 7-31　设置艺术字的最终效果

利用相同的方法在"人力资讯快讯"艺术字的右面插入"感谢信"艺术字，在"溢彩苑"图片的左面添加"新世纪酒店"、"New World"和"HOTEL"三个艺术字，如图 7-32 所示。

图7-32　在刊物中插入艺术字的效果

7.4　绘制自选图形并设置自选图形的效果

利用 Word 2010 的绘图功能，用户可以很轻松快速地绘制出各种外观专业、效果生动的图形来。绘制出来的图形可以调整其大小，旋转、翻转、添加颜色等。还可以将绘制的图形与其他图形组合，制作出各种更复杂的图形。

7.4.1　绘制自选图形

用户可以利用"插入"选项卡下的"插图"组中的"形状"按钮方便地在指定的区域绘图。要在"人力资讯快讯"的上面绘制一条直线，具体操作步骤如下：

（1）单击"插入"选项卡下"插图"组中的"形状"按钮，在弹出的下拉菜单中选择"线条"下的"直线"按钮，然后按住 Shift 键拖动鼠标绘制一条直线，如图 7-33 所示。

（2）切换到"格式"选项卡，在"形状样式"组中单击"形状轮廓"按钮，打开"形状轮廓"列表。

（3）在"标准色"区域选择"紫色"；选择"粗细"选项，在"粗细"列表中选择"3 磅"；选择"虚线"选项，在"虚线"列表中选择"方点"。绘制的直线效果如图 7-34 所示。

图 7-33　绘制直线

图 7-34　设置直线线型与颜色后的效果

在文档中绘制"五角星"自选图形，操作步骤如下：

（1）单击"插入"选项卡下"插图"组中的"形状"按钮，在弹出的下拉菜单中选择"星与旗帜"下的"五角星"图标，如图 7-35 所示。

（2）在文档中拖动鼠标，即可绘制出"五角星"自选图形，如图 7-36 所示。

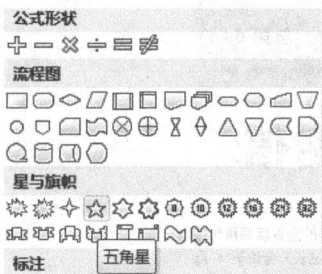

图 7-35　"自选图形"菜单　　　　　　图 7-36　绘制的"五角星"自选图形

7.4.2　设置自选图形的效果

在文档中绘制图形对象后，可以为自选图形加上一些特殊的效果来修饰图形，如图形对象的线型、填充颜色等。

1. 调整自选图形大小

绘制自选图形后，如果自选图形的大小不符合要求，可以调整自选图形的大小，用鼠标拖动调整，也可以利用对话框调整。

选定的图形对象周围出现的 8 个圆圈控制点即是调整图形大小的控制点，用户可以拖动对象的控制点来调整图形的大小。

例如利用鼠标拖动调整"五角星"图形的大小，具体操作方法如下：

（1）单击"圆角矩形"图形，选中该图形对象。

（2）将鼠标移到上下边线中间的控制点上，当鼠标变成 状时上下拖动即可调整图形对象的高度。

（3）将鼠标移到左右边线中间的控制点上，当鼠标变成 状时左右拖动即可调整图形对象的宽度。

（4）将鼠标移到四角的控制点上，当鼠标变成 状时向里或向外拖动即可整体放缩图形的大小。

技巧：如果要保持原图形的宽高比，在拖动四角的控制点时按住 Shift 键，如果想以图形对象为基点进行缩放，在拖动控制点的同时按住 Ctrl 键。

在实际操作中如果需要对图片的大小进行精确地调整，可以在"格式"选项卡的"大小"组中进行设置。例如要精确调整"五角星"形状大小，具体操作方法如下：

（1）单击选中"准备"形状。

（2）在"格式"选项卡下"大小"组的高度文本框中选择或输入"0.7 厘米"。

（3）在"格式"选项卡下"大小"组的宽度文本框中选择或输入"0.7 厘米"，效果如图 7-36 所示。

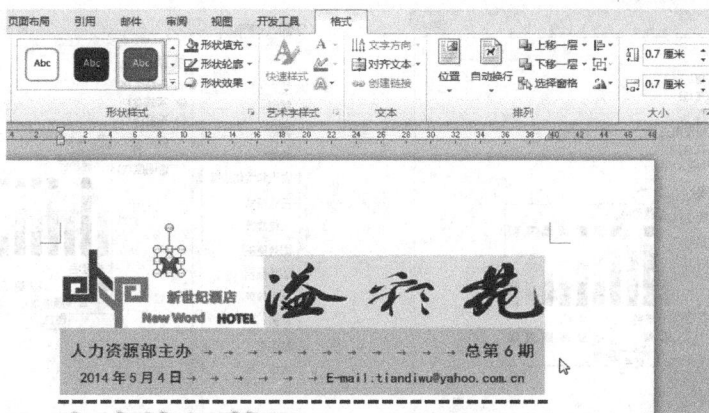

图 7-37　精确调整图形的大小

提示：用户还可以单击"大小"组右侧的对话框启动器，打开"布局"对话框"大小"
选项卡，如图 7-38 所示。在对话框中更改图形的大小有两种方法。一种方法是在"高度和宽
度"选项区域中直接输入图片的高度和宽度的确切数值。另外一种方法是在"缩放"区域中
输入高度和宽度相对于原始尺寸的百分比；如果选中"锁定纵横比"复选框，则 Word 2010
将限制所选图形的高与宽的比例，以便高度与宽度相互保持原始的比例。此时如果更改对象
的高度，则宽度也会根据相应的比例进行自动调整，反之亦然。

图7-38　"布局"对话框"大小"选项卡

2. 设置自选图形填充效果

可以利用普通的颜色来填充自选图形，也可以为自选图形设置渐变、纹理、图片或图案
等填充效果。

为"五角星"自选图形设置填充效果，操作步骤如下：

（1）在"五角星"对象上单击鼠标右键，在打开的快捷菜单中选择"设置形状格式"命
令，打开"设置形状格式"对话框。

（2）单击左侧的"填充"选项，在右侧的"颜色"下拉列表中选择"红色"，如图 7-39
所示。

（3）单击左侧的"线条颜色"选项，在右侧的线条颜色区域选择"实线"选项，在颜色
下拉列表中选择"橙色"，如图 7-40 所示。

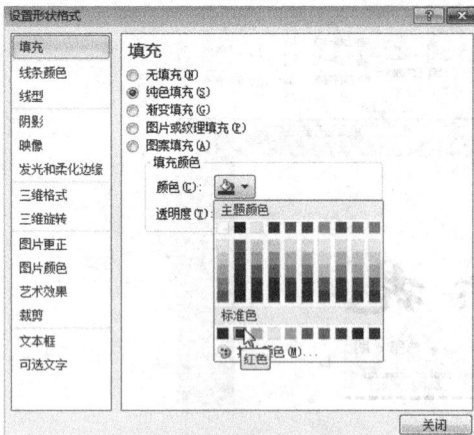

图 7-39　设置图形填充颜色

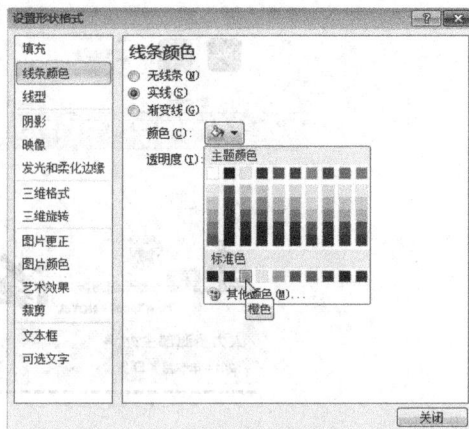

图 7-40　设置图形线条颜色

（4）单击左侧的"线型"选项，在右侧的线型区域选择宽度为 0.75 磅，如图 7-41 所示。

（5）单击"确定"按钮，设置后的自选图形，效果如图 7-42 所示。

图 7-41　设置线型宽度

图 7-42　设置自选图形填充颜色的效果

　　选中绘制的自选图形，按三次[Ctrl+D]组合键复制三个五角星，利用鼠标拖动将四个五角星并排排列表示四星级，在刊物的最上方绘制一个直线，在"人力资讯快讯"和"感谢信"的中间绘制一条点画线，绘制自选图形的最终效果如图 7-43 所示。

图7-43　设置自选图形后的效果

举一反三　制作企划方案

企划方案对于市场的运作和产品推广来讲作用重大，它是在对市场有了充分的了解后经过深思熟虑制定出的方向策略和指导意见。在企划方案里有一些地方为了说明问题需要用图表来表达，这里我们就为企划方案插入图表对象。

在制作企划方案之前首先打开"案例与素材\第 7 章素材"文件夹中的"企划方案（初始）"文档。

在企划方案中插入图表对象的操作步骤如下：

（1）把鼠标定位在"北京市 A 级写字楼 2008 年租金价格走势"的下方，单击"插入"选项卡下"文本"组中的"对象"按钮，打开"对象"对话框，如图 7-44 所示。

（2）单击"由文件创建"选项卡，单击右侧的"浏览"按钮，打开"浏览"对话框，选择文件"A 级写字楼 2008 年租金价格走势"，如图 7-45 所示。

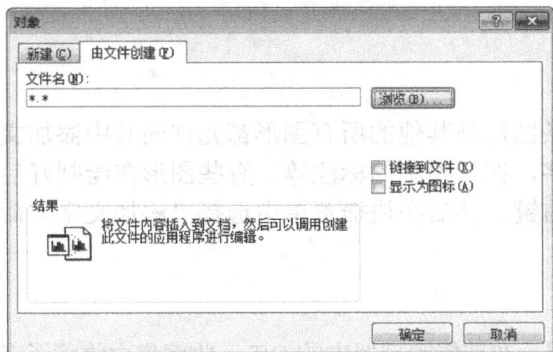

图 7-44　"对象"对话框　　　　　　　　　图 7-45　"浏览"对话框

（3）单击"插入"按钮，返回"对象"对话框，单击"确定"按钮即可把对象插入到文档中，如图 7-46 所示。

们的监测，今年的租金走势如下图，可以看出今年三季度的平均租金水平有了明显的下降，达到 23.5$元/月·平方米，通过租赁价格走势可以看出明年年初的价格水平不容乐观。

图 1 北京市 A 级写字楼 2008 年租金价格走势

时间	第一季度	第二季度	第三季度	第四季度
平均价格	26.6	29.4	28.3	23.1

图 7-46　插入对象后的效果

（4）双击插入的图表对象，打开源程序窗口，单击窗口底部的标签"Sheet1"，切换到工作表中，将工作表中的数据修改为需要的数据，如图 7-47 所示。

	A	B	C	D	E
1	时间	第一季度	第二季度	第三季度	第四季度
2	平均价格	26.6	29.4	28.3	23.5

图 7-47　切换到工作表修改数据

（5）单击窗口底部的标签"Chart1"切换到图表工作表，用鼠标调整图表对象的大小，最终如图 7-48 所示。

图1北京市A级写字楼2008年租金价格走势

平均价格呈下降趋势

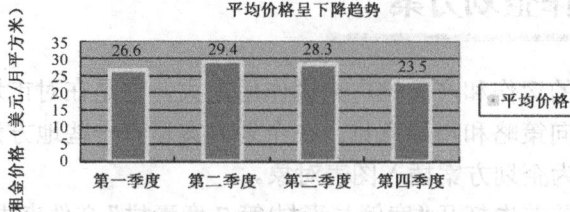

图7-48　更改图表类型后的效果

回头看

> 通过案例"制作内部刊物"以及"制作企划方案"的制作过程，学习了 Word 2010 中艺术字的应用、图片的应用、文本框的应用、绘制自选图形以及插入图表对象等操作，通过这些操作可以使文档的版面达到引人注目的效果。

知识拓展

1．向自选图形中添加文字

在各类自选图形中，除了直线、箭头等线条图形外其他的所有图形都允许向其中添加文字。有的自选图形在绘制好后可以直接添加文字，例如绘制的标注等。有些图形在绘制好后则不能直接添加文字，在自选图形上单击鼠标右键，然后在快捷菜单中选择"添加文字"命令即可向自选图形中添加文字。

2．插入剪贴画

Word 2010 提供了一个功能强大的剪辑管理器，在剪辑管理器中的 Office 收藏集中收藏了多种系统自带的剪贴画，使用这些剪贴画可以活跃文档。收藏集中的剪贴画是以主题为单位进行组织的。例如，想使用 Word 2010 提供的与"自然"有关的剪贴画时可以选择"自然"主题。

在文档中插入剪贴画的具体操作步骤如下：

（1）将插入点定位在要插入剪贴画的位置。

（2）单击"插入"选项卡插图组中"剪贴画"按钮，打开剪贴画任务窗格。

（3）在剪贴画任务窗格搜索文字文本框中输入要插入剪贴画的主题，例如输入自然。在搜索范围下拉列表中选择索要搜索的剪贴画的范围。在结果类型下拉列表中选择所要搜索的剪贴画的媒体类型。单击"搜索"按钮，出现如图 7-49 所示的任务窗格。

图 7-49　插入剪贴画

（4）单击需要的剪贴画，即可将其插入到文档中。

3. 旋转图片

用户可以将插入的图片进行旋转，选中插入的图片，此时在图片上除了四条边上的八个控制点外，在图片的上方还有一个绿色的控制点，将鼠标指向绿色控制点，按住鼠标左键然后向左或向右拖动鼠标即可对图片进行旋转，如图 7-50 所示。

另外选中图片后在"格式"选项卡的"排列"组中单击"旋转"按钮，在列表中用户也可以选择图片的旋转方向，如图 7-51 所示。

图7-50　利用鼠标拖动旋转图片　　　　　　　　图7-51　旋转列表

4. 设置图片样式

在 Word 2010 中加强了对图片的处理功能，在插入图片后用户还可以设置图片的样式和图片效果。设置图片样式和图片效果的基本操作方法如下：

（1）选中要设置样式的图片，在"格式"选项卡的"图片样式"组中单击"图片样式"后面的下三角箭头，打开"图片外观样式"列表，如图 7-52 所示。

（2）在列表中选择一种样式，如选择"金属椭圆"选项，则图片的样式变为如图 7-53 所示的效果。

（3）在"格式"选项卡的"图片样式"组中单击"图片边框"按钮，打开图片边框列表，在列表中用户可以选择图片的边框。

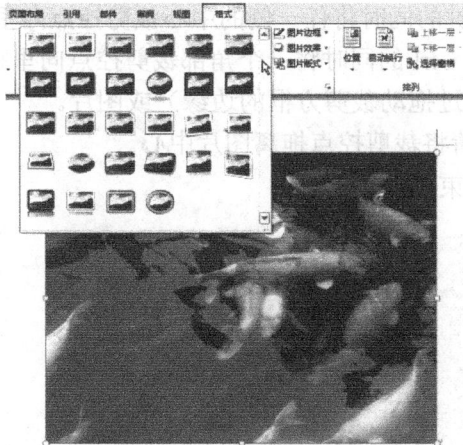

图7-52　图片外观样式列表　　　　　　　　图7-53　设置图片样式的效果

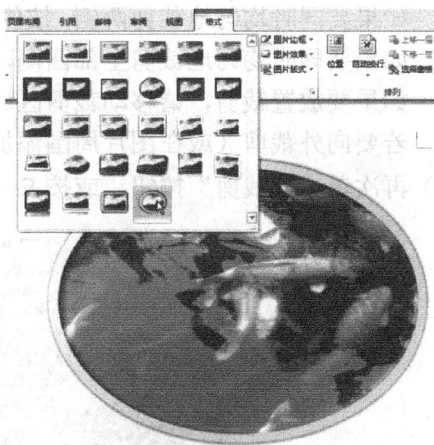

（4）在"格式"选项卡的"图片样式"组中单击"图片效果"按钮，打开图片效果列表，在列表中用户可以选择图片的效果。如选择图片效果中"映像"中的"全映像 接触"，则图片的效果变为如图 7-54 所示。

图 7-54　设置图片映像的效果

5. 裁剪图片

如果用户只需要图片中的某一部分而不是全部，在插入图片后，用户可以利用裁剪功能将图片中多余的部分裁剪掉，只保留用户需要的部分。裁剪通常用来隐藏或修整部分图片，以便进行强调或删除不需要的部分。裁剪功能经过增强后，现在可以轻松裁剪为特定形状、经过裁剪来适应或填充形状，或裁剪为通用图片纵横比（纵横比:图片宽度与高度之比。重新调整图片尺寸时，该比值可保持不变。）

裁剪图片的具体操作步骤如下：

（1）选中图片，在"格式"选项卡下"大小"组中单击"裁剪"按钮，此时会在图片上显示 8 个尺寸控制点，如图 7-55 所示。

（2）在裁剪时用户可以执行下列操作之一：

● 如果要裁剪某一侧，请将该侧的中心裁剪控点向里拖动。

● 如果要同时均匀地裁剪两侧，按住 Ctrl 键的同时将任一侧的中心裁剪控点向里拖动。

● 如果要同时均匀地裁剪全部四侧，按住 Ctrl 的同时将一个角部裁剪控点向里拖动。

● 如果要放置裁剪，请移动裁剪区域（通过拖动裁剪方框的边缘）或图片。

● 若要向外裁剪（或在图片周围添加），请将裁剪控点拖离图片中心。

（3）再次单击"裁剪"按钮，或按 Esc 键结束操作。

图 7-55　裁剪图片

如果要将图片裁剪为精确尺寸，首先选中图片，然后单击"格式"选项卡下"图片样式"组右侧的对话框启动器，打开"设置图片格式"对话框。在"裁剪"窗格的"图片位置"区域的"宽度"和"高度"文本框中输入所需数值，如图 7-56 所示。

如果单击"裁剪"按钮下面的下三角箭头，在打开的列表中用户还可以选择其他的裁剪方式。如在列表中选择"裁剪为形状"，然后选择"椭圆形"，则裁剪图片的效果如图 4-57 所示。

图 7-56　精确裁剪图片

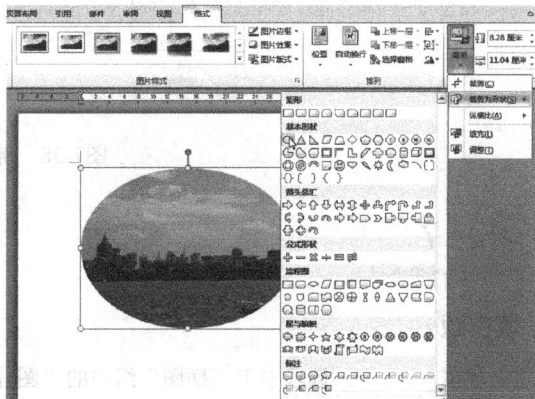

图 7-57　将图片裁剪为形状

6. 插入屏幕截图

用户可以快速而轻松地将屏幕截图插入到 Office 文件中，以增强可读性或捕获信息，而无需退出正在使用的程序。Microsoft Word 、Excel、Outlook 和 PowerPoint 中都提供此功能，用户可以使用此功能捕获在计算机上打开的全部或部分窗口的图片。无论是在打印文档上，还是在用户设计的 PowerPoint 幻灯片上，这些屏幕截图都很容易读取。

屏幕截图适用于捕获可能更改或过期的信息（例如，重大新闻报道或旅行网站上提供的讲求时效的可用航班和费率的列表）的快照。此外，当用户从网页和其他来源复制内容时，通过任何其他方法都可能无法将它们的格式成功传输到文件中，而屏幕截图可以帮助用户实现这一点。如果用户创建了某些内容（例如网页）的屏幕截图，而源中的信息发生了变化，也不会更新屏幕截图。

在 Word2010 中使用屏幕截图的具体操作步骤如下：

（1）将插入点定位在要插入屏幕截图的位置。

（2）在插入选项卡的插图组中，单击"屏幕截图"按钮，如图 7-58 所示。

（3）用户可以执行下列操作之一：

● 若要添加整个窗口，则单击可用窗口库中的缩略图。

● 若要添加窗口的一部分，则单击屏幕剪辑，当指针变成十字时，按住鼠标左键以选择您要捕获的屏幕区域。

在进行屏幕剪辑时如果有多个窗口打开，应先单击要剪辑的窗口，然后再在要插入屏幕截图的文档中单击屏幕剪辑。当用户单击屏幕剪辑时，正在使用的程序将最小化，只显示它后面的可剪辑的窗口。另外屏幕截图只能捕获没有最小化到任务栏的窗口。

图7-58　屏幕截图

习题 7

填空题

1. 单击_____选项卡下"插图"组中的"图片"按钮，打开"插入图片"对话框。
2. 在"格式"选项卡下_____组中的_____下拉列表中可以设置艺术字的文字环绕方式。
3. 单击_____选项卡下_____组中的_____按钮，在下拉列表中可以设置艺术字的填充效果。
4. 在"格式"选项卡的_____组中单击_____按钮，在下拉列表中可以设置文本框的线条样式。

选择题

1. 单击"格式"选项卡下（　　）组中的"自动换行"按钮，在列表中可以设置图片的版式 。

  （A）排列　　　　　　（B）文字环绕　　　　　（C）位置　　　　　　　（D）布局选项

2. 在 Word 2010 中（　　）版式为图片默认的插入版式。

  （A）浮于文字上方　　（B）紧密型　　　　　　（C）四周型　　　　　　（D）嵌入型

3. 在 Word 2010 中，对于插入文档的图片，不能进行的操作是（　　）。

  （A）放大或缩小　　　（B）移动　　　　　　　（C）修改图片中的图形　　（D）剪裁

4. 关于插入艺术字下列说法错误的是（　　）。

  （A）在插入艺术字时用户可以选择插入艺术字的样式

  （B）选择艺术字样式后，就不必再设置插入艺术字的字体以及字号

  （C）插入艺术字后，用户还可以重新对艺术字的文本轮廓进行设置

  （D）插入艺术字后，用户还可以重新对艺术字的文本填充效果进行设置

简答题

1. 设置图片大小有哪几种方法？
2. 如何设置艺术字的填充效果？
3. 图片在文档中有哪几种环绕方式？
4. 如何对图片进行裁剪？
5. 如何对文本框的轮廓和填充效果进行设置？

操作题

打开"案例与素材\第 7 章素材"文件夹中的"NEC 危机四伏"文档，按下述要求完成全部操作，结果

如图 7-59 所示。

（1）标题为"黑体"、"二号"、"居中"。

（2）正文为"宋体"、"三号"，每段首行缩进"2 字符"。

（3）将正文中数字加红色波浪下画线。

（4）插入科技类别中的剪切画，如图 7-59 所示。

（5）适当调整图片大小，设置图片版式为"紧密型环绕"。

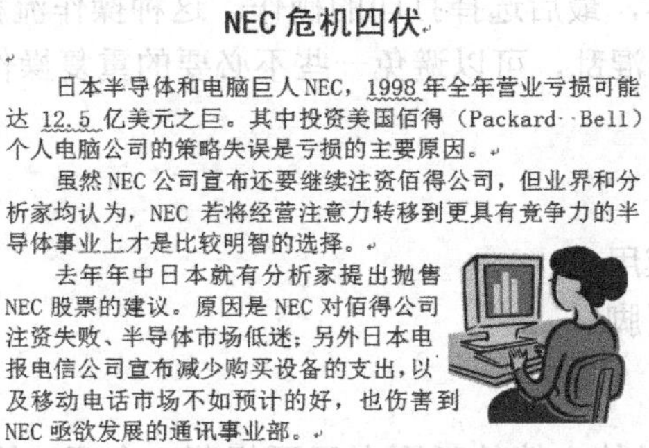

NEC 危机四伏

日本半导体和电脑巨人 NEC，1998 年全年营业亏损可能达 12.5 亿美元之巨。其中投资美国佰得（Packard Bell）个人电脑公司的策略失误是亏损的主要原因。

虽然 NEC 公司宣布还要继续注资佰得公司，但业界和分析家均认为，NEC 若将经营注意力转移到更具有竞争力的半导体事业上才是比较明智的选择。

去年年中日本就有分析家提出抛售 NEC 股票的建议。原因是 NEC 对佰得公司注资失败、半导体市场低迷；另外日本电报电信公司宣布减少购买设备的支出，以及移动电话市场不如预计的好，也伤害到 NEC 亟欲发展的通讯事业部。

图7-59　NEC危机四伏

第8章 文档页面的编排——排版 电子文稿和电子板报

在编辑需要打印或有特殊格式要求的文档时，用户首先应该对文档的页面进行设置，然后再对文档的版面进行编排，最后选择打印的操作。这种操作流程可以避免在打印时纸张与页面纸张设置冲突造成版面混乱，可以避免一些不必要的重复操作，提高工作效率。

知识要点

- 设置页面
- 特殊版式的应用
- 添加页眉和页脚

任务描述

电子文稿通过排版可以使文档的版面布局更规范、合理，给人耳目一新的感觉。排版电子文稿在办公领域中是一项日常工作，这里利用 Word 2010 编排一个如图 8-1 所示的电子文稿。

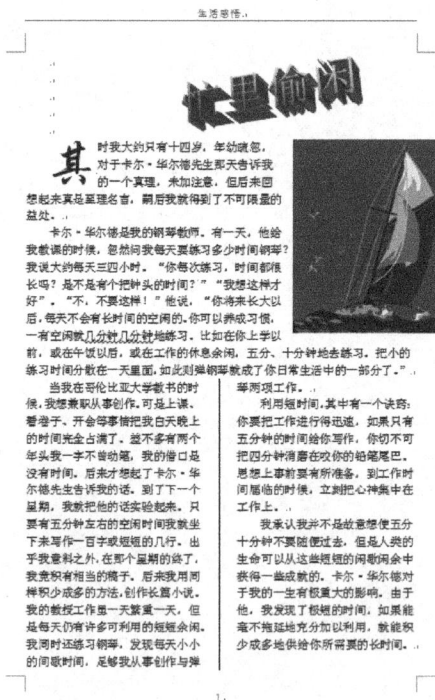

图8-1 编排电子文稿的效果

案例分析

完成电子文稿的排版首先要对纸张的页面大小和页面边距进行设置，然后再为文档设置分栏版式和首字下沉格式，最后为文档设置页眉和页脚。

本章所涉及案例的素材和最终效果文件请登录华信教育资源网（www.hxedu.com.cn）下载，相关内容在下载后的"案例与素材\第8章素材"和"案例与素材\第8章案例效果"文件夹中。

8.1 设置页面

在基于模板创建一篇文档后，系统将会给出默认的纸张大小、页面边距、纸张的方向等。如果用户制作的文档对页面有特殊的要求或者需要打印，这时就要对页面进行重新设置。

页面设置包括对纸张大小、页边距、字符数/行数、纸张来源和版面等设置，这些设置是打印文档之前必须要做的准备工作。

8.1.1 设置纸张大小

Word 2010 提供了多种预定义的纸张，系统默认的是"A4"纸。用户可以根据需要选择纸张大小。要为"忙里偷闲"设置纸张大小，操作步骤如下：

（1）在"页面布局"选项卡的"页面设置"组中单击"纸张大小"按钮，打开"纸张大小"下拉列表，如图 8-2 所示。

（2）在"纸张大小"下拉列表中选择"16 开（18.4×26 厘米）"。

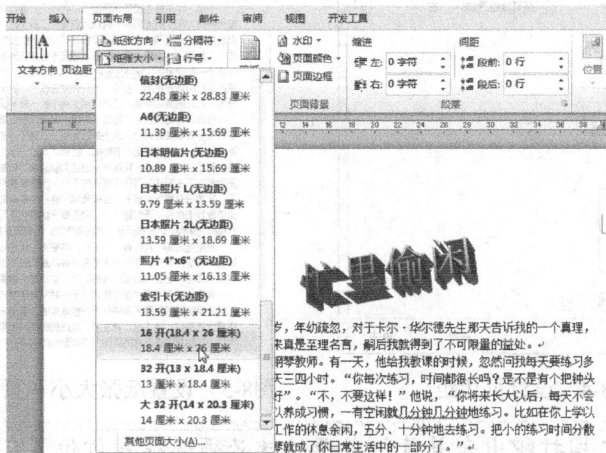

图8-2 选择纸张大小

技巧：如果在"纸张大小"下拉列表中选择"其他页面大小"命令，或单击"页面设置"右下角的对话框启动器按钮，则打开"页面设置"对话框。单击"纸张"选项卡，在"纸张大小"列表中用户也可以设置纸张大小，如图 8-3 所示。

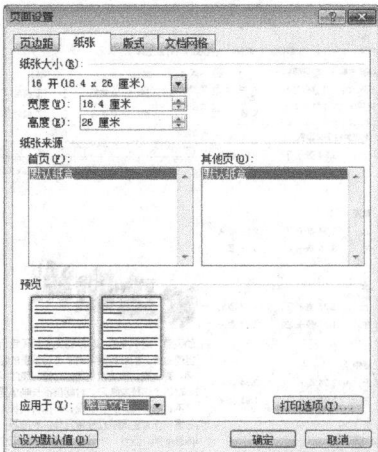

图8-3 "页面设置"对话框

8.1.2　设置页面边距

页边距是正文和页面边缘之间的距离，在页边距中存在页眉、页脚和页码等图形或文字，为文档设置合适的页边距可以使打印出的文档美观。

例如对"忙里偷闲"这份电子文稿设置页边距的操作步骤如下：

（1）单击"页面布局"选项卡下的"页面设置"组右侧的对话框启动器，打开"页面设置"对话框，单击"页边距"选项卡，如图 8-4 所示。

（2）分别在"页边距"区域的"上"和"下"文本框中选择或输入数值为"3 厘米"，在"左"和"右"文本框中选择或输入数值为"3 厘米"。

（3）在"预览"区域的"应用于"下拉列表中选择应用的范围为"整篇文档"，单击"确定"按钮。设置页边距后的文档效果如图 8-5 所示。

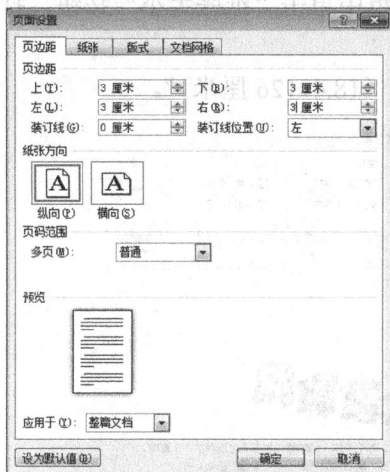

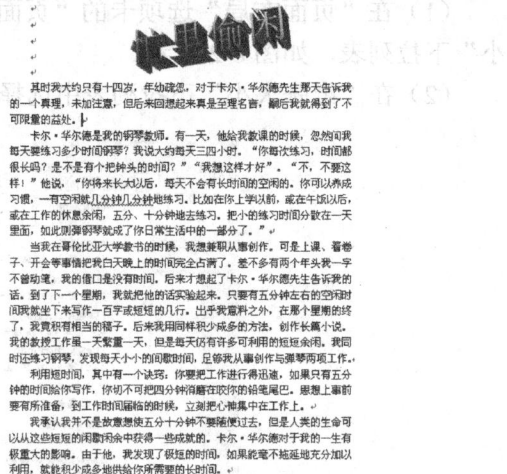

图8-4　设置页边距　　　　　图8-5　设置纸张大小和页边距后的效果

> **提示：** 如果要把文档打印出来并装订成册，就必须选择装订位置，并在已有的左边距或内侧边距的基础上增加额外的一段距离，该距离称为"装订线"。可以在"装订线位置"下拉列表中选择"装订线"的位置，然后在"装订线"文本框中设置宽度。

技巧： 在设置页边距时用户可以在"页面布局"选项卡的"页面设置"组中单击"页边距"按钮，在列表中选择合适的页边距，如图 8-6 所示。如果选择"自定义边距"选项，则打开"页面设置"对话框。

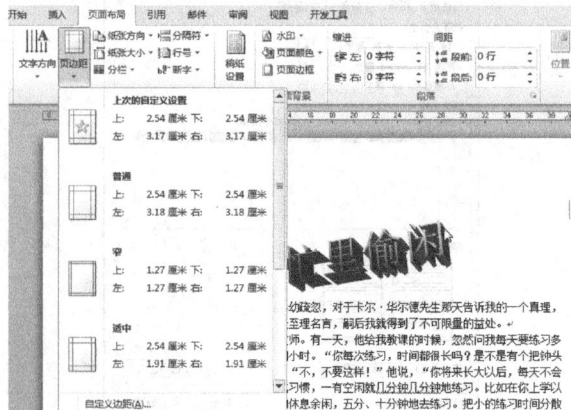

图8-6　"页边距"下拉列表

8.1.3　设置文档网格

如果文档中需要确定每行固定字符数或是每页固定行数，可以使用设置文档网格的方式来实现，操作步骤如下：

（1）单击"页面布局"选项卡下的"页面设置"组右侧的对话框快速启动器，打开"页面设置"对话框，单击"文档网格"选项卡，如图 8-7 所示。

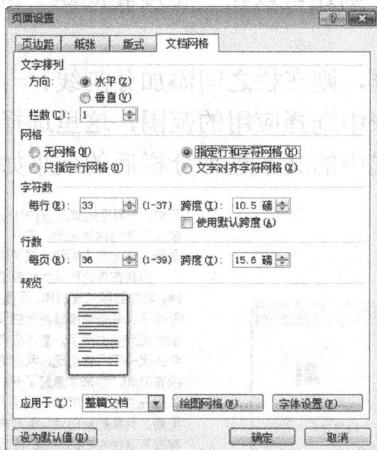

图8-7　设置文档网格

（2）在"网格"区域中可以进行如下设置：

● 选择"只指定行网格"单选按钮，可以在"每页"文本框中输入行数，或在它右面的"跨度"栏中输入跨度的数值，来设定每页中的行数。

● 选择"指定行和字符网格"单选按钮，那么除了可以设定每页的行数外还可以在"每行"文本框中输入每行的字符数。

● 选择"文字对齐字符网格"单选按钮，输入每页的行数和每行的字符数后 Word 2010 会严格按照输入的数值设定页面。

（3）在"字符数"中"每行"列表框中输入"33"，"跨度"为"10.5 磅"。

（4）在"应用于"下拉列表中选择应用的范围为"整篇文档"。

（5）单击"确定"按钮。

8.2　特殊版式的应用

如果文档版面不美观，可以使用一些特殊的版式对其版面进行设置，使文档更具可读性。例如可以利用分栏排版和首字下沉技术使文档具有报刊版面效果。

8.2.1　分栏排版

分栏是经常使用的一种页面方式，在报刊杂志中被广泛使用。分栏排版可以使文本从一栏的底端连接到下一栏的顶端，用户只有在页面视图方式和打印预览视图方式下才能看到分栏的效果。在普通视图方式下，只能看到按一栏宽度显示的文本。

使用工具栏中"分栏"按钮可以快速创建等宽分栏，如果要创建比较复杂的分栏则可以在"分栏"对话框中进行设置。

将文档"忙里偷闲"最后三段设置分栏，操作步骤如下：

（1）选择文档的最后三段。

（2）单击"页面设置"选项卡下"页面设置"组中的"分栏"按钮，在弹出的下拉菜单中选择"更多分栏"，打开"分栏"对话框，如图8-8所示。

（3）在"预设"选项区域选择一种分栏样式，如选择"两栏"样式。

（4）选中"栏宽相等"则被分栏的宽度相同，在"间距"文本框中选择或输入"3字符"。如果取消"栏宽相等"复选框，则还可以在"宽度和间距"区域对两栏的栏宽和栏间距进行设置。

（5）选择"分隔线"复选框，则在栏之间添加分割线。

（6）在"应用于"下拉列表中选择应用的范围，这里选择"所选文字"。

（7）单击"确定"按钮。选中的文本进行分栏后的效果如图8-9所示。

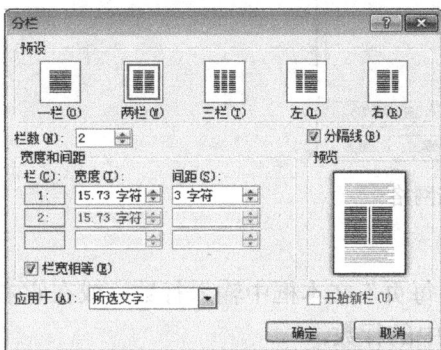

图8-8　"分栏"对话框　　　　图8-9　设置分栏后的效果

> **提示：** 在"分栏"对话框的"预设"区域选择"一栏"即可将设置的分栏取消。在取消分栏时还可以取消分栏文档中部分文档的分栏。在分栏文档中选择要取消分栏的部分文本，然后在"分栏"对话框的"预设"选项区域选择"一栏"，单击"确定"按钮，系统将自动为文档分节，选择的文本被分在一节中，该节的分栏版式被取消。

8.2.2　设置首字下沉

"首字下沉"是文档中常用到的一种排版方式，是将段落开头的第一个或若干个字母、文字变为大号字，从而使文档的版面出现跌宕起伏的变化，使文档更具层次感。

将"忙里偷闲"文档中第一段的第一个文字"其"字设置首字下沉的效果，操作步骤如下：

（1）将鼠标定位在第一段文字中。

（2）单击"插入"选项卡下的"文本"组中的"首字下沉"按钮，弹出一个下拉菜单，在下拉菜单中选择"首字下沉选项"按钮，打开"首字下沉"对话框，如图8-10所示。

（3）在"位置"区域选择"下沉"样式。

（4）在"字体"下拉列表中选择一种字体，这里选择"华文行楷"。

（5）在"下沉行数"文本框中选择或输入下沉的行数，这里选择数值"3"。

（6）单击"确定"按钮，设置首字下沉后的效果如图8-11所示。

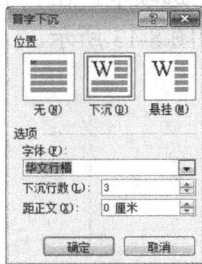

图8-10　"首字下沉"对话框　　　　　图8-11　设置"首字下沉"后的效果

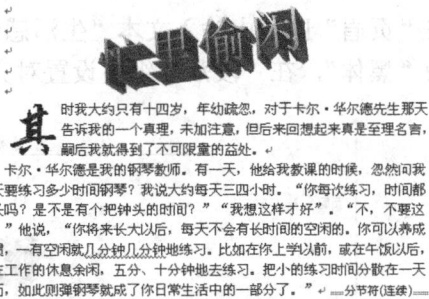

> **提示**：在"首字下沉"对话框中，选择"位置"区域的"无"选项，即可取消"首字下沉"的效果。

设置"首字下沉"的效果后在文档中插入一幅图片并将图片的版式设置为"四周型环绕"，适当调整图片的大小和位置，如图 8-12 所示。

图8-12　插入图片后的效果

8.3　添加页眉和页脚

页眉和页脚是指在文档页面的顶端和底端重复出现的文字或图片等信息。在普通视图方式下用户无法看到页眉和页脚，在页面视图中看到的页眉和页脚会变淡。还可以将首页的页眉和页脚设置成与其他页不同的样式，可以将奇数页和偶数页的页眉和页脚设置成不同的样式。在页眉和页脚中还可以插入域，例如在页眉和页脚中插入时间、页码，就是插入了一个提供时间和页码信息的域。当域的内容被更新时，页眉页脚中的相关内容也会发生变化。

8.3.1　创建页眉和页脚

页眉和页脚与文档的正文处于不同的层次上，因此在编辑页眉和页脚时不能编辑文档的正文，同样在编辑文档正文时也不能编辑页眉和页脚。

在文档"忙里偷闲"中创建页眉和页脚，操作步骤如下：

（1）单击"插入"选项卡下的"页眉和页脚"组中的"页眉"按钮，进入页眉和页脚编辑模式，同时打开"页眉和页脚"工具栏。此时用户可以在页眉区和页脚区进行编辑，方法和在文档正文中的编辑方法相同。

（2）在"页眉"区域中输入文本"生活感悟"，切换到"开始"选项卡，在"字体"组中设置字体为"黑体"，在"段落"组中设置对齐方式为"居中"，如图 8-13 所示。

图8-13　创建页眉

（3）单击"页眉和页脚工具"下的"设计"选项卡下的"导航"组中的"转至页脚"按钮，即可切换到"页脚区"。

（4）单击"页眉和页脚工具"下的"设计"选项卡下的"页眉和页脚"组中的"页码"按钮，弹出一个下拉菜单。在下拉菜单中选择"页面低端（B）"按钮，在弹出的子菜单中选择合适的页码样式，这里选择"普通数字 2"，如图 8-14 所示。

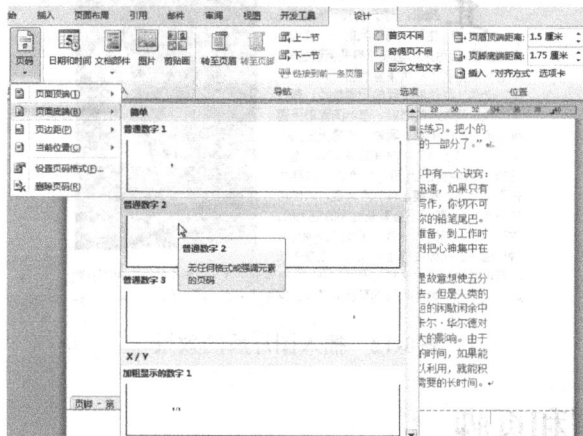

图8-14　选择页码样式

（5）插入页码后，选中插入的页码，切换到"开始"选项卡在"段落"组中设置对齐方式为"居中"，如图 8-15 所示。

（6）在页眉和页脚工具"设计"选项卡下单击"关闭"按钮，返回到正常的编辑模式。

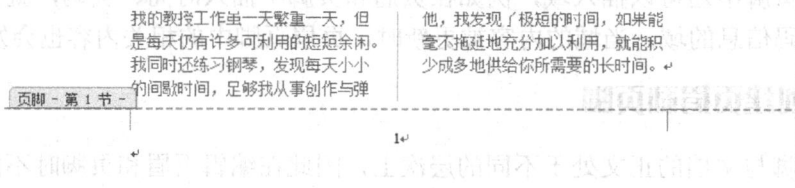

图8-15　设置页脚

8.3.2　创建不同风格的页眉和页脚

为了使一篇长文档能够更加引人注目，可以为文档创建不同风格的页眉和页脚，例如可以设置首页不同的页眉和页脚、奇偶页不同的页眉和页脚等。

1. 创建奇偶页不同的页眉和页脚

有时用户希望在文档的奇数页和偶数页显示不同的页眉或页脚。在双面文档中，这种页眉和页脚最为常见。

在文档中创建奇偶页不同的页眉和页脚，操作步骤如下：

（1）将插入点定位在文档中，单击"插入"选项卡下的"页眉和页脚"组中的"页眉"按钮，进入页眉页脚的编辑模式。

（2）在页眉和页脚工具的"设计"选项卡下的"选项"组中选择"奇偶页不同"复选框，这时页眉区顶部显示"奇数页页眉"字样，如图 8-16 所示。

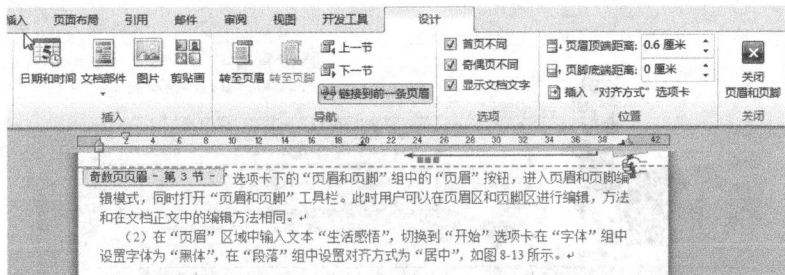

图8-16　设置奇偶页不同的页眉和页脚

（3）在奇数页页眉和页脚区中进行编辑，编辑完毕，在页眉和页脚工具"设计"选项卡下"导航"组中单击"下一节"按钮切换到偶数页的页眉和页脚编辑区中进行编辑。

（4）在页眉和页脚工具"设计"选项卡下单击"关闭"按钮，返回到正常的编辑模式。

2. 创建首页不同的页眉和页脚

在文档中，首页常常是比较特殊的，它往往是文章的封面或图片简介等。在这种情况下如果有页眉或页脚的存在可能会影响版面美观，此时可以设置在首页不显示页眉或页脚。

在文档中创建首页不同的页眉和页脚，操作步骤如下：

（1）将插入点定位在文档中，单击"插入"选项卡下的"页眉和页脚"组中的"页眉"按钮，进入页眉和页脚编辑模式。

（2）在页眉和页脚工具的"设计"选项卡下的"选项"组中选择"首页不同"复选框，这时在页眉区顶部显示"首页页眉"字样，如图 8-17 所示。

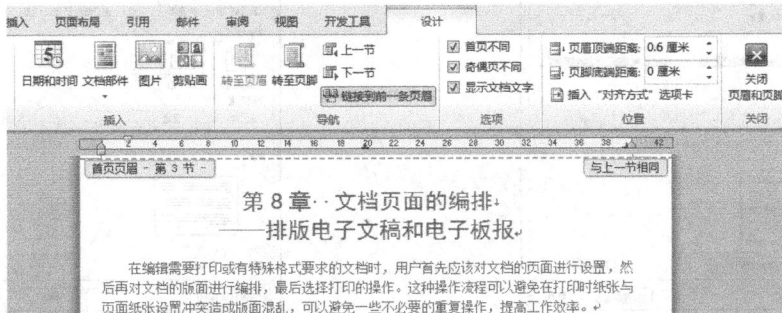

图8-17　设置不同风格的页眉和页脚

（3）在首页页眉和页脚区中进行编辑，如果不想在首页编辑页眉或页脚，把页眉区域、页脚区域的内容删除即可。

（4）在页眉和页脚工具"设计"选项卡下"导航"组中单击"下一节"按钮切换到文档的其他页眉或页脚编辑区中进行编辑。

（5）在页眉和页脚工具"设计"选项卡下单击"关闭"按钮，返回到正常的编辑模式。用户就可以创建与首页风格不同的页眉和页脚。

举一反三　制作电子板报

板报这个词我们应该很熟悉，在小学，中学，高中，大学一直伴随着我们。板报伴随着我们长大，丰富着我们的生活。这里我们就利用 Word 2010 制作一个电子板报，最终效果如图 8-18 所示。

图8-18　电子板报效果

制作电子板报的操作步骤如下：

（1）新建一个文档，单击"页面布局"选项卡下的"页面设置"组右侧的对话框快速启动器，打开"页面设置"对话框，单击"纸张"选项卡，如图 8-19 所示。在"纸张大小"下拉列表中选择纸张类型为"16 开（18.4×26 厘米）"。

图 8-19　设置纸张大小　　　　图 8-20　设置页边距和纸张方向

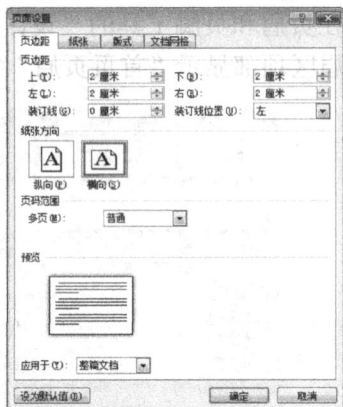

（2）单击"页边距"选项卡，如图 8-20 所示。分别在"页边距"区域的"上"和"下"

文本框中选择或输入数值为"2 厘米"，在"左"和"右"文本框中选择或输入数值为"2 厘米"。在"方向"区域选择"横向"。

（3）单击"确定"按钮。

（4）单击"页面布局"选项卡下的"页面背景"组中的"页面颜色"按钮，弹出一个下拉菜单，如图 8-21 所示。

（5）在弹出的下拉菜单中选择"填充效果"，打开"填充效果"对话框，单击"渐变"选项卡，如图 8-22 所示。

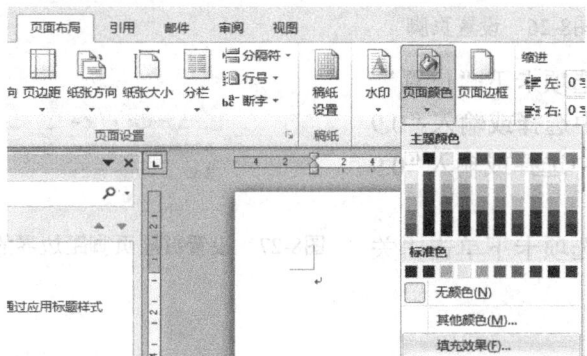

图8-21　背景子菜单　　　　　　　　　　　图8-22　"填充效果"对话框

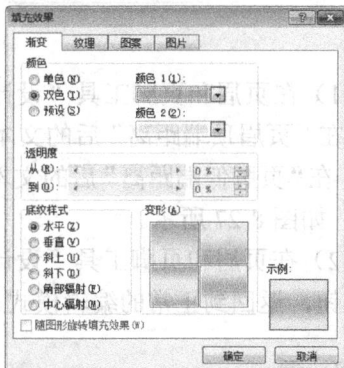

（6）在"颜色"区域选择"双色"，然后在"颜色 1"列表中选择"淡紫色"，在"颜色 2"列表中选择"黄色"，在"底纹样式"区域选择"水平"，在"变形"区域选择第 4 种变形。

（7）单击"确定"按钮，则文档被添加了渐变背景，如图 8-23 所示。

（8）在文档中插入图片和艺术字，利用竖排文本框输入文档下面两部分文本，适当调整图片、艺术字和文本框的位置，如图 8-24 所示。

图8-23　为文档设置背景的效果　　　　　　图8-24　电子板报的初始效果

（9）单击"插入"选项卡下的"页眉和页脚"组中的"页眉"按钮，进入页眉和页脚编辑模式，在页眉区域输入"炙热青春"，设置字体为"黑体"，字号为"小四"，"右对齐"，如图 8-25 所示。

图8-25　设置页眉

（10）在页眉和页脚工具"设计"选项卡下"导航"组中单击"转至页脚"按钮，进入页脚的编辑区域，在页脚区域输入"主办：计算机三班"，设置字体为"宋体"，字号为"小五"，"左对齐"，如图 8-26 所示。

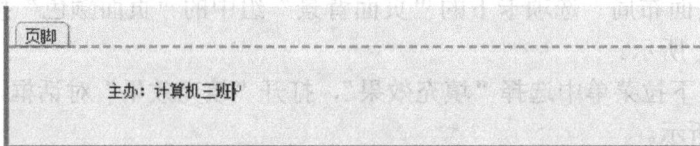

图8-26　设置页脚

（11）在页眉和页脚工具"设计"选项卡下"位置"组中，在"页眉顶端距离"后的文本框中选择或输入"0.9厘米"，在"页脚低端距离"后的文本框中选择或输入"0.9厘米"，如图 8-27 所示。

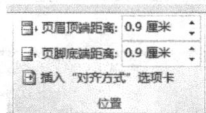

（12）在页眉和页脚工具"设计"选项卡下单击"关闭"按钮，返回到正常的编辑模式。

图8-27　设置页眉页脚距边界的间距

回头看

通过案例"电子文稿"以及"电子板报"的制作过程，主要学习了 Word 2010 的页面设置、特殊版式的应用以及添加页眉和页脚的操作。一般情况下在做页面编排工作时，应遵循"纸张类型"→"纸张边距"→"版面"→"页眉页脚"的原则，在动手编辑文档之前，不妨先编好页面的框架构造，这在排版打印时很重要。

知识拓展

1．插入页码

为了方便文档的管理，可以给文档各页加上页码。在编辑页眉和页脚时可以在页眉和页脚区插入页码，另外也可以直接在文档中插入页码，在插入页码时还可以对页码的数字格式以及起始编号进行设置。

在文档中添加页码的操作步骤如下：

（1）将插入点定位到要添加页码的节中。

（2）单击"插入"选项卡的"页眉和页脚"组中的"页码"按钮，弹出一个下拉菜单，用户可以根据需要选择页码插入的位置和样式，如图 8-28 所示。

（3）如果用户想要自己设置页码样式，可以单击下拉菜单中的"设置页码格式"命令，打开"页码格式"对话框，如图 8-29 所示。

（4）在"编号格式"下拉列表框中选择一种数字格式。

（5）在"页码编号"区域可以选择"续前节"或"起始页码"，如果选择"起始页码"需在文本框中输入第一页设置的页码数值。

（6）单击"确定"按钮，在文档中插入页码。

如果要删除页码则必须以进入页眉和页脚区，在页脚编辑区中找到设置的页码，然后进行删除。

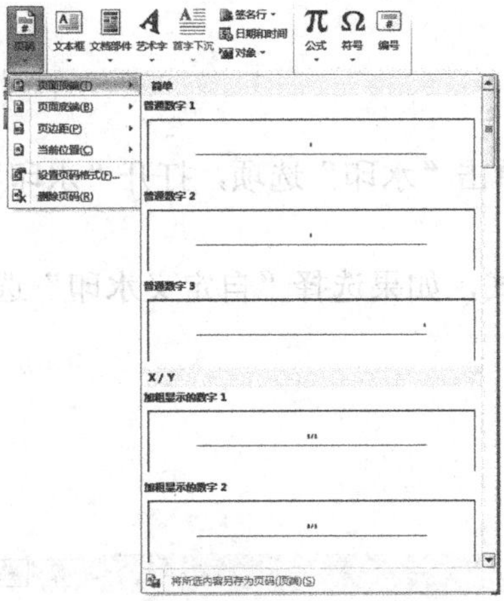

图 8-28 "页码"下拉菜单 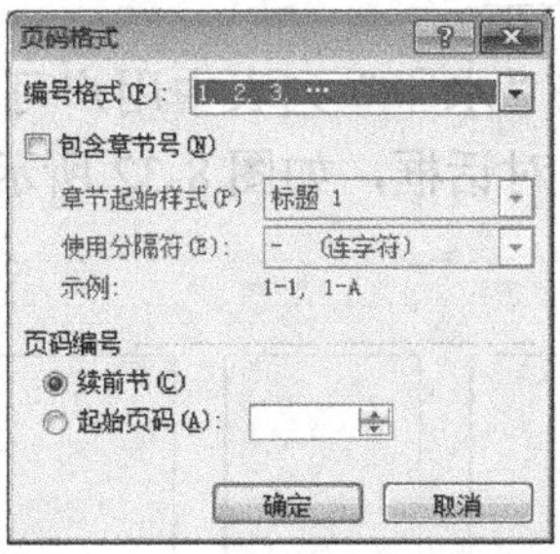　　　　　图 8-29 "页码格式"对话框

2．分页

在文档中输入文本或其他对象满一页时，Word 2010 会自动进行换页，并在文档中插入一个分页符。有些情况下用户可以对文档进行强行分页，在文档中强制插入分页符的操作步骤如下：

（1）将插入点定位在要插入分页符的位置处。

（2）单击"页面布局"选项卡下"页面设置"组中的"分隔符"按钮，弹出一个下拉菜单，如图 8-30 所示。

（3）在下拉菜单中选择"分页符"命令，即可设置分页。

3．分节

可以把一篇长文档分成任意多个节，每节都可以按照不同的需要设置为不同的格式。在不同的节中用户可以对页边距、纸张的方向、页眉（页脚）的位置和页眉（页脚）的格式等进行详细地设置。

节通常用"分节符"来标识，在普通视图方式下，分节符是两条水平平行的虚线。Word 2010 会自动把当前节的页边距、页眉和页脚等被格式化了的信息保存在分节符。

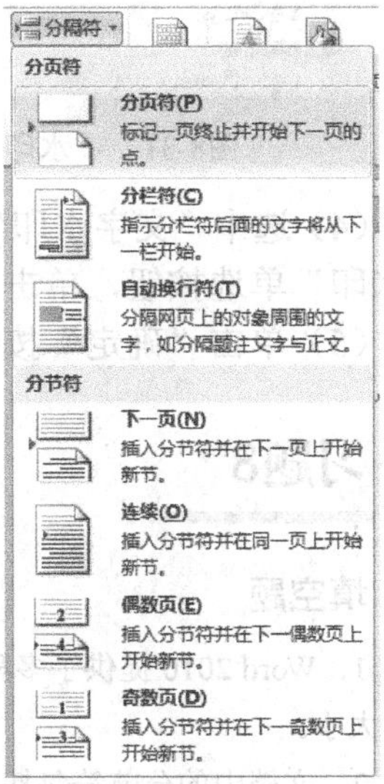

用户可以利用如图 8-30 所示的"分隔符"下拉菜单中的命令在文档中插入分节符。"分隔符"下拉菜单中的"分节符"区域提供了 4 种分节符类型。

图8-30 "分隔符"对话框

- 下一页：表示在当前插入点处插入一个分节符，新的一节从下一页开始。
- 连续：表示在当前插入点处插入一个分节符，新的一节从下一行开始。
- 偶数页：表示在当前插入点插入一个分节符，新的一节从偶数页开始，如果这个分节符已经在偶数页上，那么下面的奇数页是一个空白页。
- 奇数页：表示在当前插入点插入一个分节符，新的一节从奇数页开始，如果这个分节符已经在奇数页上，那么下面的偶数页是一个空白页。

4．添加水印

水印是一种特殊的背景，在 Word 2010 中添加水印的操作非常方便，用户可以使用文字或图片作为水印背景。

为内部刊物添加水印的具体操作步骤如下：

（1）将插入点定位在文档中。

（2）在"页面布局"选项卡的"页面背景"组中单击"水印"选项，打开"水印"列表，如图 8-31 所示。

（3）在"水印"列表中用户可以选择一种水印样式，如果选择"自定义水印"选项，打开"水印"对话框，如图 8-32 所示。

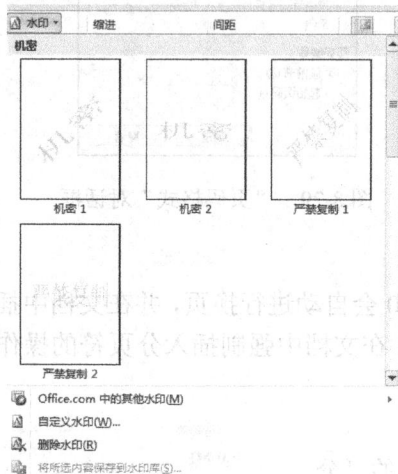

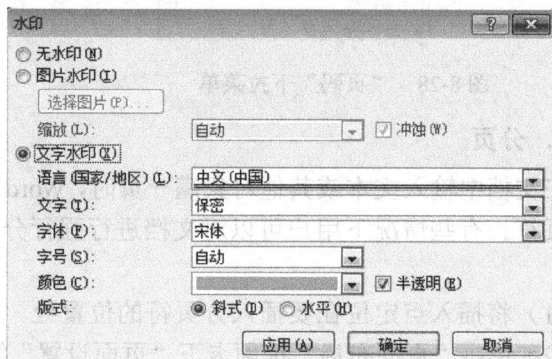

图8-31　"水印"列表　　　　　　　图8-32　"水印"对话框

（4）选中"文字水印"单选按钮，在"文字"文本框中可以输入要显示的文字。选中"图片水印"单选按钮，单击"选择图片"按钮，则可以选择图片作为水印。

（5）单击"确定"按钮。

习题8

填空题

1. Word 2010 提供了多种预定义的纸张大小，系统默认的是_____纸，用户可以根据需要自定义纸张的大小。

2. 文档中的分节符包括_____、_____、_____和_____这 4 种。

3. 首字下沉包括_____和_____两种效果。

4. 页眉和页脚是指在文档页面的顶端和底端重复出现的_____或_____等信息。

选择题

1. 选择（　　）选项卡下的"分栏"命令，可以打开"分栏"对话框。

　　（A）插入　　　　　（B）页面布局　　　　　（C）视图　　　　　（D）开始

2. 选择（　　）选项卡下的"页眉和页脚"组中的命令，可以进入页眉页脚的编辑状态。

　　（A）插入　　　　　（B）开始　　　　　（C）视图　　　　　（D）引用

3. 编辑 Word 文档时，常希望在每页的底部或顶部显示页码及其他信息，如果这些信息行被打印在文件每页的顶部，就称之为（　　）。

　　（A）页码　　　　　（B）分页符　　　　　（C）页眉　　　　　（D）页脚

操作题

打开"案例与素材\第 8 章素材"文件夹中的"2014 巴西世界杯（初始）"文档，按下述要求完成全部操作，如图 8-33 所示。

（1）设置上边距为 3.0cm，下边距为 3.0cm，左边距为 2.5cm，右边距为 2.5cm。

（2）设置页眉文字为"2014 FIFA World Cup"，对齐方式为右对齐，设置页眉顶端距离为 2.0cm。

（3）为第三段设置首字下沉效果，下沉行数为三行，字体为楷体。

（4）为第三段进行分栏，样式为预设中的右，第一栏宽度为 25 字符，添加分隔线。

（5）为文档添加图片水印，图片为"案例与素材\第 8 章素材"文件夹中的"2014 年巴西世界杯会徽"。

图8-33　2014巴西世界杯文档的最终效果

第9章 Word 2010 高级排版技术
——制作培训教材和劳动合同范本

Word 2010 提供了一些高级的文档编辑和排版技术，可以应用样式快速格式化文档，也可以对文档中的文本进行注释等，这些编辑功能和排版技术为文字处理提供了强大的支持。

知识要点

- 使用样式
- 设置项目符号
- 插入脚注
- 编制文档目录
- 文档的打印

任务描述

在就业不易的今天，许多人选择培训以此来掌握更多的生存技能，制作培训教材就是必不可少的了。这里就利用 Word 2010 制作一本如图 9-1 所示的培训教材。

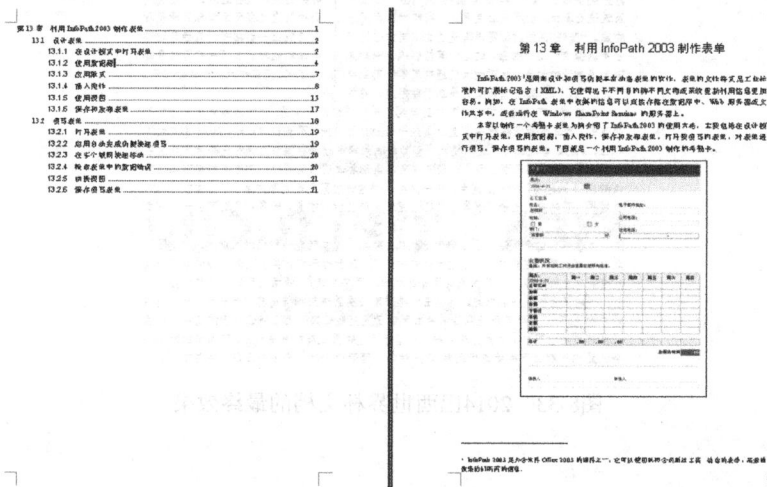

图9-1　培训教材

案例分析

完成培训教材的制作首先要输入文本并进行一定的格式设置，然后利用样式对文档中的各级标题快速应用样式，为了使文档中的某些段落条理更加清楚应用项目符号，为文档中需要注释的地方添加脚注，为文档提取目录，最后再将文档打印出来。

本章所涉及案例的素材和最终效果文件请登录华信教育资源网（www.hxedu.com.cn）下载，相关内容在下载后的"案例与素材\第 9 章素材"和"案例与素材\第 9 章案例效果"文件夹中。

9.1 应用样式

样式是指一组已经命名的字符样式或者段落样式。每个样式都有唯一的名称，用户可以将一种样式应用于一个段落，或段落中选定的一部分字符之上。按照这种样式定义的格式，能够快速地完成段落或字符的格式编排，而不必逐个选择各种样式指令。

9.1.1　使用样式

Word 2010 中的样式分为字符样式和段落样式。

- 字符样式是指用样式名称来标识字符格式的组合，只作用于段落中选定的字符，如果要突出段落中的部分字符，那么可以定义和使用字符样式，字符样式只包含字体、字形、字号、字符颜色等字符格式的信息。
- 段落样式是指用某一个样式名称保存的一套段落格式，一旦创建了某个段落样式，就可以为文档中的一个或几个段落应用该样式。段落样式包括段落格式、制表符、边框、图文框、编号、字符格式等信息。

1．利用"样式"窗格使用样式

Word 2010 的"样式"窗格提供了方便使用样式的用户界面，如要在培训教材中使用样式，操作步骤如下：

（1）打开培训教材文档，单击"开始"选项卡下的"样式"组中右下角的对话框启动器按钮，打开"样式"任务窗格，如图 9-2 所示。

（2）选择要应用样式的"第 13 章"所在的段落，在"所选文字的格式"文本框中显示出当前段落的格式如图 9-2 所示。

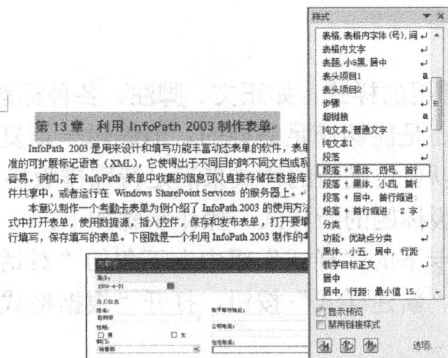

图9-2　选中要应用样式的段落

（3）在样式任务窗格内列出了一系列的样式列表，单击"标题 1，章名"样式，选中的段落被应用了该样式，如图 9-3 所示。

图9-3　选中的段落应用样式后的效果

2. 利用样式列表使用样式

在文档中不仅可以利用"样式"任务窗格应用样式，还可以利用样式列表快速应用样式，操作步骤如下：

（1）选中文档培训教材中的"13.1　设计表单"文本。

（2）单击"开始"选项卡下"样式"组中的样式列表，如图 9-4 所示。

（3）在"样式"列表中单击"节题"样式即可。

（4）利用相同的方式为"13.2　填写表单"应用"节题"样式。

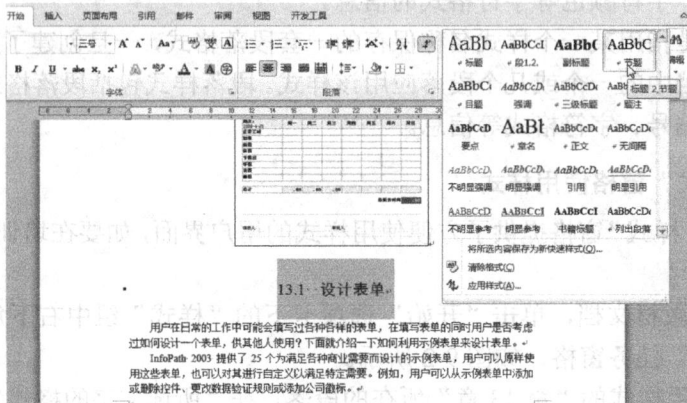

图9-4　样式列表

9.1.2　创建样式

Word 2010 提供了许多常用的样式，如正文、脚注、各种标题、索引、目录、行号等。对于一般的文档这些内置样式还是能够满足需要的，但编辑一篇复杂的文档时这些内置的样式显然不能满足要求，用户可以自定义新的样式来满足特殊排版格式的需要。

要在文档中创建一个三级标题的新样式，操作步骤如下：

（1）单击"开始"选项卡下的"样式"组中右下角的"对话框启动器"按钮，打开"样式"窗格，在窗格底端单击"新建样式"按钮，打开"根据格式设置创建新样式"对话框，如图 9-5 所示。

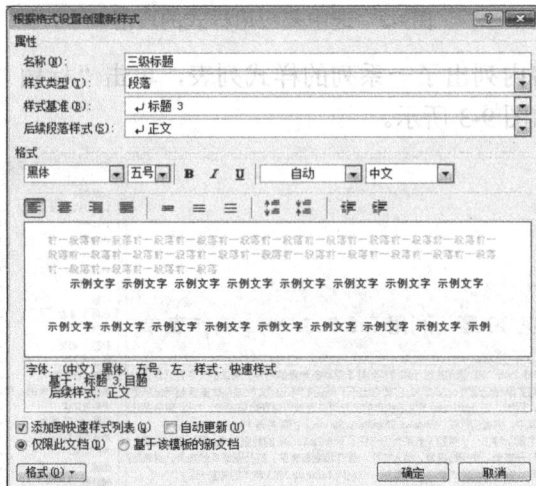

图9-5　"根据格式设置创建新样式"对话框

（2）在"属性"区域的"名称"文本框中输入"三级标题"；在"样式类型"的下拉列表框中选择"段落"；在"样式基准"的下拉列表框中选择"标题 3"；在"后续段落样式"的下拉列表框中选择"正文"。

（3）在"格式"区域的"字体"下拉列表框中选择"黑体"，在"字号"下拉列表框中选择"五号"。

（4）单击"格式"区域的"左对齐"按钮。

（5）单击"格式"按钮打开一个菜单，如图 9-6 所示。在"格式"菜单中选择"段落"命令，打开"段落"对话框，单击"缩进和间距"选项卡，如图 9-7 所示。

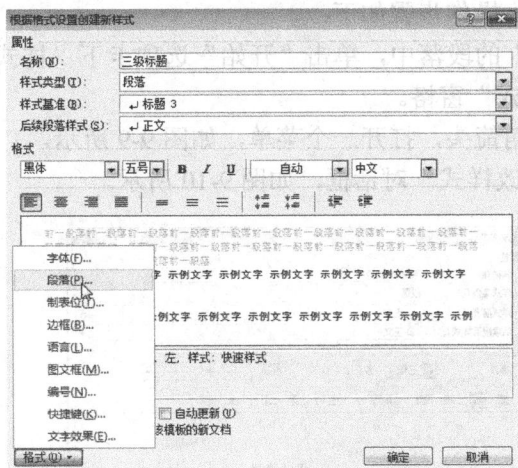

图 9-6 "格式"菜单

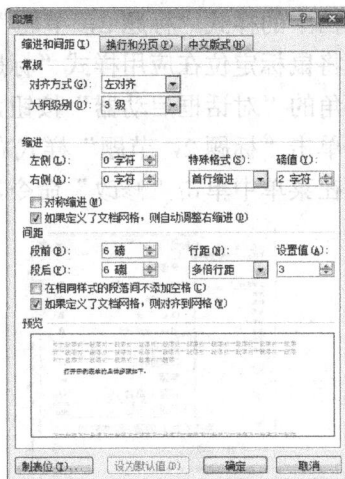

图 9-7 "段落"对话框

（6）在"间距"区域的"段前"文本框中选择或输入"6 磅"，在"段后"文本框中选择或输入"6 磅"。单击"确定"按钮，返回到"根据格式创建新样式"对话框。

（7）如果选择"添加到快速样式列表"复选框，可将创建的样式添加到模板中，单击"确定"按钮，新创建的样式就出现在"样式"窗格中了，如图 9-8 所示。

（8）选中"13.1.1 在设计模式中打开表单"段落，然后应用"三级标题"样式，效果如图 9-8 所示。

（9）按照相同的方法，把剩余小节均运用"三级标题"样式。

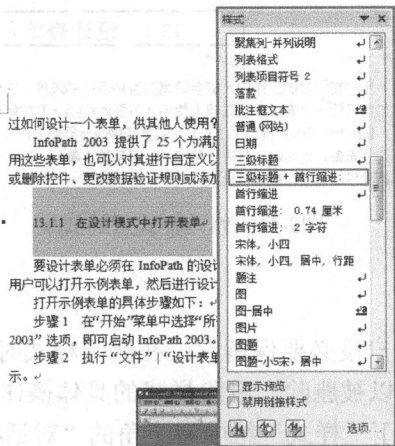

图9-8 新创建的样式

9.1.3　修改样式

如果用户对已有样式不满意还可以对其进行修改，内置样式和自定义样式同样可以进行修改。修改样式后，Word 2010 会自动使文档中使用这一样式的文本格式都进行相应的改变。

对文档中的样式"标题 2，节题"进行修改，操作步骤如下：

（1）将鼠标定位在应用样式"标题 2，节题"的段落中，单击"开始"选项卡下"样式"组中右下角的"对话框启动器"按钮，打开"样式"窗格。

（2）单击"标题 2，节题"样式右侧的下三角箭头，打开一个菜单，如图 9-9 所示。

（3）在菜单中单击"修改"命令，打开"修改样式"对话框，如图 9-10 所示。

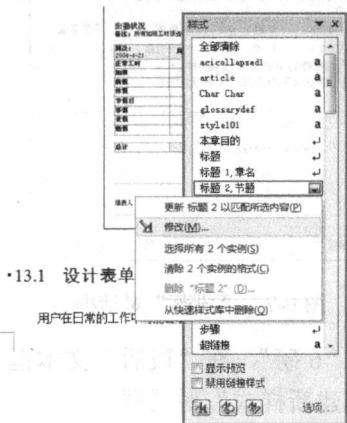

图 9-9　"修改样式"对话框　　　　　　　　　图 9-10　"修改样式"对话框

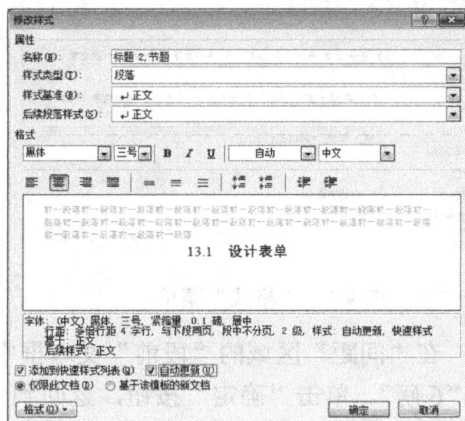

（4）在"格式"区域单击"居中对齐"按钮。

（5）选择"自动更新"按钮，单击"确定"按钮，则应用了"标题 2，节题"标题的段落样式，被自动修改，如图 9-11 所示。

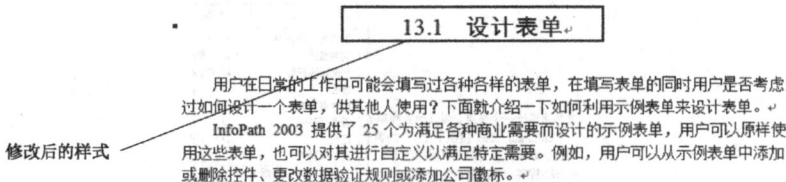

图9-11　修改样式后的效果

9.1.4　删除样式

对于那些没用的样式，用户没必要保留它；在删除样式时系统内置的样式不能被删除，只有用户自己创建的样式才可以被删除。删除样式的具体操作步骤如下：

（1）单击"开始"选项卡下"样式"组中右下角的"对话框启动器"按钮，打开"样式"任务窗格。

（2）在"样式"任务窗格的列表中单击样式右侧的下三角箭头，在下拉菜单中选择"删除"命令。

（3）在出现的警告对话框中，单击"是"按钮，选中的样式将从样式列表中删除。

9.2　设置项目符号及自定义项目符号

在制作文档的过程中，为了增强文档的可读性，使段落条理更加清楚，用户可在文档各段落前添加一些有序的编号或项目符号。Word 2010 提供了添加段落编号、项目符号的功能。

9.2.1　设置项目符号

在 Word 2010 中添加项目符号或编号的方式有两种：一种是在文档中先输入正文，然后在正文上应用项目符号或编号；另一种是在一个空行中设置插入点，先对该行应用项目符号或编号格式，然后输入正文。

例如在培训教材文档中设置项目符号的操作步骤如下：

（1）选中要创建项目符号段落，这里选择"在对话框中用户可以更改数据源中域和组的下列属性："下的内容。

（2）切换到"开始"选项卡，单击"段落"组中的"项目符号库"按钮右侧的下三角箭头，打开一个下拉列表，如图 9-12 所示。

（3）在项目符号库中显示了 8 种不同的项目符号，这些项目符号是 Word 2010 已经设置好的。用户选择除"无"以外的其余 7 个选项中的一个，就可以用选定的项目符号格式化当前段落。如这里选择圆点，应用项目符号的结果如图 9-13 所示。

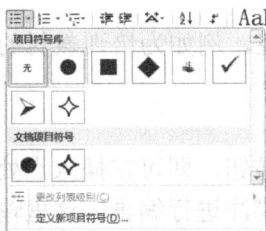

图9-12　设置项目符号

图9-13　设置项目符号后的效果

提示：如果在项目符号列表中选择无选项，则取消设置的编号。

9.2.2　自定义项目符号

如果对系统提供的项目符号或编号不满意，用户可以在文档中创建自己喜欢的项目符号样式，例如使用图片作为项目符号，具体操作步骤如下：

（1）选中应用自定义项目符的段落，在"项目符号"下拉列表中单击"定义新项目符号"命令，打开"定义新项目符号"对话框，如图 9-14 所示。

（2）在对话框中单击"图片"按钮，打开"图片项目符号"对话框，如图 9-15 所示。

（3）在"图片项目符号"对话框中选择一种图片，单击"确定"按钮，返回到"定义新项目符号"对话框。

（4）在对齐方式列表中选择一种对齐方式。

（5）单击"确定"按钮，自定义的项目符号被应用到选定的段落上，同时该项目符号显示在项目符号库列表中。

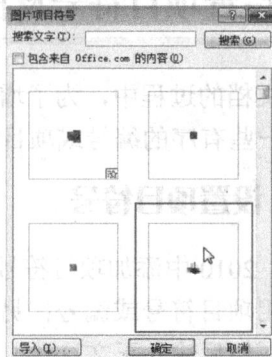

图 9-14　"定义新项目符号"对话框　　　　　图 9-15　"图片项目符号"对话框

9.3　插入脚注和尾注

脚注和尾注都不是文档的正文，但它们仍然是文档的一个组成部分，脚注和尾注都起到对文档补充说明的作用。一般脚注多用于文档中难于理解部分的详细说明，而尾注多用于说明引用文献的出处等。脚注一般出现在每一页的末尾，而尾注一般出现在整篇文档的结尾处。

脚注和尾注都包含两个部分：注释标记和注释文本。注释标记出现在正文文本中，一般是一个上角标记字符，用来表示脚注或尾注的存在，注释文本则是详细的注释正文部分。

9.3.1　插入脚注

在 Word 2010 中用户可以很方便地为文档添加脚注或尾注，例如为培训教材的第一段"InfoPath 2003"插入脚注，操作步骤如下：

（1）将插入点定位在文本"InfoPath 2003"的后面。

（2）单击"引用"选项卡下的"脚注"组的"插入脚注"按钮，即可在插入点处插入注释标记，此时鼠标指针自动跳转至脚注编辑区，在编辑区中对脚注进行编辑，这里输入注释文本"InfoPath 2010 是办公软件 Office 2010 的组件之一，它可以使团队和公司通过丰富、动态的表单，高效地收集他们所需的信息。"，编辑脚注的效果如图 9-16 所示。

用户在日常的工作中可能会填写过各种各样的表单，在填写表单的同时用户是否考虑过如何设计一个表单，供其他人使用？下面就介绍一下如何利用示例表单来设计表单。

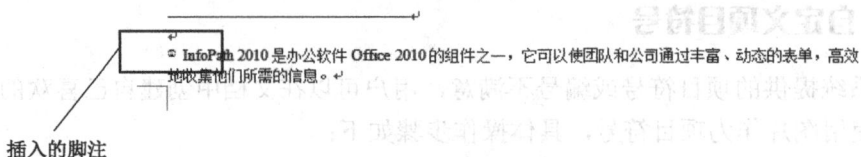

① InfoPath 2010 是办公软件 Office 2010 的组件之一，它可以使团队和公司通过丰富、动态的表单，高效地收集他们所需的信息。

插入的脚注

图9-16　插入脚注的效果

提示：单击"引用"选项卡下"脚注"组右下角的对话框启动器按钮，打开"脚注和尾注"对话框，如图 9-17 所示。在对话框中用户可以对脚注或尾注的编号格式进行设置。

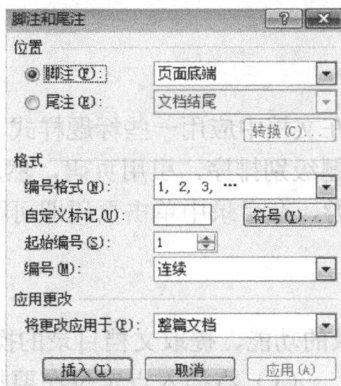

图 9-17　"脚注和尾注"对话框

9.3.2　查看和修改脚注或尾注

如果要查看脚注或尾注，只要把鼠标指向要查看的脚注或尾注的注释标记，页面中将出现一个文本框显示注释文本的内容，如图 9-18 所示。

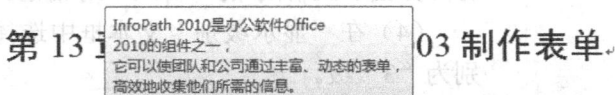

· 第 13 章 03 制作表单

InfoPath 2003 是用来设计和填写功能丰富动态表单的软件，表单的文件格式是工业标准的可扩展标记语言（XML），它使得出于不同目的跨不同文档或系统重新利用信息更加容易。例如，在 InfoPath 表单中收集的信息可以直接存储在数据库中、Web 服务器或文件共享中，或者运行在 Windows SharePoint Services 的服务器上。

本章以制作一个考勤卡表单为例介绍了 InfoPath 2003 的使用方法，主要包括在设计模式中打开表单，使用数据源，插入控件，保存和发布表单，打开要填写的表单，对表单进行填写，保存填写的表单。下图就是一个利用 InfoPath 2003 制作的考勤卡。

图 9-18　显示脚注提示

修改脚注或尾注的注释文本需要在脚注或尾注区进行，单击"引用"选项卡下"脚注"组中的"显示备注"按钮，会打开"显示备注"对话框，如图 9-19 所示。选择是查看脚注还是尾注，即会显示当前鼠标所在位置以下的第一个脚注或尾注。用户也可以单击"下一条脚注"按钮，在打开的列表中可以选择查看上一条脚注或尾注还是下一条脚注或尾注。鼠标将自动进入相应的脚注或尾注区，然后就可以进行修改了。

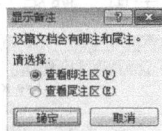

图 9-19　"查看脚注"对话框

> 提示：如果文档中只包含脚注或尾注，单击"引用"选项卡下的"脚注"组的"显示备注"按钮后即可直接进入脚注区或尾注区。

9.3.3　删除脚注或尾注

删除脚注或尾注只要选定需要删除的脚注或尾注的注释标记，然后按 Delete 键即可，此时脚注或尾注区域的注释文本同时被删除。进行移动或删除操作后 Word 2010 都会自动重新调整脚注或尾注的编号。例如：删除了编号为 1 的脚注，无需手动调整编号，Word 2010 会自动将后面的所有脚注的编号前移一位。

9.4　制作文档目录

制作文档目录的首要前提是在文档中应用一些标题样式。在编制目录时，Word 2010 将搜索带有指定样式的标题，按照标题级别排序，引用页码，然后在文档中显示目录。编制目录后，可以利用它在文档中快速漫游，在目录中单击页码即可跳转到文档中的相应标题。

9.4.1　提取目录

Word 2010 具有自动编制目录的功能，提取文档目录的操作步骤如下：

（1）将插入点定位在要插入目录的位置，这里定位到文档的开始位置。

（2）单击"引用"选项卡下"目录"组中的"目录"按钮，打开"内置"目录下拉列表，如图 9-20 所示。用户根据可以在列表中选择一种内置的目录样式即可。

（3）在"内置"目录下拉列表中单击"插入目录"选项，打开如图 9-21 所示的"目录"对话框。

（4）在"显示级别"文本框中选择或输入目录显示的级别为"3"级。

（5）在"格式"下拉列表中选择一种目录格式，例如，选择"正式"选项，可以在打印预览框中看到该格式的目录效果。

（6）选中"显示页码"复选框，在目录的每一个标题后面显示页码。

（7）选中"页码右对齐"复选框，使目录中的页码居右对齐。

图 9-20　内置目录下拉列表

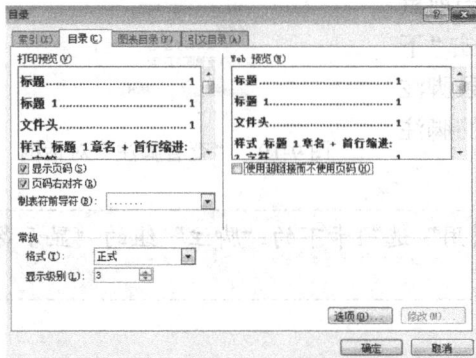

（8）在"制表符前导符"下拉列表框中指定标题与页码之间的分隔符为点下画线。

（9）单击"确定"按钮，目录被提取出来并插入到文档中，如图 9-22 所示。

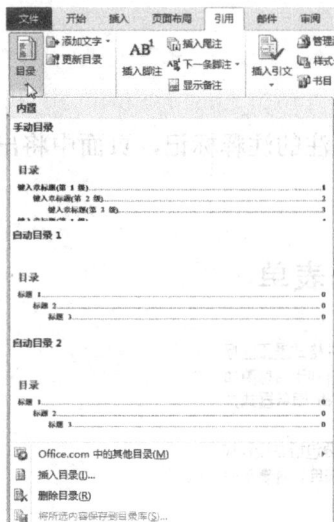

图9-21　"目录"对话框

图9-22　提取出的目录

> **提示**：目录是以域的形式插入到文档中的，目录中的页码与原文档有一定的联系，当把鼠标指向提取出的目录时会给出一个提示，根据提示按住 Ctrl 键，然后单击目录标题或页码，则会跳转至文档中的相应标题处。

9.4.2 更新目录

目录提取出来后，如果在文档中增加了新的目录项、在文档中增加或删除了文本的操作时引起了页码的变化，此时可以将目录进行更新，操作步骤如下：

（1）选择需要更新的目录，则被选择的目录发暗。

（2）单击"引用"选项卡下"目录"组中的"更新目录"按钮（如图 9-23 所示），打开"更新目录"对话框，如图 9-24 所示。

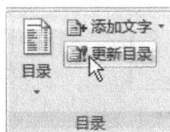

图9-23　单击"更新目录"按钮　　　　图9-24　"更新目录"对话框

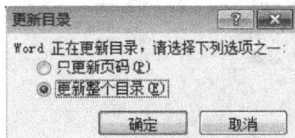

（3）如果选择"只更新页码"单选按钮，则只更新目录中的页码，保留原目录格式；如果选择"更新整个目录"单选按钮，则重新编辑更新后的目录。

（4）单击"确定"按钮，系统将对目录进行更新。

为了使文档美观大方，我们可以将目录单独放在一页，这时我们就可以利用前面所学的分页进行完成此项功能。

9.5 文档的打印

打印编排好的文档，通常是文字处理工作的最后一道工序。利用 Word 2010 的打印功能，用户可以利用多种方式打印文档的内容和文档的其他信息。利用打印预览功能，还能在打印之前就看到打印的效果。在 Word 2010 中有多种打印方式，用户可以打印多份、多篇文档或将文档打印到文件，也可以按指定范围打印文档。

9.5.1 快速打印

在打印文档时如果想进行快速打印，直接单击"快速访问工具栏"上的"快速打印"按钮 　，这样就可以按 Word 2010 默认的设置进行打印文档。

9.5.2 一般打印

一般情况下，默认的打印设置不一定能够满足用户的要求，此时可以对打印的具体方式进行设置。

例如要将制作的培训教材打印 2 份，具体操作步骤如下：

（1）在文档中单击"文件"选项卡，在打开的菜单中选择"打印"选项，显示打印窗口。在该窗口的左侧是打印设置选项，在右侧则是打印预览效果，如图 9-25 所示。

（2）单击"打印机"右侧的下三角箭头，选择要使用的打印机。

（3）在"份数"文本框中选择或者输入"2"。

（4）在预览区域预览打印效果，确定无误后单击"打印"按钮正式打印。

提示：如果文档的页数比较多，用户可以选则一页页的打印还是一份份的打印。单击"调整"右侧的下三角箭头，选中"调整"选项将完整打印第 1 份后再打印后续几份；选中"取消排序"选项则完成第一页打印后再打印后续页码。

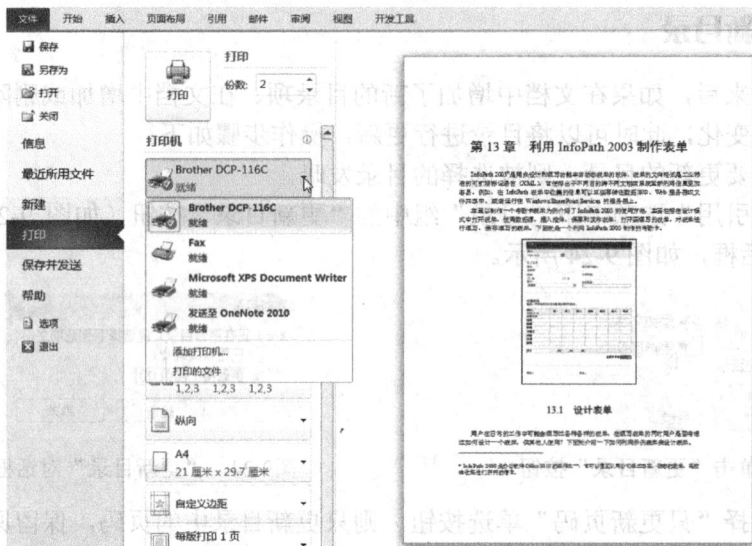

图 9-25　打印文档

9.5.3　选择打印的范围

Word 2010 打印文档时，既可以打印全部的文档，也可以打印文档的一部分。用户可以在"打印"窗口中的"打印自定义范围"区域设置打印的范围。

在"打印"窗口中单击"打印自定义范围"右侧的下三角箭头，打开一个下拉列表，如图 9-26 所示，在列表中选择下面几种打印范围：

- 选择"打印所有页"选项，就是打印当前文档的全部页面。
- 选择"打印当前页面"选项，就是打印光标所在的页面。
- 选择"打印所选内容"选项，则只打印选中的文档内容，但事先必须选中了一部分内容才能使用该选项。
- 选择"打印自定义范围"选项，则打印我们指定的页码。在"页数"编辑框中，用户可以指定要打印的页码，如图 9-27 所示。
- 选择"奇数页"选项，则打印奇数页页面。
- 选择"偶数页"选项，则打印偶数页页面。

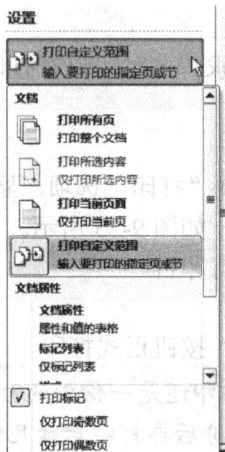

图 9-26　选择打印的范围

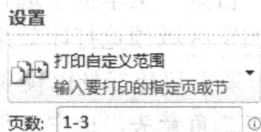

图 9-27　输入要打印的页码

9.5.4 手动双面打印文档

在使用送纸盒或手动进纸的打印机进行双面打印时，利用"手动双面打印"功能可大大提高打印速度，避免打印过程中的手工翻页操作，如先打印 1、3、5……页，然后把打印了单面的纸放回纸盒再打印 2、4、6……页。

要利用"手动双面打印"功能在"打印"窗口中单击"单面打印"右侧的下三角箭头，打开一个下拉列表，如图 9-28 所示，在列表中选择表中选中"手动双面打印"选项。

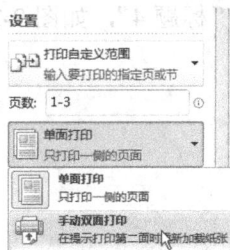

图 9-28 手动双面打印

举一反三 制作劳动合同范本

劳动合同是产生劳动法律关系的法律事实，是建立劳动关系的基本形式。劳动者同用人单位订立劳动合同，对于保障劳动者的合法权益，合理使用劳动力，增强企业活力，发挥劳动者的积极性和创造性，提高劳动生产率，起着重要的作用。利用 Word 2010 制作劳动合同的最终效果如图 9-29 所示。

在制作劳动合同之前首先打开"案例与素材\第 9 章素材"文件夹中的"劳动合同（初始）"文档。

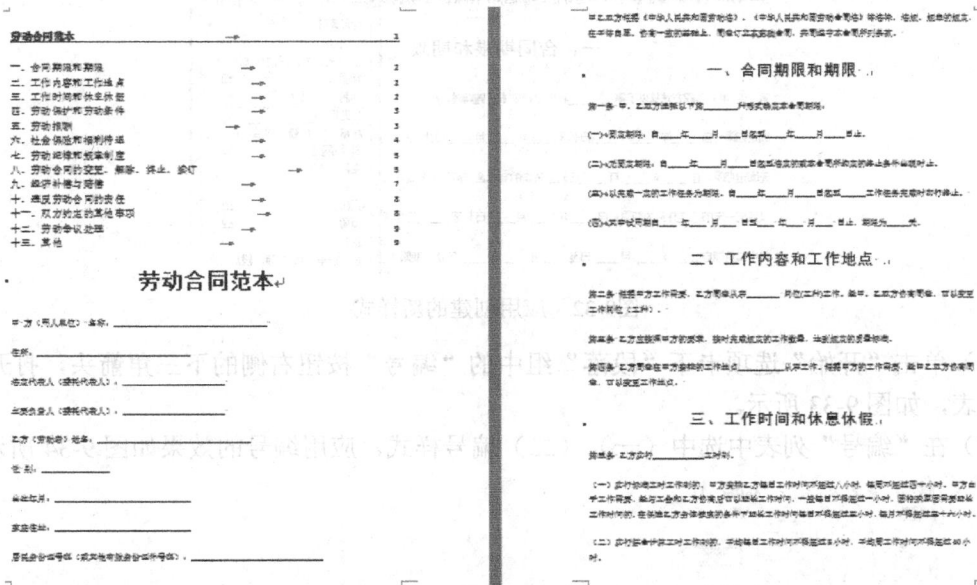

图9-29 劳动合同范本的最终效果

制作劳动合同范本的操作步骤如下：

（1）选中标题"劳动合同范本"，切换到"开始"选项卡，在"样式"组的"样式"列表中选中"标题 1"样式，然后单击"段落"组中的"居中"按钮，设置后的标题效果如图 9-30 所示。

（2）单击"开始"选项卡下"样式"组中右侧的"对话框启动器"按钮，打开"样式"窗格。单击"新建样式"按钮，打开"根据格式设置创建新样式"对话框。样式的名称设置为"标题四"，字体设置为"黑体"，"字号"设置为"三号"，设置"居中"对齐，样式基准为"标题 4"，如图 9-31 所示。

图9-30　为标题应用样式　　　　　图9-31　新建标题四样式

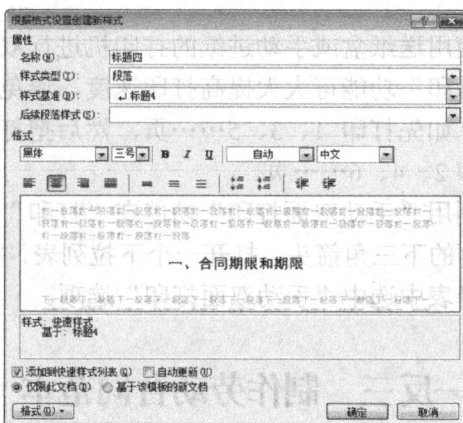

（3）将鼠标定位在"一、合同期限和期限"中，在"样式"窗格中单击"标题四"样式，应用"标题四"样式的效果如图 9-32 所示。

（4）利用相同的方法将"二、工作内容和工作地点"、"三、工作时间和休息休假"等其他大项设置为"标题四"样式。

（5）选中"一、合同期限和期限"第一条中的前三段部分文本。

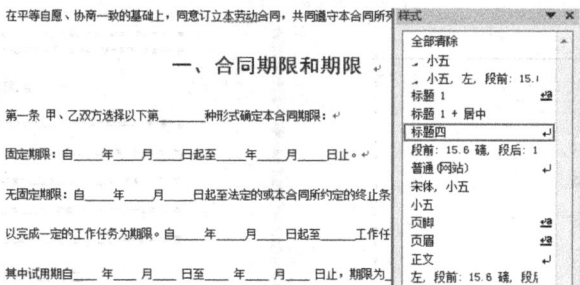

图9-32　应用创建的新样式

（6）单击"开始"选项卡下"段落"组中的"编号"按钮右侧的下三角箭头，打开"编号"列表，如图 9-33 所示。

（7）在"编号"列表中选中（一）、（二）编号样式，应用编号的效果如图 9-34 所示。

图9-33　设置段落编号　　　　　图9-34　应用编号的效果

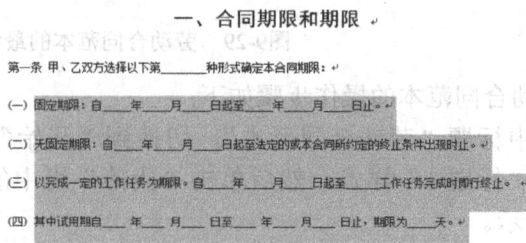

（8）将光标定位在文档的开始，单击"引用"选项卡下"目录"组中的"目录"按钮，打开内置目录下拉列表，在内置目录下拉列表中单击"插入目录"选项，打开"目录"对话框，如图 9-35 所示。

（9）设置"格式"为"流行"，在"显示级别"后选择或输入显示级别为"4"。

（10）单击"确定"按钮，插入目录的效果，如图 9-36 所示。

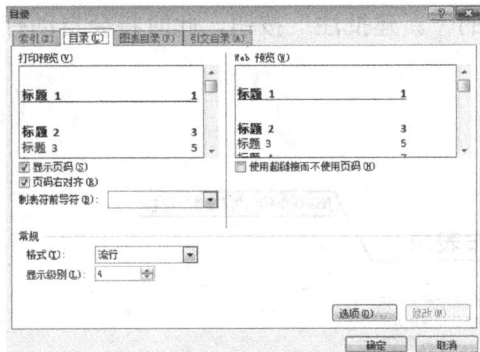

图9-35　索引和目录对话框

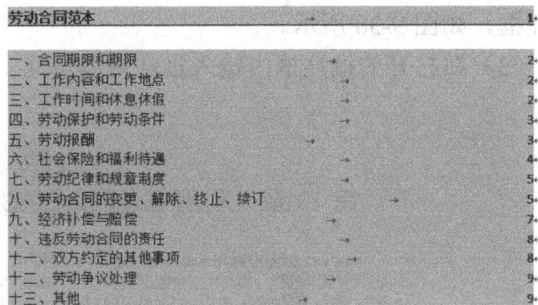

图9-36　创建的目录

回头看

通过案例"制作培训教材"以及"制作劳动合同成本"的制作过程，主要学习了 Word 2010 中样式的应用、项目符号和编号的设置、插入脚注和尾注、目录的创建以及文档的打印功能，这些功能在处理长文档时非常有用。

知识拓展

1. 自定义编号

如果系统提供的编号不能满足需要，用户可以自定义编号样式，操作步骤如下：

（1）单击"开始"选项卡下"段落"组中"编号"按钮右侧的下三角箭头，在弹出的下拉列表中选择"定义新编号格式"，打开"定义新编号格式"对话框，如图 9-37 所示。

（2）在"编号格式"文本框中输入一种自定义的格式，在"编号样式"下拉列表中选择一种编号样式。

（3）在"对齐方式"下拉列表中设置编号文字的对齐方式。

（4）单击"字体"按钮，打开"字体"对话框，对编号文字的字体进行设置。

（5）单击"确定"按钮，返回到"定义新编号格式"对话框，在"预览"区即可预览用户自定义的编号列表格式。

（6）单击"确定"按钮。

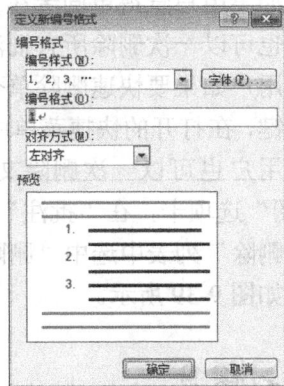

图9-37　自定义编号列表

> **提示：** 如果在文档创建编号位置的前面存在用户设置的编号列表格式，则"项目符号和编号"对话框中"重新开始编号"和"继续前一列表"两个单选按钮呈可用状态。这时如果选择"继续前一列表"单选按钮，列表编号将继续文档中前面部分的列表编号；如果选择"重新开始编号"单选按钮，列表编号将重新开始。

144 办公自动化实用教程（Office 2010）（第 2 版）

2．插入批注

用户可以在文档中添加批注，对文档的内容进行注释。批注不显示在正文中，它显示在文档的页边距处或"审阅窗格"上。

在文档中插入批注的具体操作步骤如下：

（1）在文档中选中要插入批注的文本。

（2）在"审阅"选项卡下，单击"批注"组中的"新建批注"按钮，此时将会自动打开批注框，如图 9-38 所示。

（3）在打开的批注框内输入批注内容即可。

· 第 13 章 · 利用 InfoPath 2003 制作表单

> 批注 [w1]: 此版本是否需要升级？

InfoPath 2003 是用来设计和填写功能丰富动态表单的软件，表单的文件格式是工业标准的可扩展标记语言（XML），它使得出于不同目的跨不同文档或系统重新利用信息更加容易。例如，在 InfoPath 表单中收集的信息可以直接存储在数据库中、Web 服务器或文件共享中，或者运行在 Windows SharePoint Services 的服务器上。

本章以制作一个考勤卡表单为例介绍了 InfoPath 2003 的使用方法，主要包括在设计模式中打开表单，使用数据源，插入控件，保存和发布表单，打开要填写的表单，对表单进行填写，保存填写的表单。下图就是一个利用 InfoPath 2003 制作的考勤卡。

图 9-38 插入批注

如果用户觉得审阅者对文档添加的注释内容不合适还可以对批注进行修改，具体操作步骤如下：

（1）如果在屏幕上看不到批注，单击"审阅"选项卡，在"修订"组中单击"显示标记"按钮，在"显示标记"列表中选中"批注"选项。用户可以在"批注"组中单击"上一条"或"下一条"选项寻找需要编辑的批注。

（2）在批注框中单击需要编辑的批注。

（3）对批注文本进行适当修改。

如果用户觉得审阅者在文档中插入的批注是多余的，可以将其删除。用户可以删除单个批注也可以一次删除所有批注。

用户如果要快速删除单个批注，在批注上单击鼠标右键，在打开的快捷菜单中选择"删除批注"命令。

用户也可以一次删除文档中所有的批注，单击"审阅"选项卡，在"批注"组中单击"删除"按钮，在"删除"列表中选中"删除文档中的所有批注"选项，如图 9-39 所示。

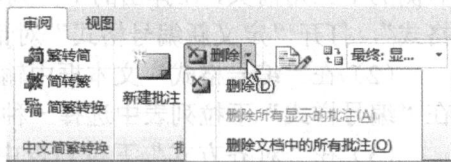

图 9-39 删除文档中的所有批注

习题 9

填空题

1．字符样式是指用样式名称来标识_____，段落样式是指用某一个样式名称_____。

2．在"开始"选项卡下_____组中的"样式"列表中用户可以设置样式。

3．所谓基准样式，就是_____，后继段落样式就是应用该段落样式后面的段落_____。

4．注释由两部分组成：_____和_____。注释一般分为脚注和尾注，一般情况下脚注出现在_____，尾注出现在_____。

5．编制目录后，可以利用它按住_____键单击鼠标，即可跳转到文档中的相应标题。

6．提取出的目录实际上就是_____。

选择题

1．在（　　）选项卡下用户可以为文本插入脚注。
（A）引用　　　（B）脚注和尾注　　　（C）视图　　　（D）页面布局

2．关于样式下列说法正确的是（　　）。
（A）样式分为字符样式和段落样式
（B）用户可以删除样式列表中的所有样式
（C）在段落上应用了某个样式后，用户将无法再对该段落进行格式的设置
（D）用户只能对自己创建的样式进行修改

3．关于文档中的目录下列说法错误的是（　　）。
（A）只有在文档中应用了一些标题样式才能在文档中提取出目录
（B）目录被转换为普通文本后不能在进行更新
（C）在提取目录时用户可以选择提取目录的级别
（D）在提取目录后，如果对文档进行了修改则目录会自动更新

4．关于打印文档下列说法错误的是（　　）。
（A）在打印时用户可以设置打印的份数
（B）在打印时用户可以选择打印的范围
（C）在打印时用户可以设置手动双面打印
（D）在打印时用户不能打印文档中的部分内容

简答题

1．应用样式有哪些方法？
2．如何在文档中插入脚注？
3．如何更新提取的目录？
4．如何修改样式？

第 10 章　Excel 2010 的基本操作

Excel 2010 是一个优秀的电子表格软件，主要用于电子表格方面的各种应用。Excel 2010 可以方便地对数据进行组织、分析，把表格数据用各种统计图形象地表示出来。Excel 2010 是以工作表的方式进行数据运算和分析的，因此数据是工作表中重要的组成部分，是显示、操作以及计算的对象。只有在工作表中输入一定的数据，然后才能根据要求完成相应的数据运算和数据分析工作。

知识要点

- 创建工作簿
- 认识 Excel 2010 的工作界面
- 在工作表中输入数据
- 保存工作簿

10.1　创建工作簿

10.1.1　创建空白工作簿

单击"开始"按钮，打开"开始"菜单，在"开始"菜单中选择"Microsoft Office"→"Microsoft Office Excel 2010"命令，即可启动 Excel 2010。

启动 Excel 2010 以后，系统将自动打开一个默认名为"工作簿 1"的新工作簿，除了 Excel 自动创建的工作簿以外，还可以在任何时候新建工作簿。

在 Excel 工作环境中如果要创建新的空白工作簿，最简单的方法就是直接单击"自定义快速访问"工具栏上的"新建"按钮 ▭ ，则新建的工作簿依次被暂时命名为"工作簿 2、工作簿 3、工作簿 4……"

另外，还可以选择"文件"选项卡下的"新建"选项，在"可用模板"区域，单击"空白工作簿"按钮也可以创建新的空白工作簿。

10.1.2　根据模板创建工作簿

如果用户要创建的工作簿比较专业，如报销单、个人预算表、报价单等，可以利用模板进行创建。

利用模板创建工作簿的操作步骤如下：

（1）选择"文件"选项卡下的"新建"选项。

（2）在 Office.com 下单击所需模板类别，然后在类别列表中选择模板。用户还可以在 Office.com 右侧的搜索框中输入模板名称进行搜索，如图 10-1 所示。

（3）单击"开始搜索"按钮，得到搜索结果，在搜索结果列表中选择用户需要的模板。

（4）在右侧会显示出该模板的缩略图，单击"下载"按钮，开始下载模板，模板下载完毕后，自动打开一个工作簿。

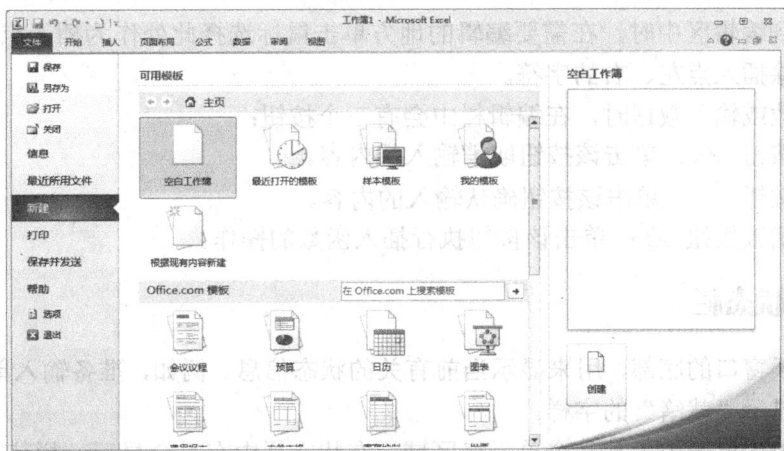

图10-1　"新建"选项

10.2　认识Excel 2010的工作界面

启动 Excel 2010 后的工作界面，如图 10-2 所示。工作界面主要由快速访问工具栏、标题栏、动态命令选项卡、功能区、编辑栏、工作表和状态栏等组成。其中一些窗口元素的作用和 Word 2010 中的类似，如快速访问工具栏、标题栏、功能区等，这些窗口元素在这里就不作详细介绍，下面只对编辑栏、状态栏和工作簿窗口进行简单的介绍。

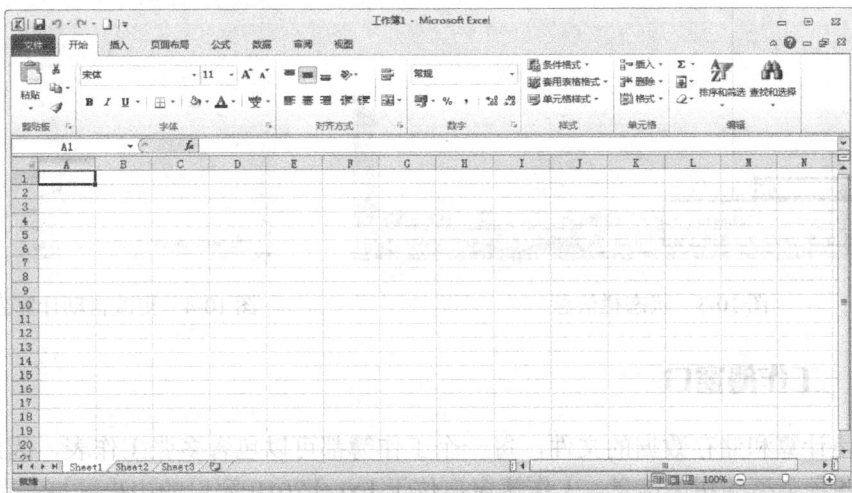

图10-2　Excel 2010的工作界面

10.2.1　编辑栏

编辑栏用来显示活动单元格中的数据或使用的公式，在编辑栏中可以对单元格中的数据进行编辑。编辑栏的左侧是名称框，用来定义单元格或单元格区域的名字，还可以根据名字查找单元格或单元格区域。如果单元格定义了名称则在名称框中显示当前单元格的名字，如果没有定义名字，在名称框中显示活动单元格的地址名称。

在单元格中输入内容时，除了在单元格中显示内容外，还在编辑栏右侧的编辑区中显示。有时单元格的宽度不能显示单元格的全部内容，则通常要在编辑栏的编辑区中编辑内容。把鼠标指针移动到编辑区中时，在需要编辑的地方单击鼠标选择此处作为插入点，可以插入新的内容或者删除插入点左、右的字符。

当插入函数或输入数据时，在编辑栏中会有三个按钮：

- 取消按钮 ✖：单击该按钮取消输入的内容。
- 输入按钮 ✔：单击该按钮确认输入的内容。
- 插入函数按钮 ƒₓ：单击该按钮执行插入函数的操作。

10.2.2 状态栏

状态栏位于窗口的底部，用来显示当前有关的状态信息。例如，准备输入单元格内容时，在状态栏中会显示"就绪"的字样。

在工作表中如果选中了某几个单元格区域，在状态栏中有时会显示一栏信息，如图 10-3 所示。这是 Excel 的自动计算功能。检查数据汇总时，可以不必输入公式或函数，只要选择这些单元格，就会在状态栏的"自动计数"区中显示求和结果及平均值。

如果要计算的是选择数据的平均值、个数、最大值或最小值等，只要在状态栏的自动计算区中单击鼠标右键，打开一个快捷菜单，如图 10-4 所示，选择所需的命令即可。

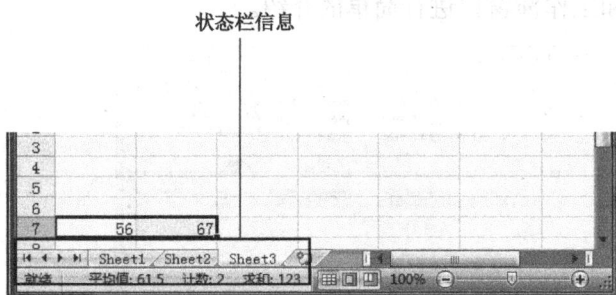

图 10-3　状态栏信息　　　　　　图 10-4　更改自动计算方式菜单

10.2.3 工作簿窗口

工作簿是计算和储存数据的文件，每一个工作簿都可以包含多张工作表，因此可在单个文件中管理各种类型的相关信息。工作簿窗口位于 Excel 2010 窗口的中央区域，当启动 Excel 2010 时，系统将自动打开一个名为"Book1"的工作簿窗口。默认情况下，工作簿窗口处于最大化状态，与 Excel 2010 窗口重合。工作簿由若干个工作表组成，工作表又由单元格组成，如图 10-5 所示。

1. 单元格

单元格是 Excel 工作簿组成的最小单位，在工作表中白色长方格就是单元格，在单元格中可以填写数据，是存储数据的基本单位。在工作表中单击某个单元格，此单元格边框加粗显示，它被称为活动单元格，并且活动单元格的行号和列表突出显示。可向活动单元格内输入数据，这些数据可以是字符串、数学、公式、图形等。单元格可以通过位置标识，每一个单元格均有对应的列标和行号，例如：A 列第 8 行的单元格为 A8。

行号　　当前单元格　　列标　　　　工作表标签　　　单元格

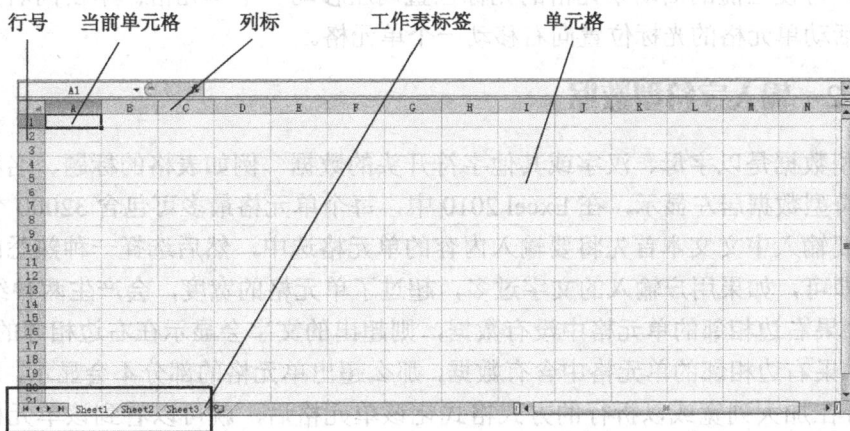

图10-5　工作簿窗口

2. 工作表

工作表位于工作簿窗口的中央区域，由行号、列标和网络线构成。工作表也称为电子表格，它是 Excel 完成一项工作的基本单位，它是由 65536 行和 256 列构成的一个表格，其中行是由上自下按 1 到 65536 进行编号，而列号则由左到右采用字母 A，B，C……编号。

使用工作表可以对数据进行组织和分析，可以同时在多张工作表上输入并编辑数据，而且可以对来自不同工作表的数据进行汇总计算。

工作表的名称显示于工作簿窗口底部的工作表标签上。要从一个工作表移动到另一工作表进行编辑，可以单击工作表标签。活动工作表的名称以单下画线显示并呈凹入状态显示。默认的情况下，工作簿由 Sheet1、Sheet2、Sheet3 这三个工作表组成。一个工作簿中工作表的多少可以根据用户的需要决定，最多包括 255 张工作表和图表。若要创建新的工作表，单击"插入工作表"按钮即可，如图 10-6 所示。

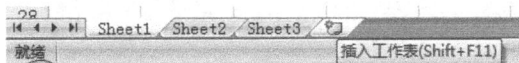

图10-6　新建工作簿中的工作表

10.3　在工作表中输入数据

在表格中输入数据是编辑表格的基础，Excel 2010 提供了多种数据类型，不同的数据类型在表格中的显示方式是不同的。

10.3.1　定位鼠标

在工作表中输入数据时，用户应首先定位输入数据的位置，然后才能输入数据内容。

用户可以利用鼠标定位输入数据位置，只需将鼠标移到 Excel 2010 的工作表区域，当鼠标变成白色的十字形状 ✛ 时，单击所需的单元格，则此单元格将成为当前活动单元格，用户可以在当前单元格中输入数据。

另外用户也可以利用光标键定位单元格，可单击键盘上的"↑"、"↓"、"←"、"→"四个方向键来进行操作。在单击上方向键时，可使当前的活动单元格的光标位置向上移动一个单元格；单击下方向键时，可使当前的活动单元格的光标位置向下移动一个单元格；单击左方向键时，可使当前的活动单元格的光标位置向左移动一个单元格；单击向右方向键时，可使当前的活动单元格的光标位置向右移动一个单元格。

10.3.2　输入字符型数据

字符型数据是以字母、汉字或其他字符开头的数据。例如表格的标题、名称等，在默认情况下字符型数据居左显示，在 Excel 2010 中，每个单元格最多可包含 32000 个字符。

如果要输入中文文本首先将要输入内容的单元格选中，然后选择一种熟悉的中文输入法直接输入即可，如果用户输入的文字过多，超过了单元格的宽度，会产生两种结果。

● 如果右边相邻的单元格中没有数据，则超出的文字会显示在右边相邻的单元格中。
● 如果右边相邻的单元格中含有数据，那么超出单元格的部分不会显示。没有显示的部分在加大列宽或以折行的方式格式化该单元格后，就可以看到该单元格中的全部内容。

例如，在新创建的空白工作簿的"sheet1"工作表的"A3"单元格中输入标题"公司员工人事信息表"，具体操作步骤如下：

（1）用鼠标单击"A3"单元格将其选中。

（2）选择一种中文输入法，然后在单元格中直接输入"公司员工人事信息表"，如图 10-7 所示。

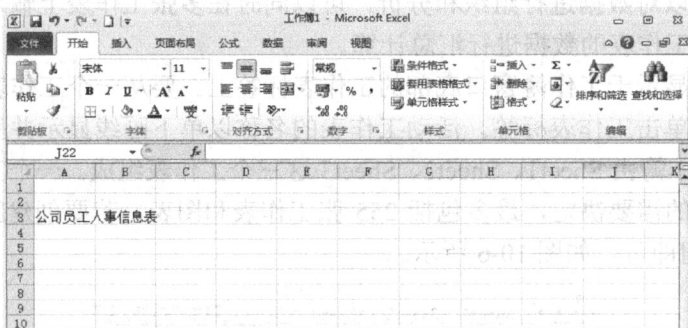

图10-7　在单元格中输入文本型数据

（3）输入完毕，按回车键确认，同时当前单元格自动下移。

（4）按照相同的方法在员工档案表中输入其他的文本型数据，输入文本型数据后的最终效果，如图 10-8 所示。

图10-8　输入文本后的效果

> **提示**：输入数据时，输入完毕后用户可按回车键确认，同时当前单元格自动下移。如果按 Tab 键，则当前单元格自动右移。用户也可以单击编辑栏上的 ☑ 按钮确认输入，此时当前单元格不变。如果单击编辑栏上的 ☒ 按钮则取消本次输入。

10.3.3 输入数字

Excel 2010 中的数字可以是 0、1、……，以及正号、负号、小数点、分数号"/"、百分号"%"、货币符号"￥"等。在默认状态下，系统把单元格中的所有数字设置为右对齐。

● 如要在单元格中输入正数可以直接在单元格中输入。

● 如果要在单元格中输入负数，在数字前加一个负号，或者将数字括在括号内，例如输入"-50"和"（50）"都可以在单元格中得到-50。

● 输入分数比较麻烦一些，如果要在单元格中输入 1/5，首先选取单元格，然后输入一个数字 0，再输入一个空格，最后输入"1 / 5"，这样表明输入了分数 1 / 5。如果不先输入 0 而直接输入 1 / 5，系统将默认这是日期型数据。

如要在单元格中输入正数可以直接在单元格中输入，例如要输入茹芳的联系电话"13526210788"，首先选中"K6"单元格，然后直接输入数字"13526210788"，输入的效果如图 10-9 所示。

图10-9 输入数字型数据

10.3.4 输入日期和时间

日期和时间的输入与数字和字符型数据的输入不同，在 Excel 2010 中，日期和时间均按数字处理，可以在计算中当作值来使用。当 Excel 2010 辨认出键入的是日期或时间时，格式就由常规的数字格式转换为内部的日期格式。

输入日期的格式有多种，Excel 都可以识别并转变为默认的日期格式（默认的日期格式可以改变）。输入时可以用"/"、"-"、文本的组合来输入，如下面的方法都可以表示 2014 年 6 月 25 日：2014-6-25，14/6/25，2014/6/25。

在输入时间时，要用冒号将小时、分、秒隔开。如"15：51：51"。如果在输入时间后不输入"AM"或"PM，Excel 会认为使用的是 24 小时制。即在输入下午的 3：51 分时应输入"3：51 PM"或"15：51：00"。必须要记住在时间和"AM"或"PM"标注之间输入一个空格。

要在单元格中插入当前日期，可以按[Ctrl+：]组合键。如果在单元格中插入当前时间，可以按[Ctrl+：]组合键。

例如，在员工档案表的“I6”单元格中输入日期 2010 年 9 月 28 日。首先选中“I6”单元格，然后输入 2010-9-28，则在“I6”单元格中显示出 2010/9/28，如图 10-10 所示。

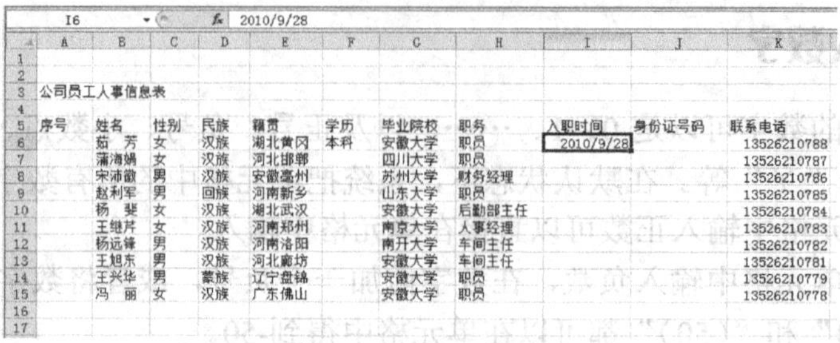

I6 | 2010/9/28

	A	B	C	D	E	F	G	H	I	J	K
1											
2											
3	公司员工人事信息表										
4											
5	序号	姓名	性别	民族	籍贯	学历	毕业院校	职务	入职时间	身份证号码	联系电话
6		茹　芳	女	汉族	湖北黄冈	本科	安徽大学	职员	2010/9/28		13526210788
7		蒲海娟	女	汉族	河北邯郸		四川大学	职员			13526210787
8		宋沛徽	男	汉族	安徽亳州		苏州大学	财务经理			13526210786
9		赵利军	男	回族	河南新乡		山东大学	职员			13526210785
10		杨　斐	女	汉族	湖北武汉		安徽大学	后勤部主任			13526210784
11		王继芹	女	汉族	河南郑州		南京大学	人事经理			13526210783
12		杨远锋	男	汉族	河南洛阳		南开大学	车间主任			13526210782
13		王旭东	男	汉族	河北廊坊		安徽大学	车间主任			13526210781
14		王兴华	男	蒙族	辽宁盘锦		安徽大学	职员			13526210779
15		冯　丽	女	汉族	广东佛山		安徽大学	职员			13526210778
16											
17											

图 10-10　输入日期

10.3.5　输入特殊的文本

例如在输入员工编号、邮编、电话号码、身份证号码、学号等这些纯数字文本时，默认情况下 Excel 会把这些数字认定为数字格式，例如要输入 001，则输入后 Excel 会显示为 1，例如在 J6 单元格中输入身份证号码 440923198504014038，则输入的效果显示如图 10-11 所示，很显然这不是想要的效果。

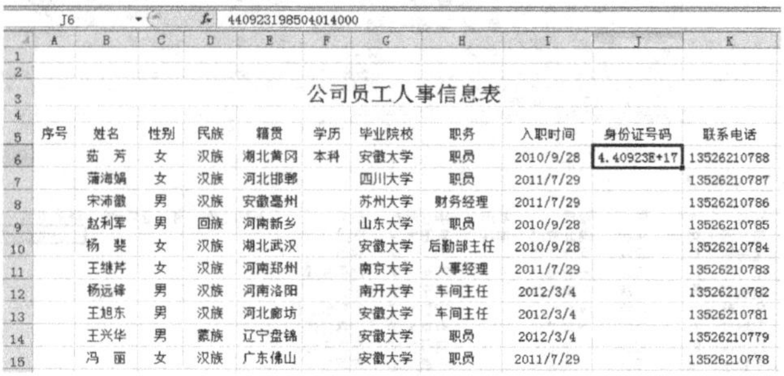

J6 | 440923198504014000

	A	B	C	D	E	F	G	H	I	J	K
1											
2											
3	公司员工人事信息表										
4											
5	序号	姓名	性别	民族	籍贯	学历	毕业院校	职务	入职时间	身份证号码	联系电话
6		茹　芳	女	汉族	湖北黄冈	本科	安徽大学	职员	2010/9/28	4.40923E+17	13526210788
7		蒲海娟	女	汉族	河北邯郸		四川大学	职员	2011/7/29		13526210787
8		宋沛徽	男	汉族	安徽亳州		苏州大学	财务经理	2011/7/29		13526210786
9		赵利军	男	回族	河南新乡		山东大学	职员	2010/9/28		13526210785
10		杨　斐	女	汉族	湖北武汉		安徽大学	后勤部主任	2010/9/28		13526210784
11		王继芹	女	汉族	河南郑州		南京大学	人事经理	2011/7/29		13526210783
12		杨远锋	男	汉族	河南洛阳		南开大学	车间主任	2012/3/4		13526210782
13		王旭东	男	汉族	河北廊坊		安徽大学	车间主任	2012/3/4		13526210781
14		王兴华	男	蒙族	辽宁盘锦		安徽大学	职员	2012/3/4		13526210779
15		冯　丽	女	汉族	广东佛山		安徽大学	职员	2011/7/29		13526210778

图 10-11　输入身份证号的效果

在这种情况下，可以把这些数字以文本的形式输入，首先选中 J6 单元格，在“开始”选项卡“数字”组中单击“数字格式”右侧的箭头，打开“数字格式”下拉列表，在列表中选择“文本”，此时再输入身份证号码 440923198504014038，则显示的效果如图 10-12 所示。

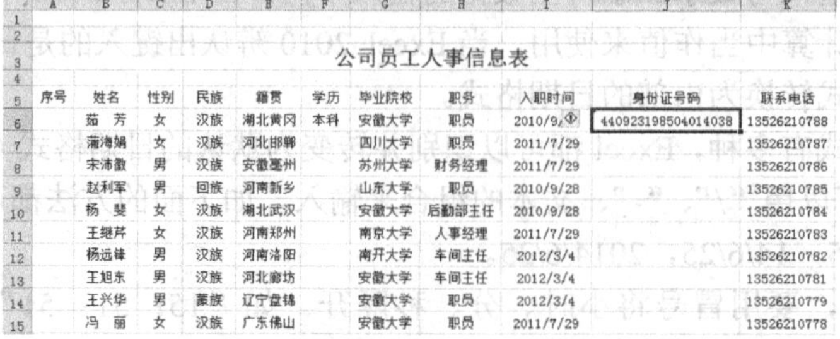

J6 | 440923198504014038

	A	B	C	D	E	F	G	H	I	J	K
1											
2											
3	公司员工人事信息表										
4											
5	序号	姓名	性别	民族	籍贯	学历	毕业院校	职务	入职时间	身份证号码	联系电话
6		茹　芳	女	汉族	湖北黄冈	本科	安徽大学	职员	2010/9/	440923198504014038	13526210788
7		蒲海娟	女	汉族	河北邯郸		四川大学	职员	2011/7/29		13526210787
8		宋沛徽	男	汉族	安徽亳州		苏州大学	财务经理	2011/7/29		13526210786
9		赵利军	男	回族	河南新乡		山东大学	职员	2010/9/28		13526210785
10		杨　斐	女	汉族	湖北武汉		安徽大学	后勤部主任	2010/9/28		13526210784
11		王继芹	女	汉族	河南郑州		南京大学	人事经理	2011/7/29		13526210783
12		杨远锋	男	汉族	河南洛阳		南开大学	车间主任	2012/3/4		13526210782
13		王旭东	男	汉族	河北廊坊		安徽大学	车间主任	2012/3/4		13526210781
14		王兴华	男	蒙族	辽宁盘锦		安徽大学	职员	2012/3/4		13526210779
15		冯　丽	女	汉族	广东佛山		安徽大学	职员	2011/7/29		13526210778

图 10-12　身份证号码以文本的形式输入

提示：如果用户想让输入的纯数字转换为文本，也可以在输入时先输入“'”，然后再输入数字，这样 Excel 2010 就会把它看作是文本型数据，将它沿单元格左边对齐。

10.3.6 自动填充数据

在 Excel 中输入数据时，有时需要输入一些相同或有规律的数据，如公司名称或序号等，这时就可以使用 Excel 中提供的快速填充功能来提高工作效率。

例如用快速填充功能快速输入员工的序号，具体操作步骤如下：

（1）首先选中 A6 单元格，先输入“'”，然后输入 001，则此时 001 以文本的形式显示。

（2）选定 A6 单元格，将鼠标移至单元格的右下角，此时鼠标指针为 ✚形状。

（3）按住鼠标左键不放，拖动填充柄到目的区域，则拖过的单元格区域的外围边框显示为虚线，并显示出填充的数据，如图 10-13 所示。

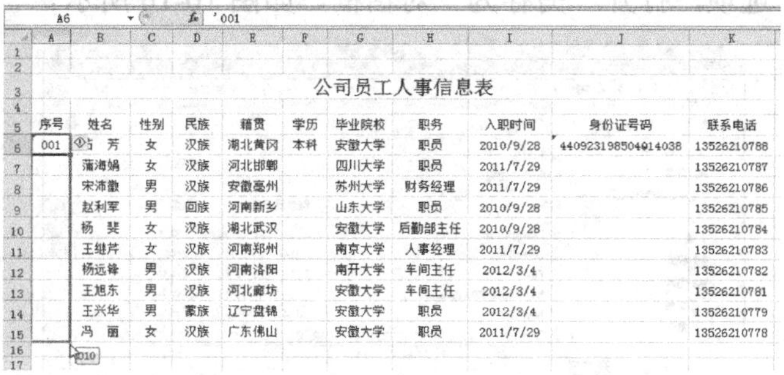
A6 '001

公司员工人事信息表

序号	姓名	性别	民族	籍贯	学历	毕业院校	职务	入职时间	身份证号码	联系电话
001	茹 芳	女	汉族	湖北黄冈	本科	安徽大学	职员	2010/9/28	440923198504014038	13526210788
	蒲海娟	女	汉族	河北邯郸		四川大学	职员	2011/7/29		13526210787
	宋沛徽	男	汉族	安徽亳州		苏州大学	财务经理	2011/7/29		13526210786
	赵利军	男	回族	河南新乡		山东大学	职员	2010/9/28		13526210785
	杨 斐	女	汉族	湖北武汉		安徽大学	后勤部主任	2010/9/28		13526210784
	王继芹	女	汉族	河南郑州		南京大学	人事经理	2011/7/29		13526210783
	杨远锋	男	汉族	河南洛阳		南开大学	车间主任	2012/3/4		13526210782
	王旭东	男	汉族	河北廊坊		安徽大学	车间主任	2012/3/4		13526210781
	王兴华	男	蒙族	辽宁盘锦		安徽大学	职员	2012/3/4		13526210779
	冯 丽	女	汉族	广东佛山		安徽大学	职员	2011/7/29		13526210778

010

图10-13 拖动填充柄填充数据

（4）松开鼠标，则被拖过的单元格区域内均填充了一个序列数据，如图 10-14 所示。

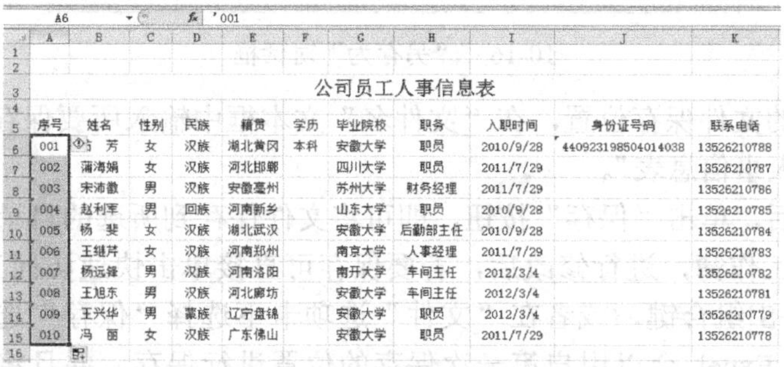
A6 '001

公司员工人事信息表

序号	姓名	性别	民族	籍贯	学历	毕业院校	职务	入职时间	身份证号码	联系电话
001	茹 芳	女	汉族	湖北黄冈	本科	安徽大学	职员	2010/9/28	440923198504014038	13526210788
002	蒲海娟	女	汉族	河北邯郸		四川大学	职员	2011/7/29		13526210787
003	宋沛徽	男	汉族	安徽亳州		苏州大学	财务经理	2011/7/29		13526210786
004	赵利军	男	回族	河南新乡		山东大学	职员	2010/9/28		13526210785
005	杨 斐	女	汉族	湖北武汉		安徽大学	后勤部主任	2010/9/28		13526210784
006	王继芹	女	汉族	河南郑州		南京大学	人事经理	2011/7/29		13526210783
007	杨远锋	男	汉族	河南洛阳		南开大学	车间主任	2012/3/4		13526210782
008	王旭东	男	汉族	河北廊坊		安徽大学	车间主任	2012/3/4		13526210781
009	王兴华	男	蒙族	辽宁盘锦		安徽大学	职员	2012/3/4		13526210779
010	冯 丽	女	汉族	广东佛山		安徽大学	职员	2011/7/29		13526210778

图10-14 填充的序列数据

（5）选定 F6 单元格，将鼠标移至单元格的右下角，此时鼠标指针为 ✚形状。

（6）按住鼠标左键不放，拖动填充柄到目的区域，松开鼠标，则被拖过的单元格区域内均填充了相同的文本，如图 10-15 所示。

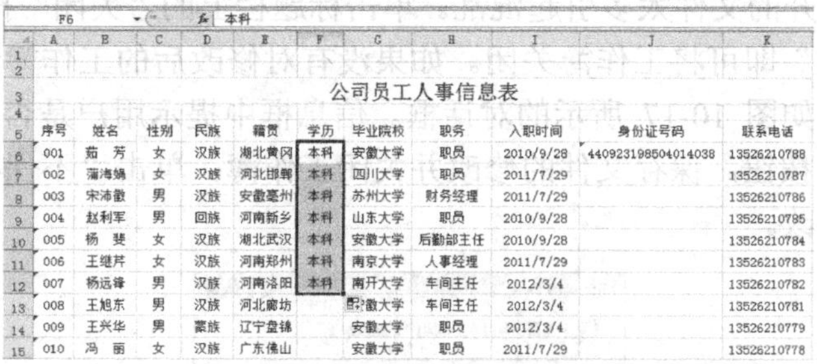
F6 本科

公司员工人事信息表

序号	姓名	性别	民族	籍贯	学历	毕业院校	职务	入职时间	身份证号码	联系电话
001	茹 芳	女	汉族	湖北黄冈	本科	安徽大学	职员	2010/9/28	440923198504014038	13526210788
002	蒲海娟	女	汉族	河北邯郸	本科	四川大学	职员	2011/7/29		13526210787
003	宋沛徽	男	汉族	安徽亳州	本科	苏州大学	财务经理	2011/7/29		13526210786
004	赵利军	男	回族	河南新乡	本科	山东大学	职员	2010/9/28		13526210785
005	杨 斐	女	汉族	湖北武汉	本科	安徽大学	后勤部主任	2010/9/28		13526210784
006	王继芹	女	汉族	河南郑州	本科	南京大学	人事经理	2011/7/29		13526210783
007	杨远锋	男	汉族	河南洛阳	本科	南开大学	车间主任	2012/3/4		13526210782
008	王旭东	男	汉族	河北廊坊		安徽大学	车间主任	2012/3/4		13526210781
009	王兴华	男	蒙族	辽宁盘锦		安徽大学	职员	2012/3/4		13526210779
010	冯 丽	女	汉族	广东佛山		安徽大学	职员	2011/7/29		13526210778

图10-15 填充文本数据

10.4 保存与关闭工作簿

在工作簿中输入的数据、编辑的表格均存储在计算机的内存中，当数据输入后必须保存到磁盘上，以便在以后载入修改、打印等。

10.4.1 保存工作簿

保存新建工作簿的操作步骤如下：

（1）单击快速访问工具栏上的"保存"按钮，或者按[Ctrl+S]组合键，或者在"文件"选项卡下选择"保存"选项，打开"另存为"对话框，如图 10-16 所示。

10-16 "另存为"对话框

（2）选择合适的文件保存位置，在"文件名"文本框中输入所要保存文件的文件名，这里输入"公司员工人事信息表"。

（3）设置完毕后，单击"保存"按钮，即可将文件保存到所选的目录下。

对于保存过的工作簿，进行修改后，若要保存可直接单击快速访问工具栏上的"保存"按钮，或者按[Ctrl+S]组合键，或者在"文件"选项卡下选择"保存"选项，此时不会打开"另存为"对话框，Excel 会以用户第一次保存的位置进行保存，并且将覆盖掉原来工作簿的内容。

10.4.2 关闭工作簿

在使用多个工作簿进行工作时，可以将使用完毕的工作簿关闭，这样不但可以节约内存空间，还可以避免打开的文件太多引起混乱。单击标题栏上的"关闭"按钮，或者在"文件"选项卡下选择"关闭"即可将工作簿关闭。如果没有对修改后的工作簿进行保存就选择了关闭命令，系统将打开如图 10-17 所示的对话框。信息框中提示用户是否对修改后的文件进行保存，单击"保存"按钮，保存文件的修改并关闭工作簿；单击"不保存"按钮则关闭文件而不保存工作簿的修改。

图10-17 提示信息框

习题 10

填空题

1．启动 Excel 2010 以后，系统将自动打开一个默认名为_____的新工作簿。

2．如果用户要创建的工作簿比较专业，如报销单、个人预算表、报价单等，此时可以利用_____进行创建。

3．默认情况下，在单元格中的字符型数据均设置为_____，数字设置为_____。

4．如果要在单元格中插入当前日期，可以按_____组合键。如果在单元格中插入当前时间，可以按_____组合键。

5．默认的情况下，工作簿由_____个工作表组成。

选择题

1．在 Excel 中输入身份证号码时，应首先将单元格数据类型设置为（　　），以保证数据的准确性。

　　（A）数据　　　　　　（B）文本　　　　　　（C）视图　　　　　　（D）日期

2．在单元格中输入数据后，如果按回车键确认，则当前单元格（　　）。

　　（A）自动下移　　　　（B）不变　　　　　　（C）自动右移　　　　（D）自动左移

3．关于数据的输入下列说法正确的是（　　）。

　　（A）如果要在单元格中输入负数，应将将数字括在括号内并在括号前加一个负号

　　（B）直接输入 1/5，系统将默认这是日期型数据

　　（C）在输入分数是应首先输入一个数字 0，然后再输入分数

　　（D）用户在将纯数字当做文本数据输入时可以首先输入一个 """" 号

简答题

1．创建空白工作簿有哪几种方法？

2．在编辑栏中有哪些按钮？

3．状态栏有什么作用？

4．在单元格中输入文本数据后，如果数据的长度超过单元格的宽度，将会出现哪些情况？

5．如果要将一组数字当作纯文本输入，有几种方法？

第 11 章　工作表的编辑——制作文件发放记录和会议日程安排表

工作表创建好后，用户可利用 Excel 2010 的编辑功能，对工作表及工作表中数据进行编辑和处理。为使工作表更加清晰、美观，还可以利用 Excel 2010 提供的工作表的功能对工作表进行格式化操作。

知识要点

- 编辑工作表
- 单元格的格式化
- 调整行高和列宽
- 设置边框和底纹
- 操作工作表

任务描述

通过文件发放记录表可清楚地了解文件的使用情况，防止内部信息外泄。制作文件发放记录表是行政管理中的一项日常工作，这里就利用 Excel 2010 制作一个文件发放记录表，如图 11-1 所示。

	A	B	C	D	E	F	G	H
1			文件发放记录					
2	序号	文件名称	文件编号	发放记录				
3				接收部门	接收人签字	接受日期	份数	备注
4	14001	招生政策修改的通知	企字[1403]	招生科	李东明	2014年2月12日	3	
5	14002	关于消防知识普及的通知	企字[1404]	办公室	崔友辉	2014年3月20日	3	
6	14003	工资调整表	企字[1403]	办公室	袁晓丽	2014年4月6日	2	
7	14004	驾照办理调整通知	企字[1406]	证照科	刘倩倩	2014年4月12日	2	
8	14005	员工计算机技能培训的通知	企字[1407]	教务处	杨晨亮	2014年4月20日	1	
9	14006	增设机房的通知	企字[1408]	教务处	马桂恬	2014年5月24日	3	

图11-1　文件发放记录

案例分析

完成文件发放记录表的制作，首先要对工作表中的数据进行编辑，然后要用到设置字符格式、设置数字格式、设置对齐格式、调整行高列宽、添加边框和底纹、重命名工作表等功能。

本章所涉及案例的素材和最终效果文件请登录华信教育资源网（www.hxedu.com.cn）下载，相关内容在下载后的"案例与素材\第 11 章素材"和"案例与素材\第 11 章案例效果"文件夹中。

11.1　编辑工作表

创建工作表后，用户可利用 Excel 2010 的编辑功能，对工作表中的数据进行相关操作以保证数据的准确性。

11.1.1　单元格、行和列的选择

在对单元格或单元格区域的格式设置之前，首先要选择进行格式设置的对象。如果所操作的对象是单个单元格时，只需单击编辑的单元格即可。如果用户所操作的对象是一些单元格的集合时，就需要先选定数据内容所在的单元格区域，然后再进行格式化的操作。

1．选定单元格及单元格区域

用户可以利用鼠标或键盘选择连续的单元格区域和不连续的单元格区域。

用鼠标选定连续单元格区域的操作步骤如下：

（1）用鼠标单击要选定区域左上角的单元格，此时鼠标指针为 ✚ 形状。

（2）按住鼠标左键并拖动鼠标到要选定区域的右下角。

（3）松开鼠标左键，选择的区域将出现与底色不同颜色显示。其中，只有第一个单元格正常显示，表明它为当前活动的单元格，其他均被置为蓝色如图 11-2 所示，若要取消选择，用鼠标单击工作表中任一单元格，或者按任一方向键。

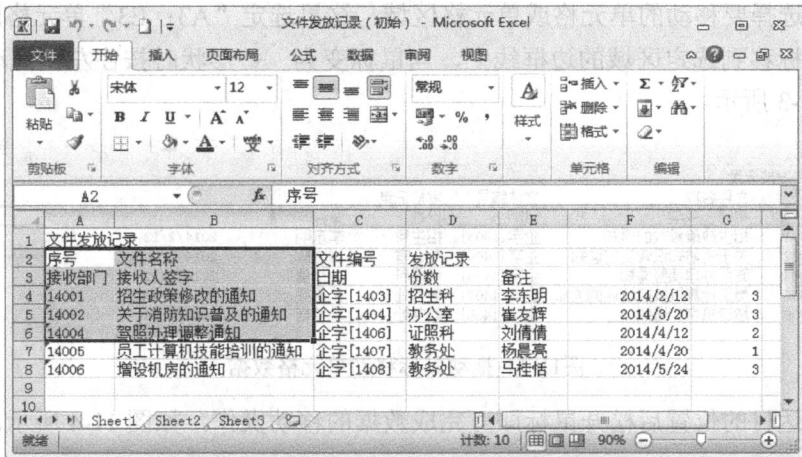

图11-2　拖动选定连续的单元格区域

使用键盘选定连续单元格区域，首先选择要选定区域左上角的单元格，按下 Shift 键，再按键盘上的方向键来选定范围。

> **提示：** 利用鼠标选定不连续的单元格区域时，当选定第一个区域后，按住 Ctrl 键再选定其他区域。

2．选择行、列及工作表

在对工作表进行格式化时，经常需要选择某行（列），有时需要选择多行（列）或不连续的行（列）甚至整个工作表。

将鼠标指针移动到所要选择列的列标上，当鼠标指针变为 ⬇ 形状时，单击鼠标左键，则整列被选中；选择多列时，只需将鼠标指针移到某列的列标上，单击左键不放并拖动，拖动到所要选择的最后一列时松开鼠标左键即可；选择不连续的多列时，可在选定一部分列后，同时按住 Ctrl 键选择其他的列即可。

选择行的方法与选择列的方法类同，只需将鼠标指针移到该行的行号上，当鼠标变成 ➡ 形状时然后单击左键即可将该行选中。

用户单击左上角行标与列标交界处的按钮即可将工作表中的所有单元格选中。

11.1.2 移动或复制数据

单元格中的数据可以通过移动或复制操作，将数据移动或复制到同一个工作表中的不同位置或其他的工作表中。如果移动或复制的原单元格或单元格区域中含有公式，移动或复制到新的位置时，公式会因单元格区域的变化产生新的计算结果。

Excel 2010 中对单元格中的数据进行移动和复制的操作，主要用鼠标拖动或利用菜单命令来完成。

1. 利用鼠标拖动

移动或者复制的源单元格和目标单元格相距较近时，可以使用操作方法简单快捷的鼠标拖动实现移动和复制数据的操作。例如在文件发放记录表中"接收部门"、"接收人签字"、"日期"、"份数"和"备注"单元格位置不正确，用户可以使用鼠标移动的方法将它们移动到合适的位置。

利用拖动鼠标的方法移动数据的具体操作步骤如下：

（1）首先选择要移动的单元格或单元格区域，这里选定"A3：E3"单元格区域。

（2）将鼠标移到选定区域的边框线上，当鼠标变为 形状时按住左键拖动鼠标到指定区域，如图 11-3 所示。

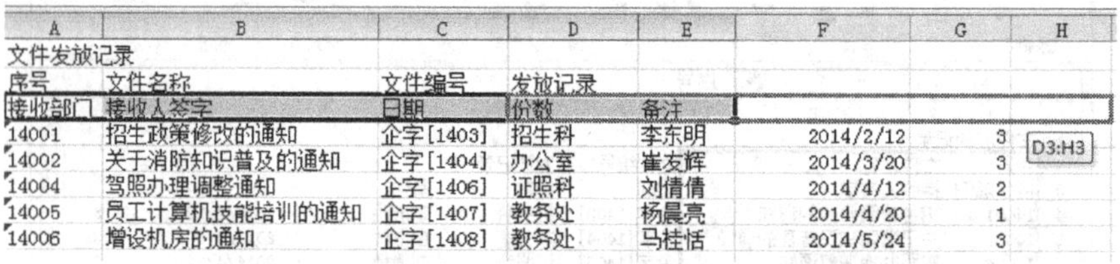

图11-3　拖动鼠标移动单元格数据

（3）当到达目的位置后松开鼠标即可完成数据的移动操作，如图 11-4 所示。

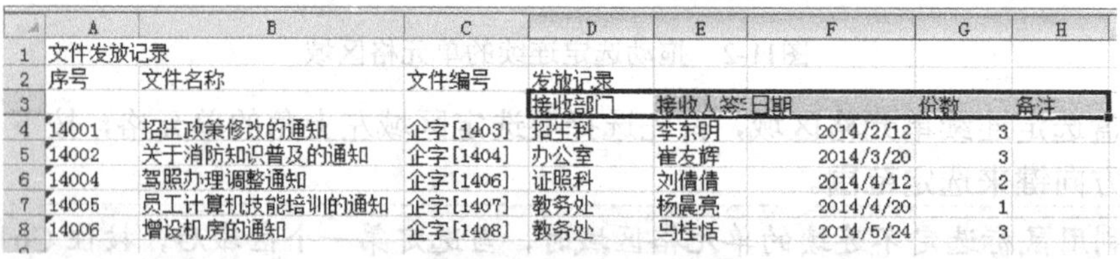

图11-4　移动数据的效果

将鼠标移到选定区域的边框线上，当鼠标指针变为 形状时按下 Ctrl 键，此时鼠标指针变为右上方带一个加号的箭头形状，按住鼠标左键拖动将选择数据的复制操作，当拖动到指定的位置时松开鼠标即可。

2. 利用菜单命令移动或复制数据

如果移动或者复制的源单元格和目标单元格相距较远，可以利用"开始"选项卡下"剪贴板"组中的"复制"、"剪切"和"粘贴"按钮来复制或移动单元格中的数据。

首先选中要复制或移动的数据，单击"开始"选项卡下"剪贴板"组中的"复制"（剪贴）按钮，此时在选中的单元格区域周围出现闪烁的边框，选中目标单元格，单击"开始"选项卡下"剪贴板"组中的"粘贴"按钮即可。

11.1.3　修改数据

单元格中的内容输入有误或是不完整时就需要对单元格内容进行修改，当单元格中的一些数据内容不再需要时，用户可以将其删除。修改与删除是编辑工作表数据时最常用的两种操作。

1．修改单元格中的部分数据

在单元格中输入数据后发现部分数据有误，可以进行修改，用户可以使用编辑栏或直接在单元格中进行修改。如使用编辑栏修改部分数据，具体操作步骤如下：

（1）单击要修改内容的单元格，如选择"F3"，此时在编辑栏中显示该单元格中的内容"日期"。

（2）单击编辑栏，此时在编辑栏中出现闪烁的光标，将鼠标移至"日期"的前方。输入"接收"。

（3）输入完毕，单击编辑栏中的"√"按钮确认输入，如图 11-5 所示。

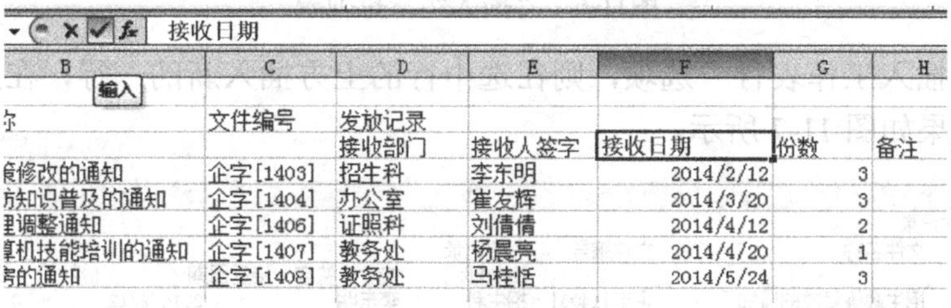

图11-5　修改数据

> **提示：** 按 Backspace 键可以删除光标左侧的字符，按 Delete 键可以删除光标右侧的字符。用户还可以直接双击要修改数据的单元格，此时在单元格中出现闪烁的光标，这时用户可以直接在单元格中修改部分数据。

2．以新数据覆盖旧数据

如果单元格中的数据出现错误，用户也可以输入新数据覆盖旧数据。用户可以单击要被替代的单元格，然后直接输入新的数据即可。

11.1.4　插入、删除行（列）或单元格

如果用户想在已经制作好的文件发放记录表中再添加一些数据，就需要向表格中添加单元格、行或列。如果发现某行或列数据无用还可以将其删除。在 Excel 2010 中用户可以很方便地进行单元格、行和列的插入与删除操作。

1．插入行（列）

在编辑工作表时可以在数据区域插入行（列），以便在新行（列）中进行数据的输入。例如：在文件发放记录表的第 14004 记录的上面少了一条记录，则可以利用插入行的方法输入相应的数据。

插入行的具体操作步骤如下：

（1）选定需要插入行位置的任意单元格，如选中"14004"所在的行的任意单元格或者将鼠标指针移到该行的行号上，当鼠标指针变成 ➡ 形状时单击鼠标左键将该行选中。

（2）在"开始"选项卡的"单元格"选项组中单击"插入"按钮右侧的箭头，打开"插

入"下拉列表，如图 11-6 所示。

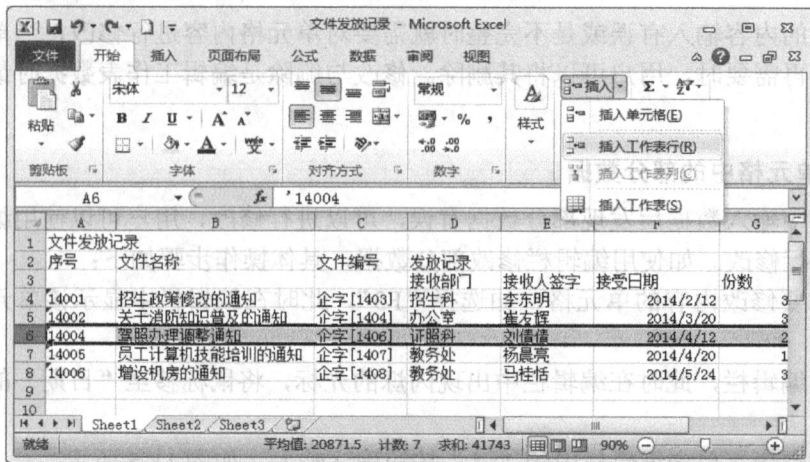

图11-6　"插入"下拉列表

（3）选择"插入工作表行"选项，则在选中行的上方插入新的一行，在插入的行中输入相应的数据，效果如图 11-7 所示。

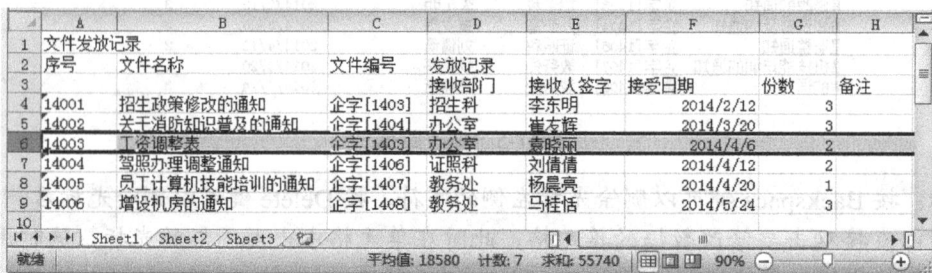

图11-7　插入行后并输入数据的效果

在工作表中插入列的方法和插入行的方法类似，新插入的列将出现在选定列的左侧。

2．删除行（列）

如果工作表中的某行或某列是多余的，用户还可以将其删除。首先选择要删除的行或列，然后在"开始"选项卡的"单元格"选项组中单击"删除"按钮右侧的箭头，打开"删除"列表，在列表中可以选择删除行或列，如图 11-8 所示。另外用户也可以在选择的行或列上单击鼠标右键，然后在弹出的快捷菜单中选择"删除"命令。

图11-8　"删除"列表

3．插入、删除单元格

在工作表中插入单元格或单元格区域，操作步骤如下：

（1）在要插入单元格的位置选定单元格区域。

（2）在"开始"选项卡的"单元格"选项组中单击"插入"按钮右侧的箭头，在下拉列表中选择"插入单元格"选项，打开"插入"对话框如图 11-9 所示。对话框中的各选项的功能如下。

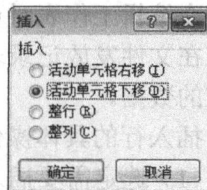

图 11-9　"插入"对话框

- 活动单元格右移：在选定单元格位置插入单元格，选定单元格向右移动。
- 活动单元格下移：在选定单元格位置插入单元格，选定单元格向下移动。
- 整行：在活动单元格的位置插入与所选单元格区域行数相同的行，原区域所在行自动下移。
- 整列：在活动单元格的位置插入与所选单元格区域列数相同的列，原区域所在列自动右移。

（3）在对话框中选定一种插入方式，单击"确定"按钮。

4．删除单元格

如果要想在表格中删除单元格或单元格区域，首先选择要删除的单元格或单元格区域，然后在"开始"选项卡的"单元格"选项组中单击"删除"按钮右侧的箭头，在下拉列表中选择"删除单元格"选项，打开"删除"对话框，如图 11-10 所示。在对话框中选择一种删除方式，单击"确定"按钮。

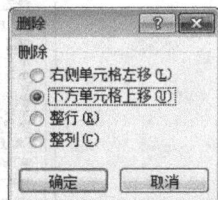

图11-10　"删除"对话框

11.2　单元格的格式化

在工作表的单元格中存放的数据类型有多种，用户在设置工作表格式时可以根据单元格中存放数据类型的不同将它们设置为不同的格式。

11.2.1　设置字符格式

默认情况下工作表中的中文为"宋体"、"11 磅"。为了使工作表中的某些数据能够突出显示，也为了使版面整洁美观，通常需要将不同的单元格设置成不同的效果。

1．利用工具按钮设置字体

如果要设置的字符格式比较简单可以通过"开始"选项卡下"字体"组中的按钮来完成，步骤如下：

（1）选中要设置字符格式的单元格区域，如选中"A1"单元格。

（2）在"开始"选项卡下"字体"组中字体的下拉列表中选择一种字体，如"楷体"。

（3）在"字号"组合框中选择一种字号，如"18"。

（4）单击"加粗"按钮，设置加粗格式。

（5）单击"字体颜色"按钮，在颜色列表中选择想要的颜色，如"蓝色"，设置字符格式后的效果如图 11-11 所示。

	A	B	C	D	E	F	G	H
1	文件发放记录							
2	序号	文件名称		文件编号	发放记录			
3					接收部门	接收人签字	接受日期	份数	备注
4	14001	招生政策修改的通知		企字 [1403]	招生科	李东明	2014/2/12	3
5	14002	关于消防知识普及的通知		企字 [1404]	办公室	崔友辉	2014/3/20	3
6	14003	工资调整表		企字 [1403]	办公室	袁晓丽	2014/4/6	2
7	14004	驾照办理调整通知		企字 [1406]	证照科	刘倩倩	2014/4/12	2
8	14005	员工计算机技能培训的通知		企字 [1407]	教务处	杨晨亮	2014/4/20	1
9	14006	增设机房的通知		企字 [1408]	教务处	马桂恬	2014/5/24	3

图11-11　利用工具栏设置字符后的效果

2. 利用对话框设置字符格式

如果用户设置的字体格式复杂，也可以利用对话框来设置字符格式，具体步骤如下：

（1）选择要设置字符格式的单元格或单元格区域，如选择"A2：H3"单元格区域。

（2）单击"开始"选项卡下"字体"组右侧的对话框启动器，打开"设置单元格格式"对话框，单击"字体"选项卡，如图 11-12 所示。

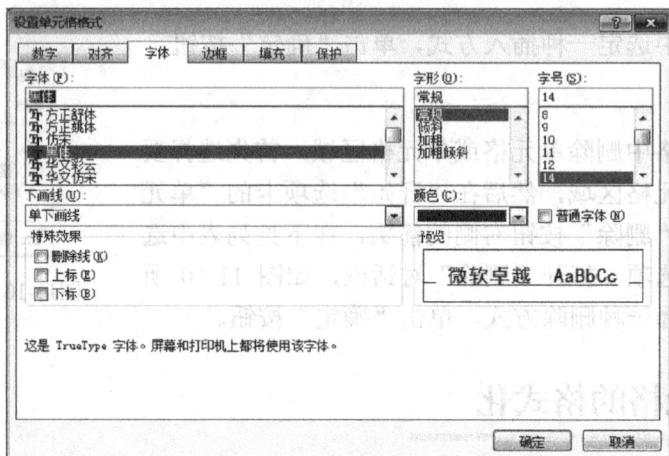

图11-12 设置单元格字符格式

（3）在"字体"列表中选择一种字体，如"黑体"，在"字号"列表中选择一种字号，如"14"。

（4）在"下画线"下拉列表中选择一种下画线样式，如"单下画线"，在"颜色"列表中选择一种颜色，如"红色"，用户可以在"预览"框中看到设置的效果。

（5）单击"确定"按钮，设置的效果如图 11-13 所示。

序号	文件名称	文件编号	接收部门	接收人签名	接受日期	份数	备注
文件发放记录			发放记录				
14001	招生政策修改的通知	企字[1403]	招生科	李东明	2014/2/12	3	
14002	关于消防知识普及的通知	企字[1404]	办公室	崔友辉	2014/3/20	3	
14003	工资调整表	企字[1403]	办公室	袁晓丽	2014/4/6	2	
14004	驾照办理调整通知	企字[1406]	证照科	刘倩倩	2014/4/12	2	
14005	员工计算机技能培训的通知	企字[1407]	教务处	杨晨亮	2014/4/20	1	
14006	增设机房的通知	企字[1408]	教务处	马桂恬	2014/5/24	3	

图11-13 利用对话框设置字体格式的效果

11.2.2 设置数字格式

默认情况下，单元格中的数字格式是常规格式，不包含任何特定的数字格式，即以整数、小数、科学计数的方式显示。Excel 2010 还提供了多种数字显示格式，如百分比、货币、日期等。用户可以根据数字的不同类型设置它们在单元格中的显示格式。

1. 利用工具按钮设置数字格式

如果格式化的工作比较简单，可以通过"开始"选项卡下"数字"组中的按钮来完成。"数字"组中常用的数字格式化的工具按钮有五个：

- 货币样式按钮 ：在数据前使用货币符号。
- 百分比样式按钮 ：对数据使用百分比。

- 千位分隔样式按钮 ：使显示的数据在千位上有一个逗号。
- 增加小数位按钮 ：每单击一次，数据增加一个小数位。
- 减少小数位按钮 ：每单击一次，数据减少一个小数位。

2．利用对话框设置数字格式

如果格式化的工作比较复杂，可以通过使用"设置单元格格式"对话框的"数字"选项卡来完成。例如这里对文件发放记录表中的日期格式进行设置的操作步骤如下：

（1）选择要设置数字格式的单元格区域，如"F4:F9"。

（2）单击"开始"选项卡下"数字"组右侧的"对话框启动器"按钮，打开"设置单元格格式"对话框，单击"数字"选项卡，如图 11-14 所示。

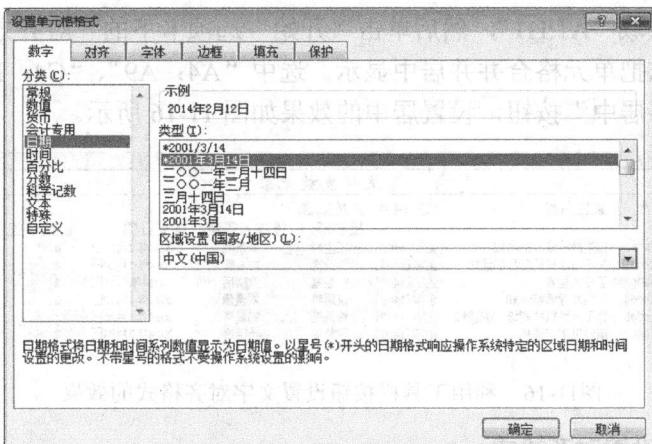

图 11-14　设置单元格数字格式

（3）在"分类"列表中选择一种分类样式，如"日期"，在"类型"列表中选择一种日期格式，这里选择第 2 种。

（4）单击"确定"按钮，设置单元格数字格式后的效果，如图 11-15 所示。

图 11-15　设置日期格式后的效果

11.2.3　设置对齐格式

所谓对齐是指单元格中的数据在显示时相对单元格上、下、左、右的位置。默认情况下，文本靠左对齐，数字靠右对齐，逻辑值和错误值居中对齐。有时，为了使工作表更加美观，可以使数据按照需要的方式进行对齐。

1．利用工具按钮设置对齐方式

如果要设置简单的对齐方式，可以利用"开始"选项卡下的"对齐方式"组中的对齐方式按钮。选择单元格或单元格区域然后单击"开始"选项卡下的"对齐方式"组中的"对齐方式"按钮，即可按不同的方式对齐单元格中的数据。"对齐方式"组中用于对齐的按钮有 7 个。

- 左对齐按钮 ▤：使数据左对齐。
- 居中按钮 ▤：使数据在单元格内居中。
- 右对齐按钮 ▤：使数据右对齐。
- 顶端对齐按钮 ▤：使单元格中的数据沿单元格顶端对齐。
- 垂直居中按钮 ▤：使单元格中的数据上下居中。
- 底端对齐按钮 ▤：使单元格中的数据沿单元格底端对齐。
- 合并及居中 ▤：先将选中的整行单元格合并，并把选定区域左上角单元格的数据居中放入合并后的单元格中。

如选择单元格区域"A1:H1"，然后单击"开始"选项卡下的"对齐方式"组的"合并后居中"按钮，就可以把单元格合并并居中显示。选中"A4：A9"、"C4：E9"和"G4：G9"单元格区域，单击"居中"按钮，设置居中的效果如图 11-16 所示。

图11-16 利用工具栏按钮设置文字对齐格式的效果

2．利用对话框设置对齐格式

如果要设置单元格的对齐格式比较复杂，用户可以利用"设置单元格格式"对话框进行设置。单击"开始"选项卡下"对齐方式"组右侧的对话框启动器，打开"设置单元格格式"对话框，单击"对齐"选项卡，如图 11-17 所示。

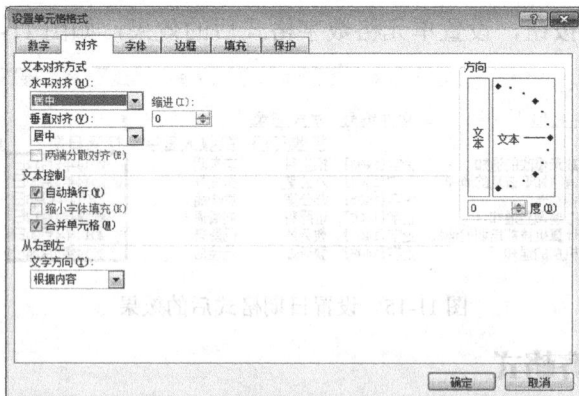

图11-17 设置单元格对齐方式

在对话框中，用户可以对单元格的对齐方式进行详细的设置。

- 自动换行：根据文本长度及单元格宽度自动换行，并且自动调整单元格的高度，使全部内容都能显示在该单元格内。
- 缩小字体填充：缩减单元格中字符的大小以使数据调整到与列宽一致。如果更改列宽，字符大小可自动调整，但设置的字号保持不变。

- 合并单元格：将两个或多个单元格合并为一个单元格，合并后单元格引用为合并前左上角单元格的内容。

利用对话框设置对齐格式的操作步骤如下：

（1）选中要设置对齐格式的单元格或单元格区域，如“A2:A3”单元格区域。

（2）“开始”选项卡下“对齐方式”组右侧的对话框启动器，打开“设置单元格格式”对话框，单击“对齐”选项卡。

（3）分别在“文本对齐方式”区域的“水平对齐”和“垂直对齐”下拉列表中选择“居中”对齐方式，并选中“合并单元格”复选框。

（4）单击“确定”按钮，可把选择的文字都进行居中显示。

按照相同的方法分别合并单元格区域“B2：B3”、“C2：C3”和“D2：H2”，对齐格式后的效果，如图 11-18 所示。

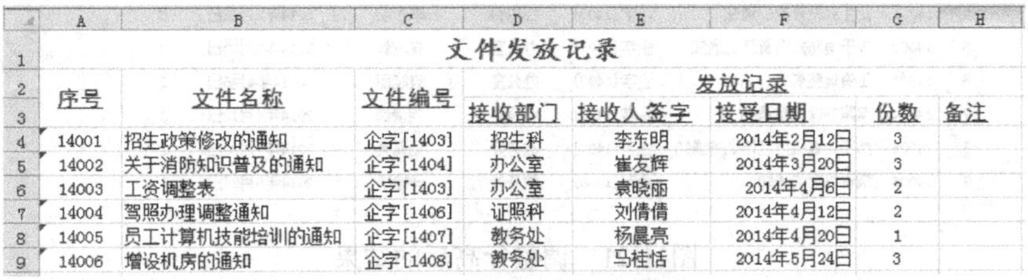

文件发放记录

序号	文件名称	文件编号	发放记录				
			接收部门	接收人签字	接受日期	份数	备注
14001	招生政策修改的通知	企字[1403]	招生科	李东明	2014年2月12日	3	
14002	关于消防知识普及的通知	企字[1404]	办公室	崔友辉	2014年3月20日	3	
14003	工资调整表	企字[1403]	办公室	袁晓丽	2014年4月6日	2	
14004	驾照办理调整通知	企字[1406]	证照科	刘倩倩	2014年4月12日	2	
14005	员工计算机技能培训的通知	企字[1407]	教务处	杨晨亮	2014年4月20日	1	
14006	增设机房的通知	企字[1408]	教务处	马桂恬	2014年5月24日	3	

图11-18　利用对话框设置单元格对齐格式后的效果

11.3　调整行高与列宽

当向单元格中输入数据时，经常会出现如单元格中的文字只显示了其中的一部分或者显示的是一串“#”符号，但是在编辑栏中却能看见对应单元格中的全部数据。造成这种结果的原因是单元格的高度或宽度不够，此时可以对工作表中的单元格的高度或宽度进行调整，使单元格中的数据显示出来。

11.3.1　行高的调整

在默认情况下，工作表中任意一行的所有单元格的高度总是相等的，所以要调整某一个单元格的高度，实际上就是调整了该单元格所在行的高度，并且行高会随用户改变单元格中的字符格式而发生变化。

用户可以拖动鼠标快速地调整行高，将鼠标移到需要调整的第 1 行行号的下边线上，当鼠标指针变成 ╪ 形状时上下拖动边框线，此时出现一条黑色的虚线跟随拖动的鼠标移动，它表示调整后行的边界，同时系统还会显示行高值，如图 11-19 所示。

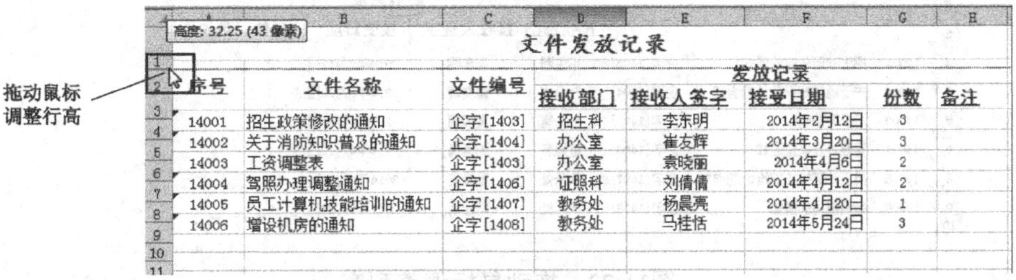

文件发放记录

序号	文件名称	文件编号	发放记录				
			接收部门	接收人签字	接受日期	份数	备注
14001	招生政策修改的通知	企字[1403]	招生科	李东明	2014年2月12日	3	
14002	关于消防知识普及的通知	企字[1404]	办公室	崔友辉	2014年3月20日	3	
14003	工资调整表	企字[1403]	办公室	袁晓丽	2014年4月6日	2	
14004	驾照办理调整通知	企字[1406]	证照科	刘倩倩	2014年4月12日	2	
14005	员工计算机技能培训的通知	企字[1407]	教务处	杨晨亮	2014年4月20日	1	
14006	增设机房的通知	企字[1408]	教务处	马桂恬	2014年5月24日	3	

图11-19　拖动鼠标调整行高

如果要精确地调整行高，可以在"行高"对话框中设置。利用对话框调整行高的操作步骤如下：

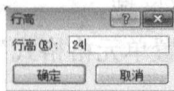

(1) 选中需要调整行高度的行，如选中"第2行"至"第9行"。

(2) 切换到"开始"选项卡，单击"单元格"组中的"格式"按钮，在下拉列表中的单元格大小区域选择"行高"命令，打开"行高"对话框，如图11-20所示。

(3) 在"行高"文本框中输入行高的具体数值，如输入"24"。

(4) 单击"确定"按钮。结果如图11-21所示。

图11-20　"行高"对话框

图11-21　调整行高后的结果

> 提示：在"开始"选项卡下的"单元格"组中，单击"格式"按钮，在下拉列表中的单元格大小区域选择"自动调整行高"命令，系统会根据行中的内容自动调整行高，选中行的行高会以行中单元格高度最高的单元格为标准自动做出调整。

11.3.2　列宽的调整

在工作表中列和行有所不同，工作表默认单元格的宽度为固定值，并不会根据数据的增长而自动调整列宽。当输入单元格的数据超出单元格的宽度时，如果输入的是数值型数据，则会显示为一串"#"；如果输入的是字符型数据，单元格右侧相邻的单元格为空时则会利用其空间显示，否则在单元格中只显示当前宽度能容纳的字符。在这种情况下，为了能完全显示单元格中的数据可以调整列宽。

用户可以使用鼠标快速地调整列宽，把鼠标移到需要调整的"接收人签字"所在列的右边框线上，当鼠标指针变成 ✛ 形状时左右拖动鼠标，此时出现一条黑色的虚线随鼠标的拖动而移动，它表示调整后列的边界，同时系统还会显示出列宽值，如图11-22所示。

图11-22　拖动鼠标调整列宽

如果要精确地调整列宽，首先选中列，然后在"开始"选项卡下的"单元格"组中，单击"格式"按钮，在下拉列表中的"单元格大小"区域选择"列宽"命令，打开"列宽"对话框，如图 11-23 所示。在列宽文本框中输入具体的数值，单击"确定"按钮。

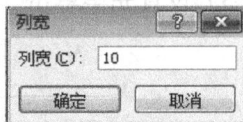

图11-23 "列宽"对话框

11.4 添加边框和底纹

在设置单元格格式时，为了使工作表中的数据层次更加清晰明了，区域界限分明，可以为单元格或单元格区域添加边框和底纹。

11.4.1 添加边框

一般情况下，用户在工作表中所看到的单元格都带有浅灰色的边框线，这是系统设置的便于用户编辑操作的网格线，它在打印时是不显示的。但是在制作财务、统计报表时常常需要把报表设计成各种各样的表格形式，使数据及说明文字的层次更加清晰，这就需要通过设置单元格的边框来实现。

如果是给单元格或单元格区域添加简单的边框，可以单击"开始"选项卡下"字体"组中的"边框"按钮，在弹出的下拉列表中选择合适的边框样式。

如要为单元格添加比较复杂的边框可以在"设置单元格格式"对话框中进行设置。利用对话框为文件发放记录表格添加边框，具体操作步骤如下：

（1）选择要设置边框的单元格区域"A2:H9"。

（2）单击"开始"选项卡下"数字"组右侧的对话框启动器按钮，打开"设置单元格格式"对话框，选择"边框"选项卡，如图 11-24 所示。

（3）在"线条"区域的"样式"列表中选择一种线型，如"细实线"，在"颜色"下拉列表中选择一种颜色，如"紫色"，在"预置"区域单击"内部"按钮。

（4）在"线条"区域的"样式"列表中选择一种线型，如"粗实线"，在"颜色"下拉列表中选择一种颜色，如"深蓝"色，在"预置"区域单击"外边框"按钮。

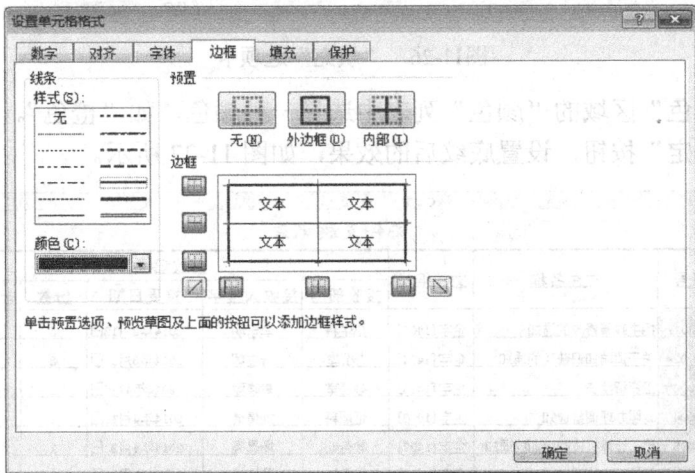

图11-24 "边框"选项卡

（5）设置完毕单击"确定"按钮，设置的效果如图11-25所示。

	A	B	C	D	E	F	G	H
1				文件发放记录				
2	序号	文件名称	文件编号	发放记录				
3				接收部门	接收人签字	接受日期	份数	备注
4	14001	招生政策修改的通知	企字[1403]	招生科	李东明	2014年2月12日	3	
5	14002	关于消防知识普及的通知	企字[1404]	办公室	崔友辉	2014年3月20日	3	
6	14003	工资调整表	企字[1403]	办公室	袁晓丽	2014年4月6日	2	
7	14004	驾照办理调整通知	企字[1406]	证照科	刘倩倩	2014年4月12日	2	
8	14005	员工计算机技能培训的通知	企字[1407]	教务处	杨晨亮	2014年4月20日	1	
9	14006	增设机房的通知	企字[1408]	教务处	马桂恬	2014年5月24日	3	

图11-25　设置边框的效果

11.4.2　添加底纹

用户还可以为单元格添加底色或者添加图案。利用"设置单元格格式"对话框中的"填充"选项卡可以对单元格的底色进行设置。

利用对话框设置底纹的操作步骤如下：

（1）选择要设置底纹的单元格区域，如"A4:A9"。

（2）单击"开始"选项卡下"数字"组右侧的"对话框启动器"按钮，打开"设置单元格格式"对话框，单击"填充"选项卡，如图11-26所示。

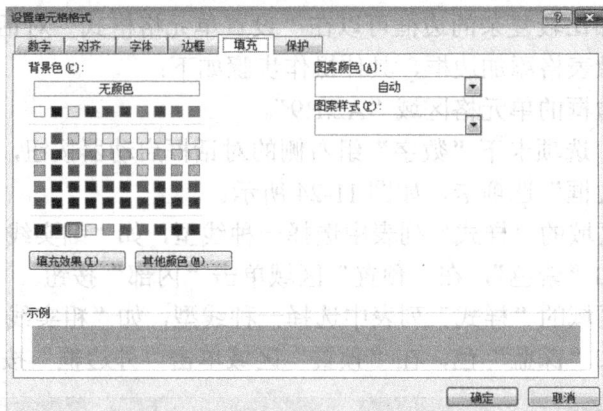

图11-26　"填充"选项卡

（3）在"背景色"区域的"颜色"列表中选择一种颜色，如"橙色"。

（4）单击"确定"按钮，设置底纹后的效果，如图11-27所示。

图11-27　设置底纹后的效果

11.5　操作工作表

在 Excel 2010 中，一个工作簿可以包含多张工作表。用户可以根据需要随时插入、删除、移动或复制工作表，还可以给工作表重新命名或将其隐藏。

11.5.1　重命名工作表

创建新的工作簿后，系统会将工作表自动命名为："Sheet1、Sheet2、Sheet3……"在实际应用中系统默认的这种命名方式既不便于使用也不便于管理和记忆，因此用户需要给工作表重新命名，从而可以对工作表进行有效的管理。

例如，将文件发放记录表所在的"Sheet1"工作表重命名，具体操作步骤如下：

（1）单击"Sheet1"工作表标签使其成为当前工作表。

（2）在此工作表标签上单击鼠标右键，在打开的快捷菜单中选择"重命名"命令；或在"开始"选项卡下"单元格"组中，单击"格式"按钮，在下拉列表中的组织工作表区域选择"重命名工作表"命令，如图 11-28 所示。

（3）输入工作表的名称"文件发放记录"，重命名工作表后的效果如图 11-29 所示。

> **提示**：用户还可以利用鼠标双击工作表标签，当工作表标签呈反白显示时输入新的名字即可。

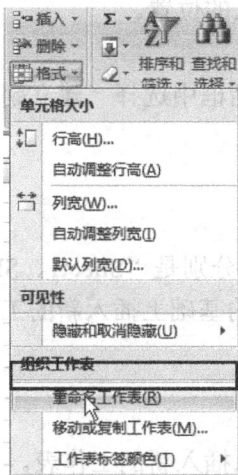

图 11-28　选择重命名工作表命令　　　　图 11-29　工作表重命名后的效果

11.5.2　移动、复制工作表

在 Excel 2010 中用户既可以在同一工作簿中移动或复制工作表，也可以将工作表移动或复制到其他工作簿中。

1. 利用鼠标移动或复制工作表

利用鼠标移动或复制工作表只能在同一工作簿中进行，利用鼠标移动工作表的具体操作步骤如下：

（1）选择要移动的工作表。

（2）在该工作表标签上按住鼠标左键不放，则鼠标指针所在位置会出现一个 ⏳ 形状图标，且在该工作表标签的左上方出现一个黑色倒三角形标志，如图 11-28 所示。

（3）按住鼠标左键不放，在工作表标签间移动鼠标，"白板"和黑色倒三角形会随鼠标移动，将鼠标移到目标位置，松开鼠标左键即可。

> **提示：** 如果要复制工作表，可以先按住 Ctrl 键然后拖动要复制的工作表，首先在目标位置处释放鼠标，然后再松开 Ctrl 键。

2．利用对话框移动或复制工作表

利用对话框则可以实现工作表在不同的工作簿间移动或复制，具体操作步骤如下：

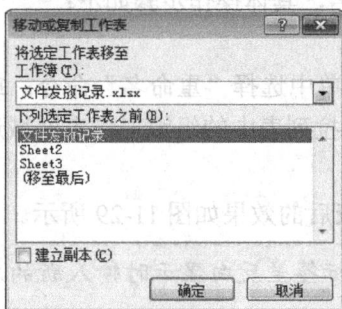

图11-30 "移动或复制工作表"对话框

（1）分别打开目标工作簿和源工作簿，然后在源工作簿中选定要移动的工作表标签。

（2）在工作表标签上单击鼠标右键，在打开的快捷菜单中选择"移动或复制"命令或在"开始"选项卡下单击"单元格"组中的"格式"选项列表的"组织工作表"区域选中"移动或复制"选项，打开"移动或复制工作表"对话框，如图 11-30 所示。

（3）在"将选定工作表移至"区域的"工作簿"下拉列表中选定要移至的工作簿，在"下列选定工作表之前"列表框中选择插入的位置。

（4）单击"确定"按钮即可将工作表移动到目标位置。

要执行复制工作表的操作，只要在"移动或复制工作表"对话框中选择"建立副本"复选框，则可以选择复制工作表的操作。

11.5.3 插入、删除工作表

启动 Excel 2010 应用程序后系统默认打开 3 张工作表，它们分别是"Sheet1、Sheet2、Sheet3"，如果用户还需要使用更多的工作表，可以在原有工作表的基础上插入新的工作表，还可以根据需要删除多余的工作表。

1．插入工作表

除了默认的 3 张工作表外用户还需要使用更多的工作表，可以插入新的工作表。

例如，在"文件发放记录"工作表前面插入一个新的工作表，具体操作步骤如下：

（1）单击"文件收发记录"工作表标签。

（2）在"开始"选项卡下单击"单元格"组中"插入"选项右侧的下三角箭头，在"插入"列表中选中"插入工作表"选项，系统根据活动工作簿中工作表的数量自动为插入的新工作表命名。

如果用户要插入的工作表是基于某个模板的，则用户可以利用快捷键进行插入。在工作表标签上单击鼠标右键，在弹出的快捷菜单中选择"插入"命令，打开"插入"对话框，单击"电子表格方案"选项卡，如图 11-31 所示。在对话框中选择一个方案表格，单击"确定"按钮，即可在选中的工作表的前面插入一个方案工作表。

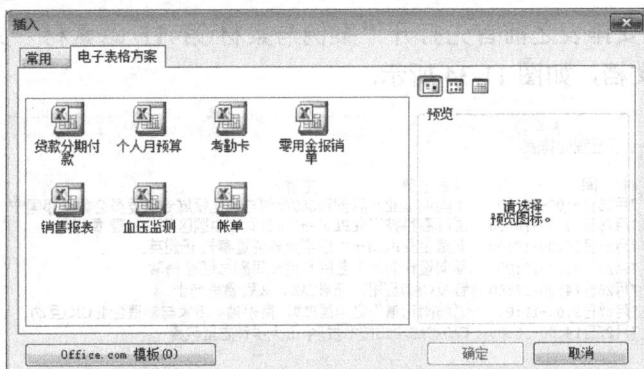

图11-31　选择要插入的工作表对象

> **提示：** 用户还可以单击工作表标签右侧的新建工作表按钮 或按[Shift+F11]组合键在所有工作表的最后插入一个新的工作表。

2. 删除工作表

在工作簿中用户还可以删除那些无用的工作表，删除工作表的具体步骤如下：

（1）首先选中要删除的工作表。

（2）在"开始"选项卡下单击"单元格"组中"删除"选项右侧的下三角箭头，打开"删除"列表。

（3）在"删除"列表中选中"删除工作表"选项。此时如果工作表中有数据内容，系统将打开如图 11-32 所示的提示框，询问是否要删除工作表。

（4）单击"删除"按钮即可将工作表删除，单击"取消"按钮返回到编辑状态。

图 11-32　删除工作表提示框

举一反三　会议日程安排表

在日常办公中，经常要制定工作计划、安排会议日程或工作行程等，通过事先的计划与安排，往往能合理地利用好时间，很好地完成计划的工作，同时也不至于遗忘一些关键的工作内容。会议日程安排表的最终效果如图 11-33 所示。

时　间	演讲主题	主讲人
	会议日程安排表	
7月25日9:00-12:00	中国制造业产品创新策略与方法	863计划自动化领域专家委员会委员祁国宁
7月25日14:00-16:00	国际高科技产业PLM技术应用趋势	Agile公司大中国区副总经理 黄祥徽
7月25日16:00-18:00	制造企业PLM技术应用与实践	华天软件董事长 杨超英
7月26日9:00-12:00	面向设计制造工艺的PLM解决方案和策略	开目公司副总经理 肖骏
7月26日14:00-17:00	普及CAD应用, 拓展PLM价值	CAXA 总裁 雷毅博士
7月27日9:00-11:00	"岭南论道"之中国制造业PLM应用分析	PLM厂商领袖、专家与制造企业CIO互动
7月27日14:00-16:00	CAD/CAE/DMU技术发展趋势分析	中山大学钟志坚教授

图 11-33　会议日程安排表的最终效果

在制作会议日程安排表之前首先打开"案例与素材\第 11 章素材"文件夹中的"会议日程安排表（初始）"文档，如图 11-34 所示。

	A	B	C	D	E	F
1	会议日程安排表					
2						
3	时　间	演讲主题	主讲人			
4	7月25日9:00-12:00	中国制造业产品创新863计划自动化领域专家委员会委员祁国宁				
5	7月25日14:00-16:00	国际高科技产业PLM Agile公司大中国区副总经理 黄祥徽				
6	7月25日16:00-18:00	制造企业PLM技术应用华天软件董事长 杨超英				
7	7月26日9:00-12:00	面向设计制造工艺的开目公司副总经理 肖骏				
8	7月26日14:00-17:00	普及CAD应用，拓展CAXA 总裁 雷毅博士				
9	7月27日9:00-11:00	"岭南论道"之中国PLM厂商领袖、专家与制造企业CIO互动				
10	7月27日14:00-16:00	CAD/CAE/DMU技术发展中山大学钟志坚教授				
11						

图11-34　会议日程安排表（初始）

制作会议日程安排表的操作步骤如下：

（1）选择"A"列，单击鼠标右键，在弹出的下拉列表中选择"列宽"，打开"列宽"对话框，在输入框中输入列宽为"21"，单击"确定"按钮。

（2）同时选择"B"列和"C"列，单击鼠标右键，在弹出的下拉列表中选择"列宽"，在列宽对话框中输入"38"，单击"确定"按钮，设置列宽的结果如图 11-35 所示。

会议日程安排表		
时　间	演讲主题	主讲人
7月25日9:00-12:00	中国制造业产品创新策略与方法	863计划自动化领域专家委员会委员祁国宁
7月25日14:00-16:00	国际高科技产业PLM技术应用趋势	Agile公司大中国区副总经理 黄祥徽
7月25日16:00-18:00	制造企业PLM技术应用与实践	华天软件董事长 杨超英
7月26日9:00-12:00	面向设计制造工艺的PLM解决方案和策略	开目公司副总经理 肖骏
7月26日14:00-17:00	普及CAD应用，拓展PLM价值	CAXA 总裁 雷毅博士
7月27日9:00-11:00	"岭南论道"之中国制造业PLM应用分析	PLM厂商领袖、专家与制造企业CIO互动
7月27日14:00-16:00	CAD/CAE/DMU技术发展趋势分析	中山大学钟志坚教授

图11-35　调整列宽后的结果

（3）选择第"1"行，单击鼠标右键，在弹出的下拉列表中选择"行高"，打开"行高"对话框，输入行高为"30"。选中第"3"至"10"行，单击鼠标右键，在弹出的下拉列表中选择"行高"，打开"行高"对话框，在"行高"对话框中输入"16"。按同样的方法设置第2行的行高为"9"，设置结果如图 11-36 所示。

会议日程安排表		
时　间	演讲主题	主讲人
7月25日9:00-12:00	中国制造业产品创新策略与方法	863计划自动化领域专家委员会委员祁国宁
7月25日14:00-16:00	国际高科技产业PLM技术应用趋势	Agile公司大中国区副总经理 黄祥徽
7月25日16:00-18:00	制造企业PLM技术应用与实践	华天软件董事长 杨超英
7月26日9:00-12:00	面向设计制造工艺的PLM解决方案和策略	开目公司副总经理 肖骏
7月26日14:00-17:00	普及CAD应用，拓展PLM价值	CAXA 总裁 雷毅博士
7月27日9:00-11:00	"岭南论道"之中国制造业PLM应用分析	PLM厂商领袖、专家与制造企业CIO互动
7月27日14:00-16:00	CAD/CAE/DMU技术发展趋势分析	中山大学钟志坚教授

图11-36　设置行高后的结果

（4）选择"A1：B1"单元格，单击"开始"选项卡下"对齐方式"组右侧的对话框启动器，打开"设置单元格格式"对话框，单击"对齐"选项卡，分别在"文本对齐方式"区域的"水平对齐"和"垂直对齐"下拉列表中选择"居中"对齐方式，并选中"合并单元格"复选框。

（5）选择"字体"选项卡，"字体"选择"楷体"，"字形"选择"粗体"，字号为"16"，字体颜色为"红色"，单击"确定"按钮，设置效果如图 11-37 所示。

（6）选择"A3：C3"单元格区域，然后单击"开始"选项卡下"对齐方式"组中的"居中"按钮；在"字体"组中的字体列表中选择"黑体"，设置如图 11-37 所示。

图11-37　设置字体以及对齐的效果

（7）选择"A1：C1"单元格区域，用鼠标单击"开始"选项卡下"字体"组中的"边框"按钮右边的下三角箭头，在打开的"边框"列表中选择"线条颜色"，在打开的"颜色"列表中选择"红色"，如图 11-38 所示。

（8）再次用鼠标选择"开始"选项卡下"字体"组中的"边框"按钮右边的下三角箭头，在打开的"边框"列表中选择"粗底框线"，如图 11-39 所示。

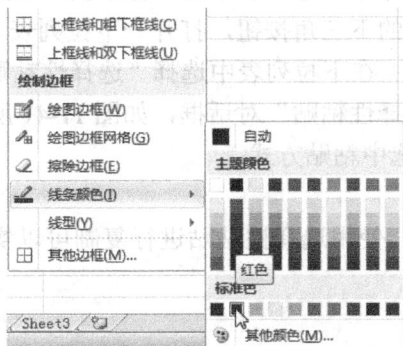

图11-38　设置线条颜色

图11-39　边框按钮列表

（9）选择"A3：C10"单元格区域，用鼠标单击"开始"选项卡下"字体"组中的"边框"按钮右边的下三角箭头，在打开的"边框"列表中选择"所有框线"。

（10）用鼠标单击"开始"选项卡下"字体"组中的"填充颜色"按钮，在打开的"颜色"列表中选择"水绿色"，设置边框和底纹的效果，如图 11-40 所示。

图11-40　设置边框和底纹的效果

回头看

> 通过案例"文件发放记录"以及举一反三"会议日程安排表"的制作过程，主要学习了Excel 2010 中数据的修改、数据的移动或复制、行（列）的插入或删除、单元格格式的设置、行高列宽的调整、边框和底纹的添加以及工作表的重命名等操作，这其中的关键在于要首先保证工作表中数据的准确性，然后在对工作表进行修饰。

知识拓展

1. 选择性粘贴

在进行单元格或单元格区域复制操作时，有时只需要复制其中的特定内容而不是所有内容时，可以使用"选择性粘贴"命令来完成，具体步骤如下：

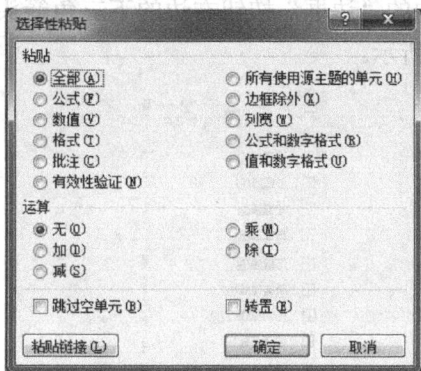

（1）选中需要复制数据的单元格区域。

（2）单击"开始"选项卡下"剪贴板"组中的"复制"按钮，或者单击鼠标右键，在弹出的快捷菜单中选择"复制"按钮，在选中的单元格区域周围出现闪烁的边框。

（3）选择要复制目标区域中的左上角的单元格，选择"开始"选项卡下的"剪贴板"组的"粘贴"按钮下侧的下三角按钮，打开一下拉列表。

（4）在下拉列表中选择"选择性粘贴"选项，打开"选择性粘贴"对话框，如图 11-41 所示。

图11-41　"选择性粘贴"对话框

（5）在"选择性粘贴"对话框中根据需要选中粘贴方式。

（6）单击"确定"按钮。

从"选择性粘贴"对话框中用户可以看到，使用选择性粘贴进行复制可以实现加、减、乘、除运算，或者只复制公式、数值、格式等。

2. 清除单元格内容

如果仅仅想将单元格中的数据清除掉，但还要保留单元格，可以先选中该单元格然后直接按 Delete 键删除单元格中的内容。此外还可以利用清除命令，对单元格中的不同内容进行清除。

首先选中要清除内容的单元格或单元格区域，单击"开始"选项卡下"编辑"组中的"清除"按钮，打开一个下拉列表，如图 11-42 所示。

可以根据需要选择相应的选项来完成操作，下拉列表中各选项的功能说明如下：

图11-42　"清除"下拉列表

- 全部清除：选择该命令将清除单元格中的所有内容，包括格式、内容、批注等。
- 清除格式：选择该命令只清除单元格的格式，单元格中其他的内容不被清除。
- 清除内容：选择该命令可以只清除单元格的内容，单元格中的格式、批注等不被清除。

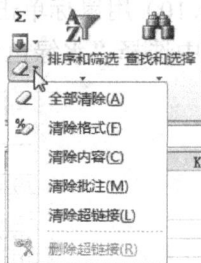

● 清除批注：选择该命令只清除单元格的批注。

3．自动套用格式

Excel 2010 内部提供的工作表格式都是在财务和办公领域流行的格式，使用自动套用格式功能既可节省大量时间，又可以使表格美观大方，并具有专业水准。

为工作表自动套用格式的具体步骤如下：

（1）选中需要使用自动套用格式的单元格区域。

（2）单击"开始"选项卡下"样式"组中的"套用表格格式"按钮，打开"套用表格格式"列表，如图 11-43 所示。

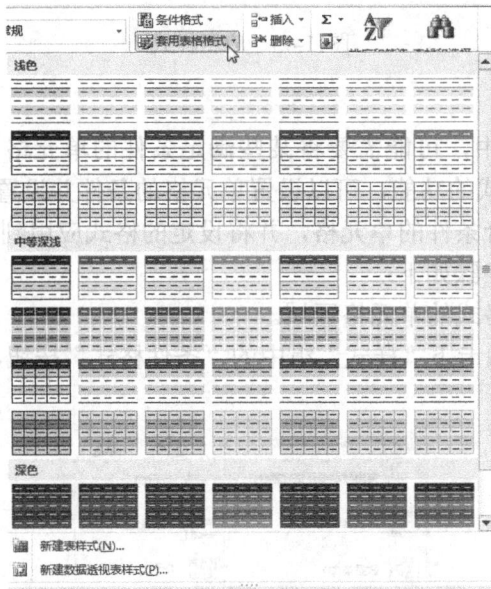

图 11-43　"套用表格格式"下拉菜单

（3）在下拉列表中单击合适的样式，打开"套用表格式"对话框。

（4）选中"表包含标题"复选框，如图 11-44 所示。

（5）单击"确定"按钮。

用户还可以将自动套用的表格格式转换为普通区域，将鼠标定位在自动套用格式区域的任意单元格中，单击"设计"选项卡，在工具组中单击"转换为区域"选项，单击"转换为区域"选项后打开一个询问对话框，单击"确定"按钮，则表格变为普通区域，此时"格式"动态选项卡将消失。

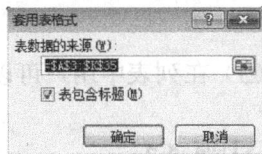

图11-44　"套用表格式"对话框

4．为单元格应用样式

Excel 2010 还提供了样式功能，用户可以为单元格或单元格区域应用 Excel 2010 内置的样式。

首先选中单元格或单元格区域，在"开始"选项卡的"样式"组中单击"单元格样式"按钮，然后在下拉列表中选择一种内置的样式即可，如图 11-45 所示。如果在下拉列表中单击"新建单元格样式"命令，则可以创建新的样式。

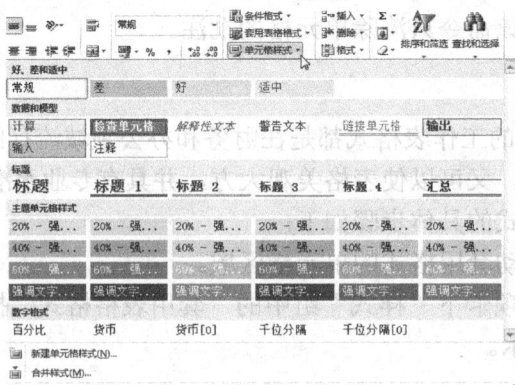

图11-45　应用样式

5．设置条件格式

在工作表的应用过程中，可能需要将某些满足条件的单元格以指定的样式进行显示。Excel 2010 提供了条件格式的功能，可以设置单元格的条件并设置这些单元格的格式。系统会在选定的区域中搜索符合条件的单元格，并将设定的格式应用到符合条件的单元格中。

设置条件格式的具体步骤如下：

（1）选定要设置条件格式的单元格区域。

（2）单击"开始"选项卡下"样式"组中的"条件格式"按钮，打开"条件格式"列表，如图 11-46 所示。

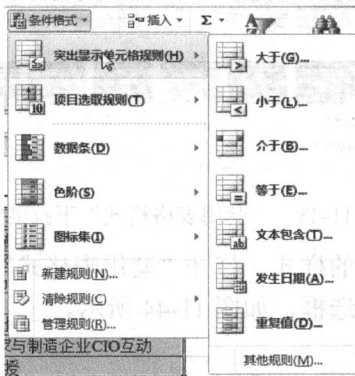

图11-46　"条件格式"下拉菜单

（3）在列表中用户可以选择需要的条件，然后对格式进行设置。

习题 11

填空题

1．默认情况下工作表中的中文字体为_____，字号为_____。

2．"开始"选项卡下"数字"组中常用的设置数字格式的工具按钮有_____、_____、_____、_____和_____五个。

3．"开始"选项卡下"对齐"组中常用的设置对齐的按钮有_____、_____、_____、_____、_____和_____七个。

4．在"开始"选项卡下的_____组中单击_____按钮，在下拉列表中用户可以设置行高和列宽。

5．在"开始"选项卡下的_____组中单击_____按钮，在下拉列表中用户可以为选中的单元格区域自动套用格式。

6．在"开始"选项卡下的____组中单击____按钮，在下拉列表中用户可以设置条件格式。

7．在"开始"选项卡下的_____组中单击____按钮，在下拉列表中用户可以为单元格设置底纹。

简答题

1．如何选定不连续的单元格区域？

2．调整行高或列宽有哪些方法？

3．为单元格或单元格区域添加底纹有哪些方法？

4．为单元格或单元格区域添加边框有哪些方法？

操作题

打开"案例与素材\第 11 章素材"文件夹中的"办公用品管理表（初始）"文档，按下述要求完成全部操作，如图 11-47 所示。

办公用品购入明细表

序号	名称	规格	单位	单价	购买数量	购买金额	购买日期	备注
1	钢笔	英雄财会专用	支	￥ 15.00	20	￥ 300.00	2014/5/18	
2	打印纸	A4	箱	￥ 40.00	40	￥ 1,600.00	2014/5/18	
3	铅笔	B2	支	￥ 1.00	100	￥ 100.00	2014/5/18	
4	打印墨盒	EPSON 680	盒	￥180.00	50	￥ 9,000.00	2014/5/20	
5	墨水	50ML	瓶	￥ 4.00	100	￥ 400.00	2014/5/20	
6	信笺	16开	本	￥ 2.00	4000	￥ 8,000.00	2014/5/23	印制
7	计算器		个	￥ 70.00	20	￥ 1,400.00	2014/5/26	
8	U盘	128MB	个	￥220.00	10	￥ 2,200.00	2014/5/26	
9	软盘	3.5寸	张	￥ 8.00	100	￥ 800.00	2014/5/28	
10	传真纸	A4	盒	￥ 32.00	10	￥ 320.00	2014/5/28	
11	文件袋	A4	个	￥ 2.50	1000	￥ 2,500.00	2014/5/28	
12	大头针		盒	￥ 2.20	200	￥ 440.00	2014/5/28	
13	文件夹		个	￥ 1.00	1000	￥ 1,000.00	2014/5/28	

办公用品领用表

序号	名称	规格	单位	领用数量	领用日期	领用部门	领用人	备注
1	钢笔	英雄财会专用	支	1	2014/5/10	财务部	刘志清	
2	打印纸	A4	箱	1	2014/5/12	秘书部	刘丽	
3	铅笔	B2	支	10	2014/5/12	销售部	胡礼	
4	打印墨盒	EPSON 680	盒	1	2014/5/13	拓展部	胡林涛	
5	墨水	50ML	瓶	2	2014/5/15	财务部	袁得	
6	信笺	16开	本	10	2014/5/15	拓展部	高宁	
7	传真纸	A4	盒	1	2014/5/16	销售部	胡伟	
8	文件夹		个	50	2014/5/16	财务部	陈涛	
9	传真纸	A4	盒	1	2014/5/17	拓展部	肖林立	
10	打印墨盒	EPSON 680	盒	2	2014/5/20	销售部	肖鹏	
11	U盘	128MB	个	1	2014/5/21	技术部	周进	
12	软盘	3.5寸	张	5	2014/5/21	策划部	王旭东	
13	大头针		盒	10	2014/5/25	财务部	陈涛	
14	信笺	16开	本	10	2014/5/25	策划部	张晓	
15	打印墨盒	EPSON 680	盒	1	2014/5/25	策划部	张晓	
16	U盘	128MB	个	1	2014/5/26	财务部	鲁晶	

图11-47　办公用品管理表

（1）将"Sheet1"和"Sheet2"分别重命名为"办公用品购入表"和"办公用品领用表"。

（2）分别对两个工作表除标题以外的数据区域自动套用"表样式浅色 9"的格式。

（3）对"办公用品购入表"中"序号"、"单位"、"购买数量"、"购买日期"列的数据水平居中显示；为"单价"和"购买金额"列的数据设置"会计专用"的数字格式。

（4）对"办公用品领用表"中"序号"、"单位"、"领用数量"、"领用日期"、"领用部门"、"领用人"列的数据水平居中显示。

第 12 章　Excel 2010 的数据分析功能
——制作考试成绩表和员工工资表

　　Excel 2010 提供了极强的公式、函数、数据排序、筛选以及分类汇总等功能。使用这些功能，用户可以方便地管理、分析数据。

知识要点

- 使用公式和函数
- 数据排序
- 数据筛选
- 数据分类汇总

任务描述

　　在日常生活中，我们需要根据某些数据作出计算和分析，利用 Excel 2010 提供的公式、函数功能及对数据强大的处理分析功能就能满足我们工作和生活上的需要。如图 12-1 所示是利用 Excel 2010 制作出的考试成绩表，在工作表中对考试成绩进行了计算与分析。

	A	B	C	D	E	F	G	H	I
1	大华中学初二年级考试成绩表								
2	姓名	班级	语文	数学	英语	政治	物理	化学	总分
3	周 彤	初二（二）	98	97	96	88	88	87	554
4	程国力	初二（二）	89	88	95	91	93	86	542
5	贾龙飞	初二（二）	98	76	84	99	79	83	519
6	王 敏	初二（二）	87	88	69	87	88	86	505
7	王晓超	初二（三）	99	94	100	92	92	98	575
8	刘小梅	初二（三）	96	97	98	93	92	94	570
9	孟庆海	初二（三）	96	93	92	91	90	92	554
10	褚 冰	初二（三）	95	91	94	76	91	89	536
11	张坤丽	初二（三）	91	78	99	80	86	79	513
12	杨文静	初二（三）	73	87	89	89	81	82	501
13	崔倩倩	初二（一）	90	96	100	82	90	96	554
14	刘甜甜	初二（一）	89	86	86	96	86	88	531
15	郭小莉	初二（一）	78	98	89	86	86	84	521
16	王 伟	初二（一）	79	86	78	83	84	86	496
17	李国庆	初二（一）	86	81	79	83	81	82	492
18									
19									
20	平均成绩		89.60	89.07	89.87	87.73	87.13	87.47	

图12-1　考试成绩表

案例分析

　　完成考试成绩表的制作首先要用到公式和函数对成绩表中的成绩进行计算，然后利用排序、筛选、分类汇总功能对成绩表中的数据进行分析。

　　本章所涉及案例的素材和最终效果文件请登录华信教育资源网（www.hxedu.com.cn）下载，相关内容在下载后的"案例与素材\第 12 章素材"和"案例与素材\第 12 章案例效果"文件夹中。

12.1　使用公式

　　公式是在工作表中对数据进行分析和运算的等式，或者是一组连续的数据和运算符组成的序列。公式要以等号（=）开始，用于表明其后的字符为公式。紧随等号之后的是需要进行计算的元素，各元素之间用运算符隔开。

12.1.1　公式中的运算符

运算符用于对公式中的元素进行特定类型的运算，分为算术运算符、文本运算符、比较运算符和引用运算符。

- 文本运算符：文本运算符只有一个 "&"，使用该运算符可以将文本连结起来。其含义是将两个文本值连接或串联起来产生一个连续的文本值，如 "大众"&"轿车" 的结果是 "大众轿车"。
- 算术运算符和比较运算符：算术运算符可以完成基本的算术运算，如加、减、乘、除等，还可以连接数字并产生运算结果。比较运算符可以比较两个数值并产生逻辑值，逻辑值只有 FALSE 和 TURE，即错误和正确。表 12-1 列出了算术运算符和比较运算符的含义。
- 引用运算符：引用运算符可以将单元格区域合并计算，它主要包括冒号、逗号、空格。表 12-2 列出了引用运算符的含义。

表 12-1　算术运算符和比较运算符

算术运算符	含　义	比较运算符	含　义
+	加	=	等于
—	减	<	小于
*	乘	>	大于
/	除	>=	大于等于
^	乘方	<=	小于等于
%	百分号	<>	不等于

表 12-2　引用运算符

引用运算符	含　义
:（冒号）	区域运算符，表示区域引用，对包括两个单元格在内的所有单元格进行引用
,（逗号）	联合运算符，将多个引用合并为一个引用
（空格）	交叉运算符，对同时隶属两个区域的单元格进行引用

12.1.2　运算顺序

Excel 2010 根据公式中运算符的特定顺序从左到右计算公式。如果公式中同时用到多个运算符时，对于同一级的运算，则按照从等号开始从左到右进行计算，对于不同级的运算符，则按照运算符的优先级进行计算。表 12-3 列出了常用运算符的运算优先级。

表 12-3　公式中运算符的优先级

运　算　符	含　义	运　算　符	含　义
:（冒号）	区域运算符	^	乘方
（空格）	交叉运算符	*和/	乘和除
,（逗号）	联合运算符	+和-	加和减
-(负号)	如：-5	&	文本运算符
%	百分号	=、>、<、>=、<=、<>	比较运算符

如果要更改求值的顺序，可以将公式中要先计算的部分用括号括起来。例如，公式 "=10+3*5" 的结果是 "25"，因为 Excel 先进行乘法运算后再进行加法运算。先将 "3" 与 "5" 相乘，然后再加上 "10"，即得到结果。如果使用括号改变语法 "=（10+3）*5"，Excel 先用

"10" 加上 "3"，再用结果乘以 "5"，得到结果 "65"。

12.1.3　创建公式

创建公式时可以直接在单元格中输入，也可以在编辑栏中输入，在编辑栏中输入和在单元格中输入计算结果是相同的。

例如，要在考试成绩工作表中计算出 "王敏" 的总分，操作步骤如下：

（1）选定单元格 "I3"，直接输入公式或在编辑栏中输入公式 "=C3+D3+E3+F3+G3+H3"。

（2）按回车键，或单击编辑栏中的输入按钮 ✔ 即可在单元格中计算出结果，如图 12-2 所示。

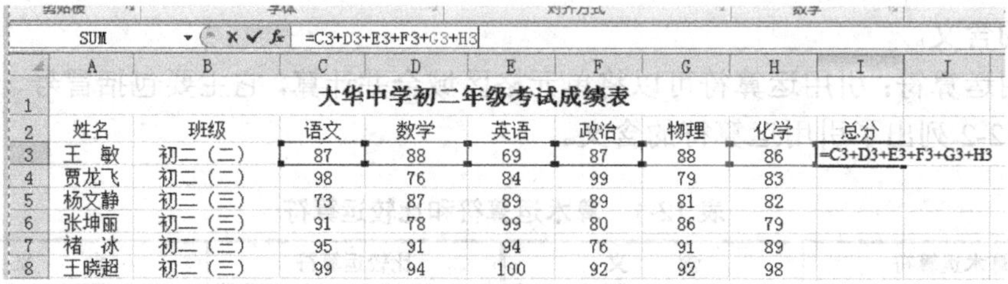

图12-2　利用公式计算出的结果

12.1.4　单元格的引用

引用的作用在于标识工作表上的单元格或单元格区域，并指明公式中所使用的数据的位置。通过引用，可以在公式中使用工作表不同部分的数据，或者在多个公式中使用同一个单元格的数值。还可以引用同一个工作簿中不同工作表上的单元格和其他工作簿中的数据。在 Excel 2010 中，系统提供了三种不同的引用类型：相对引用、绝对引用和混合引用。它们之间既有区别又有联系，在引用单元格数据时，用户一定要弄清楚这三种引用类型之间的区别和联系。

1．相对引用

相对引用，指的是引用单元格的行号和列标。所谓相对就是可以变化，它的最大特点就是在单元格中使用公式时如果公式的位置发生变化，那么所引用的单元格也会发生变化。

例如，在单元格 "I3" 中使用的公式 "=C3+D3+E3+F3+G3+H3"，现想把其公式相对引用到 "I4" 单元格中，具体操作步骤如下：

（1）单击选择 "I3" 单元格。

（2）单击鼠标右键，在弹出的菜单中选择 "复制" 命令，或单击 "开始" 选项卡下 "剪贴板" 组中的 "复制" 按钮，则选中的单元格周围出现闪烁的边框，如图 12-3 所示。

图12-3　复制公式

（3）单击选择要相对引用的单元格“I4”，单击“开始”选项卡下“剪贴板”组中的“粘贴”按钮即可将“I3”单元格中的公式相对引用到“I4”单元格中，在该单元格中的公式将变为“=C4+D4+E4+ F4+G4+H4”，如图 12-4 所示。

I4　=C4+D4+E4+F4+G4+H4

	A	B	C	D	E	F	G	H	I	J
1	大华中学初二年级考试成绩表									
2	姓名	班级	语文	数学	英语	政治	物理	化学	总分	
3	王　敏	初二（二）	87	88	69	87	88	86	505	
4	贾龙飞	初二（二）	98	76	84	99	79	83	519	
5	杨文静	初二（三）	73	87	89	89	81	82		(Ctrl)
6	张坤丽	初二（三）	91	78	99	80	86	79		
7	褚　冰	初二（三）	95	91	94	76	91	89		
8	王晓超	初二（三）	99	94	100	92	92	98		
9	郭小莉	初二（一）	78	98	89	86	86	84		
10	刘甜甜	初二（一）	89	86	86	96	86	88		
11	崔倩倩	初二（一）	90	96	100	82	90	96		
12	程国力	初二（二）	89	88	95	91	93	86		
13	周　彤	初二（二）	98	97	96	88	88	87		
14	孟庆海	初二（三）	96	93	92	91	90	92		
15	刘小梅	初二（三）	96	97	98	93	92	94		
16	李国庆	初二（一）	86	81	79	83	81	82		
17	王　伟	初二（一）	79	86	78	83	84	86		
18										
19										
20	平均成绩									

图12-4　在公式中使用了相对引用

这里用户还可以利用自动填充功能来填充公式，首先单击“I4”单元格，将鼠标移到该单元格的填充柄上，并向下拖动填充柄。到达单元格“I17”后松开鼠标，则“I4”中的公式自动填充到选定的单元格区域，如图 12-5 所示。

I3　=C3+D3+E3+F3+G3+H3

	A	B	C	D	E	F	G	H	I
1	大华中学初二年级考试成绩表								
2	姓名	班级	语文	数学	英语	政治	物理	化学	总分
3	王　敏	初二（二）	87	88	69	87	88	86	505
4	贾龙飞	初二（二）	98	76	84	99	79	83	519
5	杨文静	初二（三）	73	87	89	89	81	82	501
6	张坤丽	初二（三）	91	78	99	80	86	79	513
7	褚　冰	初二（三）	95	91	94	76	91	89	536
8	王晓超	初二（三）	99	94	100	92	92	98	575
9	郭小莉	初二（一）	78	98	89	86	86	84	521
10	刘甜甜	初二（一）	89	86	86	96	86	88	531
11	崔倩倩	初二（一）	90	96	100	82	90	96	554
12	程国力	初二（二）	89	88	95	91	93	86	542
13	周　彤	初二（二）	98	97	96	88	88	87	554
14	孟庆海	初二（三）	96	93	92	91	90	92	554
15	刘小梅	初二（三）	96	97	98	93	92	94	570
16	李国庆	初二（一）	86	81	79	83	81	82	492
17	王　伟	初二（一）	79	86	78	83	84	86	496
18									
19									
20	平均成绩								

图12-5　自动填充公式后的效果

2. 绝对引用

绝对引用，顾名思义就是当公式的位置发生变化时，所引用的单元格不会发生变化，无论移到任何位置，引用都是绝对的。使用“绝对引用”要在单元格名前加一符号“＄”，如＄A＄3 表示单元格“A3”是绝对引用。

例如，当把单元格“I4”中的公式改为“=$C$4+$D$4+$E$4+$F$4++$G$4+$H$4”再把它填充到单元格“I5：I17”中，这时单元格的引用不发生任何变化，如图 12-6 所示。

3. 混合引用

混合引用，就是指只绝对引用行号或者列标，如$B6 表示绝对引用列标，B$6 则表示绝对引用行号。当相对引用的公式发生位置变化时，绝对引用的行号或列标不变，但相对引用的行号或列标则发生变化。

如果多行多列地复制公式，则相对引用自动调整，而绝对引用不作调整。例如，如果将一个混合引用“=A$1”从 A2 复制到 B2，它将从“=A$1”调整到“=B$1”。

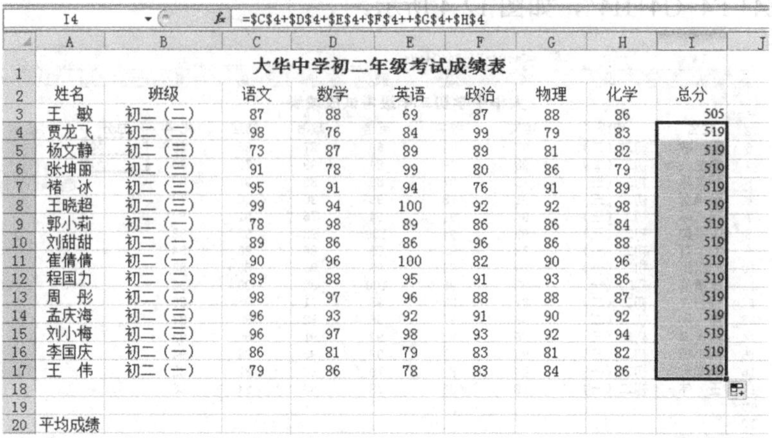
I4 =$C$4+$D$4+$E$4+$F$4++$G$4+$H$4

	A	B	C	D	E	F	G	H	I
1	大华中学初二年级考试成绩表								
2	姓名	班级	语文	数学	英语	政治	物理	化学	总分
3	王　敏	初二（二）	87	88	69	87	88	86	505
4	贾龙飞	初二（二）	98	76	84	99	79	83	519
5	杨文静	初二（三）	73	87	89	89	81	82	519
6	张坤丽	初二（三）	91	78	99	80	86	79	519
7	褚　冰	初二（三）	95	91	94	76	91	89	519
8	王晓超	初二（三）	99	94	100	92	92	98	519
9	郭小莉	初二（一）	78	98	89	86	86	84	519
10	刘甜甜	初二（一）	89	86	86	96	86	88	519
11	崔倩倩	初二（一）	90	96	100	82	90	96	519
12	程国力	初二（二）	89	88	95	91	93	86	519
13	周　彤	初二（二）	98	97	96	88	88	87	519
14	孟庆海	初二（三）	96	93	92	91	90	92	519
15	刘小梅	初二（三）	96	97	98	93	92	94	519
16	李国庆	初二（一）	86	81	79	83	81	82	519
17	王　伟	初二（一）	79	86	78	83	84	86	519
18									
19									
20	平均成绩								

图12-6　绝对引用填充公式

12.2 应用函数

函数是一些预定义的公式，通过使用一些称为参数的特定数值来按特定的顺序或结构选择计算。函数可用于选择简单或复杂的计算。在公式中合理地使用函数，可以大大节省用户的输入时间，简化公式的输入。

12.2.1 直接输入函数

直接输入法就是直接在工作表的单元格中输入函数的名称及语法结构。这种方法要求用户必须对所使用的函数较为熟悉，并且十分了解此函数包括多少个参数及参数的类型。然后就可以像输入公式一样来输入函数，而且使用起来也较为方便。

直接输入法的操作非常简单，只需先选择要输入函数公式的单元格，输入“＝”号，然后按照函数的语法直接输入函数名称及各参数即可。

例如，要在考试成绩工作表中利用直接输入函数的方法在“C20”单元格中输入平均值函数，以此来求出语文的平均分，具体操作步骤如下：

（1）单击选择“C20”单元格。

（2）直接输入“=AVERAGE（C3:C17）”，如图 12-7 所示。

（3）按下回车键或单击“编辑栏”中的“输入”按钮 ✓，则可在“C20”单元格中计算出结果。

12.2.2 插入函数

利用直接输入法来输入函数时，要求用户必须了解函数的语法、参数及使用方法，但是由于 Excel 2010 提供了 200 多种函数，因此用户不可能全部记住。当用户在不能确定函数的拼写时，则可使用另一种插入函数的方法来插入函数，这种方法简单、快速，它不需要用户的输入，而直接插入即可使用。

图12-7　在单元格中直接输入函数

例如，利用插入函数的方法在"D20"单元格中求出"数学"的平均分，具体步骤如下：

（1）单击"D20"单元格。

（2）单击"公式"选项卡下"函数库"组中的"插入函数"按钮，或者在"编辑栏"中单击"插入函数"按钮 f_x ，打开"插入函数"对话框，如图 12-8 所示。

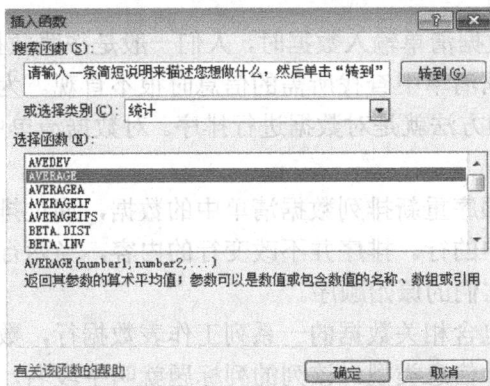

图12-8　"插入函数"对话框

（3）在"或选择类别"下拉列表中选择"统计函数"项，在"选择函数"列表框中选择所需的函数类型"AVERAGE"。

（4）单击"确定"按钮，打开"函数参数"对话框，如图 12-9 所示。

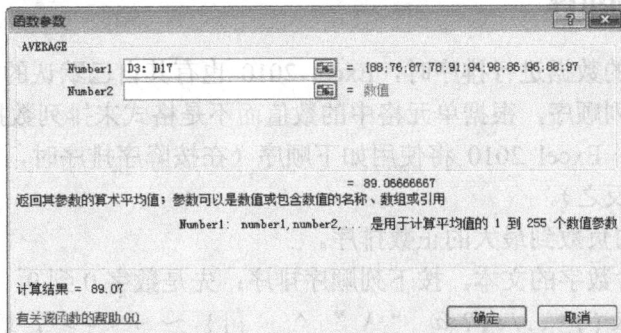

图12-9　"函数参数"对话框

（5）在"Number1"编辑框中直接输入函数的参数"D3：D17"，或单击"Number1"编辑框右边的折叠按钮，然后在工作表中选择参数区域"D3：D17"。

（6）单击"确定"按钮，则在单元格"D20"中显示出计算结果。

利用自动填充功能将"D20"中的函数填充到"E20：F20"区域中，如图 12-10 所示。

	A	B	C	D	E	F	G	H	I
1	大华中学初二年级考试成绩表								
2	姓名	班级	语文	数学	英语	政治	物理	化学	总分
3	王　敏	初二（二）	87	88	69	87	88	86	505
4	贾龙飞	初二（二）	98	76	84	99	79	83	519
5	杨文静	初二（三）	73	87	89	89	81	82	501
6	张坤丽	初二（三）	91	78	99	80	86	79	513
7	褚　冰	初二（三）	95	91	94	76	91	89	536
8	王晓超	初二（三）	99	94	100	92	92	98	575
9	郭小莉	初二（一）	78	98	89	86	86	84	521
10	刘甜甜	初二（一）	89	86	86	96	86	88	531
11	崔倩倩	初二（一）	90	96	100	82	90	96	554
12	程国力	初二（二）	89	88	95	91	93	86	542
13	周　彤	初二（二）	98	97	96	88	88	87	554
14	孟庆涛	初二（三）	96	93	92	91	90	92	554
15	刘小梅	初二（三）	96	97	98	93	92	94	570
16	李国庆	初二（一）	86	81	79	83	81	82	492
17	王　伟	初二（一）	79	86	78	83	84	86	496
18									
19									
20	平均成绩		89.60	89.07	89.87	87.73	87.13	87.47	

图12-10　利用函数的计算结果

12.3　排序数据

在实际应用中，建立数据清单输入数据时，人们一般是按照数据到来的先后顺序输入的。但是，当用户要直接从数据清单中查找所需的信息时很不直观。为了提高查找效率，需要重新整理数据，对此最有效的方法就是对数据进行排序。对数据清单中的数据进行排序是 Excel 最常见的应用之一。

排序是指按照一定的顺序重新排列数据清单中的数据，通过排序，可以根据某特定列的内容来重新排列数据清单中的行。排序并不改变行的内容，当两行中有完全相同的数据或内容时，Excel 2010 会保持它们的原始顺序。

所谓的数据清单就是包含相关数据的一系列工作表数据行，数据清单中的字段即工作表中的列，每一列中包含一种信息类型，该列的列标题就叫字段名，它必须由文字表示。数据清单中的记录，即工作表中的行，每一行都包含着相关的信息。数据记录应紧接在字段名行的下面，没有空行。如果出现空行，则空行下面的记录不作为这个数据清单的一部分，例如考试成绩表中平均分和考试成绩中间有空行，则平均分的记录就不是考试成绩数据清单的一部分。

12.3.1　按单列排序

在对数据清单中的数据进行排序时，Excel 2010 也有其自己默认的排列顺序。其默认的排序是使用特定的排列顺序，根据单元格中的数值而不是格式来排列数据。

在按升序排序时，Excel 2010 将使用如下顺序（在按降序排序时，除了空格总是在最后外，其他的排序顺序反之）。

- 数字从最小的负数到最大的正数排序。
- 文本以及包含数字的文本，按下列顺序排序：先是数字 0 到 9，然后是字符"' - (空格)!"#$%&()*,./:;?@ "\" ^_`{|} ~ +<=>"，最后是字母 A 到 Z。
- 在逻辑值中，FALSE 排在 TRUE 之前。
- 所有错误值的优先级等效。

● 空格排在最后。

对数据记录进行排序时，主要利用"排序"工具按钮和"排序"对话框来进行排序。如果用户想快速地根据某一列的数据进行排序，则可使用"数据"选项卡下的"排序和筛选"组中的排序按钮：

● "升序"按钮 ![升序] ：单击此按钮后，系统将按字母表顺序、数据由小到大、日期由前到后等默认的排列顺序进行排序。

● "降序"按钮 ![降序] ：单击此按钮后，系统将反字母表顺序、数据由大到小、日期由后到前等顺序进行排序。

例如，利用工具栏中的按钮将考试成绩表中的"总分"列的数据按降序进行排列，具体操作步骤如下。

（1）在"总分"列单击任一单元格。

（2）单击"数据"选项卡下"排序和筛选"组中的"降序"按钮，则"总分"列的数据按由大到小排列，排序后的结果如图 12-11 所示。

	A	B	C	D	E	F	G	H	I
1	大华中学初二年级考试成绩表								
2	姓名	班级	语文	数学	英语	政治	物理	化学	总分
3	王晓超	初二（三）	99	94	100	92	92	98	575
4	刘小梅	初二（三）	96	97	98	93	92	94	570
5	崔倩倩	初二（一）	90	96	100	82	90	96	554
6	周彤	初二（二）	98	97	96	88	88	87	554
7	孟庆海	初二（三）	96	93	92	91	90	92	554
8	程国力	初二（二）	89	88	95	91	93	86	542
9	褚冰	初二（二）	95	91	94	76	91	89	536
10	刘甜甜	初二（一）	89	86	86	96	86	88	531
11	郭小莉	初二（一）	78	98	89	86	86	84	521
12	贾龙飞	初二（二）	98	76	84	99	79	83	519
13	张坤丽	初二（三）	91	86	99	80	86	79	513
14	王敏	初二（二）	87	88	69	87	88	86	505
15	杨文静	初二（三）	73	87	89	89	81	82	501
16	王伟	初二（一）	79	86	78	83	84	86	496
17	李国庆	初二（一）	86	81	79	83	81	82	492
18									
19									
20	平均成绩		89.60	89.07	89.87	87.73	87.13	87.47	

图12-11 将"总分"列降序排列后的结果

12.3.2 按多列排序

利用"排序和筛选"组中的排序按钮进行排序虽然方便快捷，但是只能按某一字段名的内容进行排序，如果要按两个或两个以上字段的内容进行排序时可以在"排序"对话框中进行。

例如，将考试成绩表先按"总分"降序排列，再按"语文"降序排列，具体步骤如下：

（1）在成绩数据清单区域单击任一单元格。

（2）单击"数据"选项卡下的"排序和筛选"组中的"排序"按钮，打开"排序"对话框，如图 12-12 所示。

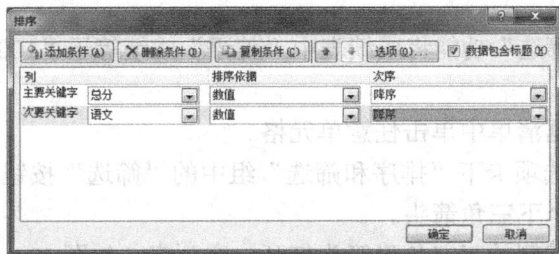

图12-12 "排序"对话框

（3）在“主要关键字”下拉列表中选中“总分”，在“排序依据”列表中选择“数值”，在“次序”列表中选中“降序”。

（4）单击“添加”按钮，在“次要关键字”下拉列表中选中“语文”，在“排序依据”列表中选择“数值”，在“次序”列表中选中“降序”。

（5）单击“确定”按钮，按多列进行排序后的结果如图 12-13 所示。

	A	B	C	D	E	F	G	H	I
1			大华中学初二年级考试成绩表						
2	姓名	班级	语文	数学	英语	政治	物理	化学	总分
3	王晓超	初二（三）	99	94	100	92	92	98	575
4	刘小梅	初二（三）	96	97	98	93	92	94	570
5	周　彤	初二（二）	98	97	96	88	88	87	554
6	孟庆海	初二（三）	96	93	92	91	90	92	554
7	崔倩倩	初二（一）	90	96	100	82	90	96	554
8	程国力	初二（二）	89	88	95	91	93	86	542
9	褚　冰	初二（三）	95	91	94	76	91	89	536
10	刘甜甜	初二（一）	89	86	86	96	86	88	531
11	郭小莉	初二（一）	78	98	89	86	86	84	521
12	贾龙飞	初二（二）	98	76	84	99	79	83	519
13	张坤丽	初二（三）	91	78	99	80	86	79	513
14	王　敏	初二（二）	87	88	69	87	88	86	505
15	杨文静	初二（三）	73	87	89	89	81	82	501
16	王　伟	初二（一）	79	86	78	83	84	86	496
17	李国庆	初二（一）	86	81	79	83	81	82	492
18									
19									
20	平均成绩		89.60	89.07	89.87	87.73	87.13	87.47	

图12-13　按多列进行排序的效果

提示：在“排序”对话框中选中“有标题行”单选按钮则表示在排序时保留数据清单的字段名称行，字段名称行不参与排序。选中“无标题行”单选按钮则表示在排序时删除数据清单中的字段名称行，字段名称行中的数据也参与排序。

12.4　数据筛选

筛选是查找和处理数据清单中数据子集的快捷方法，筛选清单仅显示满足条件的行，该条件由用户针对某列指定。筛选与排序不同，它并不重排数据清单，而只是将不必显示的行暂时隐藏。用户可以使用“自动筛选”或“高级筛选”功能将那些符合条件的数据显示在工作表中。Excel 2010 在筛选行时，可以对清单子集进行编辑、设置格式、制作图表和打印，而不必重新排列或移动。

12.4.1　自动筛选

自动筛选是一种快速的筛选方法，用户可以通过它快速地访问大量数据，从中选出满足条件的记录并将其显示出来，隐藏那些不满足条件的数据，此种方法只适用于条件较简单的筛选。

例如，利用“自动筛选”功能将成绩表中“英语”成绩等于“100”的记录显示出来，具体操作步骤如下：

（1）在考试成绩数据清单中单击任意单元格。

（2）单击“数据”选项卡下“排序和筛选”组中的“筛选”按钮，则在选中区域的标题行中文本的右侧出现一个下三角箭头。

（3）单击“英语”右侧的下三角形箭头打开一个列表，如图 12-14 所示。

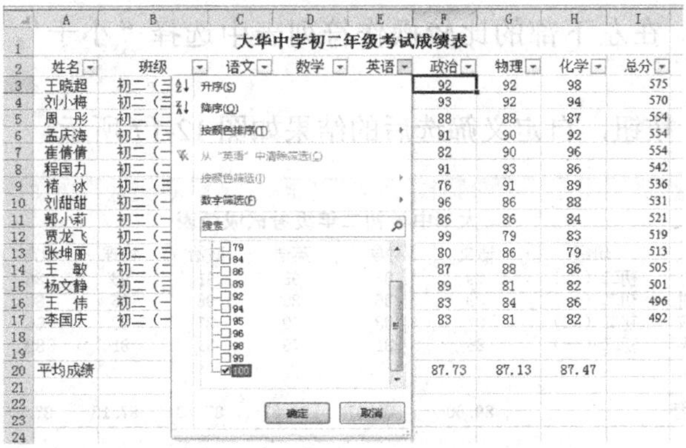

图12-14　"英语"字段下拉列表

（4）在下拉列表中选择"100"，自动筛选后的结果，如图 12-15 所示。

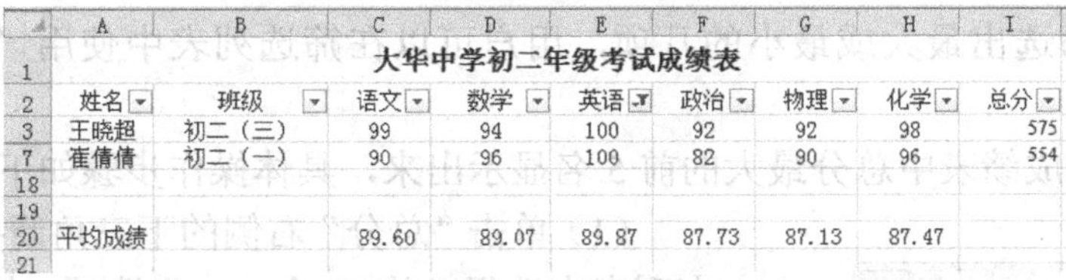

图12-15　按"英语"字段自动筛选的结果

如果要显示所有的数据，在"英语"右侧的下拉列表框中选中"全部"，则所有的数据又都可以显示出来了。单击"排序和筛选"组中的"清除"按钮，就可以取消自动筛选。

12.4.2　自定义筛选

在使用"自动筛选"命令筛选数据时，还可以利用"自定义"的功能来限定一个或两个筛选条件，以便于将更接近条件的数据显示出来。

例如，将考试成绩表中语文"成绩"小于"80"大于"90"的数据显示出来，具体操作步骤如下：

（1）在成绩数据清单区域单击任一单元格。

（2）单击"数据"选项卡下"排序和筛选"组中的"筛选"按钮，此时在每个字段的右边都出现一个下三角形箭头按钮。

（3）单击"语文"右侧的下三角箭头打开一个列表，然后指向"数字筛选"出现一个子菜单。

（4）在列表中选择"自定义筛选"选项，打开"自定义自动筛选方式"对话框，如图 12-16 所示。

图12-16　"自定义自动筛选方式"对话框

（5）在左上部的比较操作符下拉列表中选择"大于"，在其右边的文本框中输入"90"，选中"或"单选按钮，在左下部的比较操作符列表中选择"小于"，在其右边的文本框中输入"80"。

（6）单击"确定"按钮，自定义筛选后的结果如图12-17所示。

	A	B	C	D	E	F	G	H	I
1	大华中学初二年级考试成绩表								
2	姓名	班级	语文	数学	英语	政治	物理	化学	总分
8	程国力	初二（二）	89	88	95	91	93	86	542
10	刘甜甜	初二（一）	89	86	86	96	86	88	531
14	王 敏	初二（二）	87	88	69	87	88	86	505
17	李国庆	初二（一）	86	81	79	83	81	82	492
18									
19									
20	平均成绩		89.60	89.07	89.87	87.73	87.13	87.47	

图12-17 自定义筛选的效果

12.4.3 筛选前10个

如果用户要筛选出最大或最小的几项，用户可以在筛选列表中使用"前10个"命令来完成。

例如，将考试成绩表中总分最大的前5名显示出来，具体操作步骤如下：

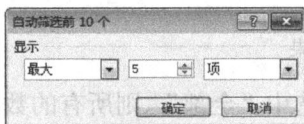
图12-18 "自动筛选前10个"对话框

（1）单击"总分"右侧的下三角箭头打开一个列表，在列表中选择"前10个……"选项，打开"自动筛选前10个"对话框，如图12-18所示。

（2）在对话框中的最左边的下拉列表中选择"最大"项，在中间的文本框中选择或输入"5"，在最后边的下拉列表中选择"项"。

（3）单击"确定"按钮，按"总分"字段自动筛选出排在前5名后的效果如图12-19所示。

	A	B	C	D	E	F	G	H	I
1	大华中学初二年级考试成绩表								
2	姓名	班级	语文	数学	英语	政治	物理	化学	总分
3	王晓超	初二（三）	99	94	100	92	92	98	575
4	刘小梅	初二（三）	96	97	98	93	92	94	570
5	周 彤	初二（三）	98	97	96	88	88	87	554
6	孟庆海	初二（三）	96	93	92	91	90	92	554
7	崔倩倩	初二（一）	90	96	100	82	90	96	554
18									
19									
20	平均成绩		89.60	89.07	89.87	87.73	87.13	87.47	

图12-19 利用"自动筛选前10个"命令筛选的结果

12.5 数据分类汇总

分类汇总是对数据清单上的数据进行分析的一种常用方法，Excel 2010 可以使用函数实现分类和汇总计算，汇总函数有求和、计算、求平均值等多种。使用汇总命令，可以按照用户选择的方式对数据进行汇总，自动建立分级显示，并在数据清单中插入汇总行和分类汇总行。在插入分类汇总时，Excel 2010 会自动在数据清单的底部插入一个总计行。

12.5.1 创建分类汇总

分类汇总是将数据清单中的某个关键字段进行分类，相同值的分为一类，然后对各类进行汇总。在进行自动分类汇总之前，应对数据清单进行排序将要分类字段相同的记录集中在一起，并且数据清单的第一行里必须有列标记。利用自动分类汇总功能可以对一项或多项指标进行汇总。

例如，对考试成绩表中按学生的"班级"对工作表中的各项成绩进行求平均值汇总，具体操作步骤如下：

（1）首先将"班级"字段按升序进行排列使相同班级的记录集中在一起。

（2）选中成绩单的数据区域，单击"数据"选项卡下"分级显示"组中的"分类汇总"按钮，打开"分类汇总"对话框，如图 12-20 所示。

（3）在"分类字段"下拉列表中选择"班级"；在"汇总方式"下拉列表中选择"平均值"；在"选定汇总项"列表中选中"语文、数学、英语、政治、物理、化学"。

（4）选中"替换当前分类汇总"复选框和"汇总结果显示在数据下方"复选框，则将分类汇总的结果放在本类数据的最后一行。

图12-20   "分类汇总"对话框

（5）单击"确定"按钮，对各项分别进行分类汇总的后的结果，如图 12-21 所示。

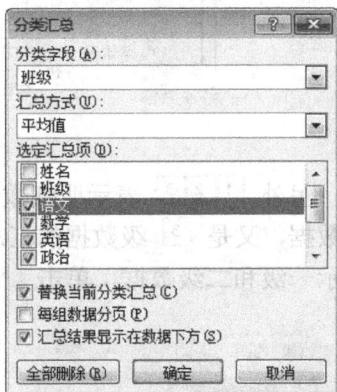

图12-21   进行分类汇总后的结果

> **提示：** 如果选择"替换当前分类汇"复选框则表示按本次要求进行汇总；如果选择"每组数据分页"复选框，则将每一类分页显示。

12.5.2   分级显示数据

工作表中的数据进行分类汇总后，将会使原来的工作表显得有些庞大，如果用户要想单独查看汇总数据或查看数据清单中的明细数据，最简单的方法就是利用 Excel 2010 提供的分级显示功能。

在对工作表数据进行分类汇总后，汇总后的工作表在窗口处将出现"1"、"2"、"3"的数字，还有"-"、大括号等，这些符号在 Excel 2010 中称为分级显示符号。

符号 ⊟ 是"隐藏明细数据"按钮， ⊞ 是"显示明细数据"按钮。单击 ⊟ 可以隐藏该级及以下各级的明细数据，单击 ⊞ 则可以展开该级明细数据。例如现在只需要显示"平均成绩"的各项记录，则可以将其他内容都隐藏，如图 12-22 所示。

图12-22　隐藏数据的结果

另外 [1][2][3] 表示明细数据级别，[1] 级数据为最高级，[2] 级数据是 [1] 级数据的明细数据，又是 [3] 级数据的汇总数据。单击 [1] 可以直接显示一级汇总数据。单击 [2] 可以显示一级和二级数据，单击 [3] 可以显示一级、二级、三级即全部数据。

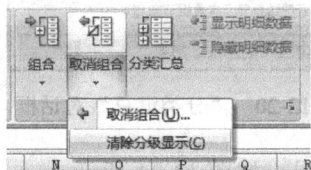

图 12-23　"取消组合"下拉菜单

如果要取消部分分级显示，可先选定有关的行或列，然后单击"数据"选项卡下的"分级显示"组中的"取消组合"按钮打开一个下拉列表，在下拉列表中选择"清除分级显示"按钮即可，如图 12-23 所示。

当创建了分类汇总后，如果不再需要了，用户还可以将其删除掉。首先在分类汇总数据清单区域单击任一单元格，单击"数据"选项卡下"分级显示"组中的"分类汇总"按钮，打开"分类汇总"对话框，在"分类汇总"对话框中单击"全部删除"按钮，最后单击"确定"按钮，关闭对话框。

举一反三　制作员工工资表

在公司的日常工作中，员工的工资管理是一项重要的工作。这里利用 Excel 2010 数据分析与管理的功能制作一个员工工资管理表，最终效果如图 12-24 所示。

图12-24　员工工资管理表最终效果

在制员工工资管理表之前首先打开"案例与素材\第 12 章素材"文件夹中"员工工资管理表（初始）"文档，如图 12-25 所示。

在制作员工工资管理表时我们可以利用公式和函数计算数据，制作员工工资管理表的具体操作步骤如下：

员工工资表								
员工编号	姓名	基本工资	岗位补贴	总工资	应请假费	应扣劳保金额	应扣个人所得税	实发工资
001	孙华蕾	¥2,100.00	¥862.00					
002	聂景年	¥2,911.00	¥847.00		¥50.00			
003	张路路	¥2,020.00	¥852.00		¥50.00			
004	王光美	¥2,413.00	¥849.00					
005	王　露	¥2,611.00	¥854.00					
006	王　锋	¥2,325.00	¥860.00		¥50.00			
007	王岩东	¥2,031.00	¥856.00					
008	张小娟	¥2,807.00	¥832.00		¥100.00			
009	辛　慧	¥2,028.00	¥858.00					
010	魏峨锋	¥2,514.00	¥859.00		¥50.00			
011	青海湖	¥2,119.00	¥839.00					
012	李秀梅	¥2,742.00	¥848.00					
013	张　成	¥2,416.00	¥862.00		¥100.00			
014	邵博文	¥2,613.00	¥835.00					
015	李洋洋	¥2,114.00	¥864.00		¥50.00			

图12-25　员工工资管理表

（1）选择“E3”单元格，单击“公式”选项卡下“函数库”组中的“自动求和”按钮，在下拉列表中选择“求和”，则在“E3”单元格中显示出求和函数，并且系统自动确认求和的区域，如果求和的区域不正确用户可以重新选择或输入，如果求和的区域正确，单击“√”按钮，即可得到计算结果，如图 12-26 所示。

AVERAGE　=SUM(C3:D3)

	A	B	C	D	E	F	G
1					员工工资表		
2	员工编号	姓名	基本工资	岗位补贴	总工资	应请假费	应扣劳保金额
3	001	孙华蕾	¥2,100.00	¥862.00	=SUM(C3:D3)		
4	002	聂景年	¥2,911.00	¥847.00	SUM(number1, [number2], ...)		
5	003	张路路	¥2,020.00	¥852.00		¥50.00	
6	004	王光美	¥2,413.00	¥849.00			
7	005	王　露	¥2,611.00	¥854.00			
8	006	王　锋	¥2,325.00	¥860.00		¥50.00	
9	007	王岩东	¥2,031.00	¥856.00			
10	008	张小娟	¥2,807.00	¥832.00		¥100.00	
11	009	辛　慧	¥2,028.00	¥858.00			
12	010	魏峨锋	¥2,514.00	¥859.00		¥50.00	
13	011	青海湖	¥2,119.00	¥839.00			
14	012	李秀梅	¥2,742.00	¥848.00			
15	013	张　成	¥2,416.00	¥862.00		¥100.00	
16	014	邵博文	¥2,613.00	¥835.00			
17	015	李洋洋	¥2,114.00	¥864.00		¥50.00	

图12-26　自动求和

（2）利用自动填充功能将“E3”单元格中的公式填充到“E4：E17”区域，结果如图 12-27 所示。

E3　=SUM(C3:D3)

	A	B	C	D	E	F	G
1					员工工资表		
2	员工编号	姓名	基本工资	岗位补贴	总工资	应请假费	应扣劳保金额
3	001	孙华蕾	¥2,100.00	¥862.00	¥2,962.00		
4	002	聂景年	¥2,911.00	¥847.00	¥3,758.00	¥50.00	
5	003	张路路	¥2,020.00	¥852.00	¥2,872.00	¥50.00	
6	004	王光美	¥2,413.00	¥849.00	¥3,262.00		
7	005	王　露	¥2,611.00	¥854.00	¥3,465.00		
8	006	王　锋	¥2,325.00	¥860.00	¥3,185.00	¥50.00	
9	007	王岩东	¥2,031.00	¥856.00	¥2,887.00		
10	008	张小娟	¥2,807.00	¥832.00	¥3,639.00	¥100.00	
11	009	辛　慧	¥2,028.00	¥858.00	¥2,886.00		
12	010	魏峨锋	¥2,514.00	¥859.00	¥3,373.00	¥50.00	
13	011	青海湖	¥2,119.00	¥839.00	¥2,958.00		
14	012	李秀梅	¥2,742.00	¥848.00	¥3,590.00		
15	013	张　成	¥2,416.00	¥862.00	¥3,278.00	¥100.00	
16	014	邵博文	¥2,613.00	¥835.00	¥3,448.00		
17	015	李洋洋	¥2,114.00	¥864.00	¥2,978.00	¥50.00	
18							

图12-27　计算总工资的结果

（3）选择“G3”单元格，然后输入公式“=E3*8%”，单击“√”按钮，即可的到计算结果。利用自动填充功能将“G3”单元格中的公式填充到“G4：G17”区域，结果如图 12-28 所示。

G3　=E3*8%

员工工资表

员工编号	姓名	基本工资	岗位补贴	总工资	应请假费	应扣劳保金额	应扣个人所得税	实发工资
001	孙华蕾	¥2,100.00	¥862.00	¥2,962.00		¥236.96		
002	聂景年	¥2,911.00	¥847.00	¥3,758.00	¥50.00	¥300.64		
003	张路路	¥2,020.00	¥852.00	¥2,872.00	¥50.00	¥229.76		
004	王光美	¥2,413.00	¥849.00	¥3,262.00		¥260.96		
005	王　露	¥2,611.00	¥854.00	¥3,465.00		¥277.20		
006	王　锋	¥2,325.00	¥860.00	¥3,185.00	¥50.00	¥254.80		
007	王岩东	¥2,031.00	¥856.00	¥2,887.00		¥230.96		
008	张小娟	¥2,807.00	¥832.00	¥3,639.00	¥100.00	¥291.12		
009	辛　慧	¥2,028.00	¥858.00	¥2,886.00		¥230.88		
010	巍峨锋	¥2,514.00	¥859.00	¥3,373.00	¥50.00	¥269.84		
011	青海湖	¥2,119.00	¥839.00	¥2,958.00		¥236.64		
012	李秀梅	¥2,742.00	¥848.00	¥3,590.00		¥287.20		
013	张　成	¥2,416.00	¥862.00	¥3,278.00	¥100.00	¥262.24		
014	邵博文	¥2,613.00	¥835.00	¥3,448.00		¥275.84		
015	李洋洋	¥2,114.00	¥864.00	¥2,978.00	¥50.00	¥238.24		

图12-28　计算应扣劳保金额的结果

（4）选择“H3”单元格，单击“公式”选项卡下“函数库”组中的“插入函数”按钮，或者在“编辑栏”中单击“插入函数”按钮 *fx* ，打开“插入函数”对话框。

（5）在“或选择类别”下拉列表中选择“常用函数”项，在“选择函数”列表框中选择所需的函数类型“IF”。单击“确定”按钮，打开“函数参数”对话框，如图 12-29 所示。

（6）在 Logical_test 编辑框中直接输入函数的参数“E3>=3000”，在 Value_if_true 编辑框中输入 logical_test 条件成立时的值“E3*10%”，在 Value_if_false 编辑框中输入 logical_test 条件不成立时的值“0”。

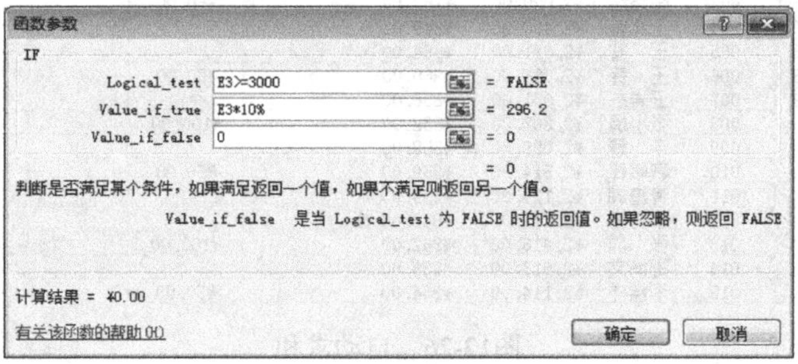

图12-29　“函数参数”对话框

（7）单击“确定”按钮，则在单元格中将显示出计算结果。利用填充的方法将 H3 中的函数填充到 H4：H17 区域，效果如图 12-30 所示。

H3　=IF(E3>=3000,E3*10%,0)

员工工资表

员工编号	姓名	基本工资	岗位补贴	总工资	应请假费	应扣劳保金额	应扣个人所得税	实发工资
001	孙华蕾	¥2,100.00	¥862.00	¥2,962.00		¥236.96	¥0.00	
002	聂景年	¥2,911.00	¥847.00	¥3,758.00	¥50.00	¥300.64	¥375.80	
003	张路路	¥2,020.00	¥852.00	¥2,872.00	¥50.00	¥229.76	¥0.00	
004	王光美	¥2,413.00	¥849.00	¥3,262.00		¥260.96	¥326.20	
005	王　露	¥2,611.00	¥854.00	¥3,465.00		¥277.20	¥346.50	
006	王　锋	¥2,325.00	¥860.00	¥3,185.00	¥50.00	¥254.80	¥318.50	
007	王岩东	¥2,031.00	¥856.00	¥2,887.00		¥230.96	¥0.00	
008	张小娟	¥2,807.00	¥832.00	¥3,639.00	¥100.00	¥291.12	¥363.90	
009	辛　慧	¥2,028.00	¥858.00	¥2,886.00		¥230.88	¥0.00	
010	巍峨锋	¥2,514.00	¥859.00	¥3,373.00	¥50.00	¥269.84	¥337.30	
011	青海湖	¥2,119.00	¥839.00	¥2,958.00		¥236.64	¥0.00	
012	李秀梅	¥2,742.00	¥848.00	¥3,590.00		¥287.20	¥359.00	
013	张　成	¥2,416.00	¥862.00	¥3,278.00	¥100.00	¥262.24	¥327.80	
014	邵博文	¥2,613.00	¥835.00	¥3,448.00		¥275.84	¥344.80	
015	李洋洋	¥2,114.00	¥864.00	¥2,978.00	¥50.00	¥238.24	¥0.00	

图12-30　计算应扣个人所得税的结果

（8）选择“I3”单元格，然后输入公式“=E3-F3-G3-H3”，按下“回车”键，即可得到计算结果。利用自动填充功能将“I3”单元格中的公式填充到“I4：I17”区域，结果如图 12-31 所示。

I3　　=E3-F3-G3-H3

	A	B	C	D	E	F	G	H	I
1	员工工资表								
2	员工编号	姓名	基本工资	岗位补贴	总工资	应请假费	应扣劳保金额	应扣个人所得税	实发工资
3	001	孙华蕾	¥2,100.00	¥862.00	¥2,962.00		¥236.96	¥0.00	¥2,725.04
4	002	聂景年	¥2,911.00	¥847.00	¥3,758.00	¥50.00	¥300.64	¥375.80	¥3,031.56
5	003	张路路	¥2,020.00	¥852.00	¥2,872.00	¥50.00	¥229.76	¥0.00	¥2,592.24
6	004	王光美	¥2,413.00	¥849.00	¥3,262.00		¥260.96	¥326.20	¥2,674.84
7	005	王　露	¥2,611.00	¥854.00	¥3,465.00		¥277.20	¥346.50	¥2,841.30
8	006	王　锋	¥2,325.00	¥860.00	¥3,185.00	¥50.00	¥254.80	¥318.50	¥2,561.70
9	007	王岩东	¥2,031.00	¥856.00	¥2,887.00		¥230.96	¥0.00	¥2,656.04
10	008	张小娟	¥2,807.00	¥832.00	¥3,639.00	¥100.00	¥291.12	¥363.90	¥2,883.98
11	009	辛　慧	¥2,028.00	¥858.00	¥2,886.00		¥230.88	¥0.00	¥2,655.12
12	010	巍峨锋	¥2,514.00	¥859.00	¥3,373.00	¥50.00	¥269.84	¥337.30	¥2,715.86
13	011	青海湖	¥2,119.00	¥839.00	¥2,958.00		¥236.64	¥0.00	¥2,721.36
14	012	李秀梅	¥2,742.00	¥848.00	¥3,590.00		¥287.20	¥359.00	¥2,943.80
15	013	张　成	¥2,416.00	¥862.00	¥3,278.00	¥100.00	¥262.24	¥327.80	¥2,587.96
16	014	邵博文	¥2,613.00	¥835.00	¥3,448.00		¥275.84	¥344.80	¥2,827.36
17	015	李洋洋	¥2,114.00	¥864.00	¥2,978.00	¥50.00	¥238.24	¥0.00	¥2,689.76
18									

图12-31　计算实发工资的结果

回头看

通过案例“考试成绩表”以及举一反三“员工工资管理表”的制作过程，主要学习了 Excel 2010 中公式与函数的应用、数据的排序、数据的筛选以及数据的分类汇总等数据的管理与分析方法，通过学习可以掌握利用 Excel 2010 提供的工具对数据进行有效的分析和处理，最终汇总出自己需要的结果。

知识拓展

1. 设置数据输入条件

在 Excel 2010 中，用户可以使用“数据有效性”来控制单元格中输入数据的类型及范围。这样可以限制用户不能给参与运算的单元格输入错误的数据，以避免运算时发生混乱。

在单元格中输入数据时，有时需要对输入的数据加以限制。例如在输入考试成绩数据时，数据必须为 0～150 之间的数据。为了保证输入的数据都在其有效范围内，可利用 Excel 2010 提供的为单元格设置数据有效性条件的功能来加以限制。

设置数据有效性的具体操作步骤如下：

（1）选定需要设置数据有效性的单元格区域。

（2）在“数据”选项卡下的“数据工具”组中单击“数据有效性”按钮，在“数据有效性”列表中单击“数据有效性”选项，打开“数据有效性”对话框，如图 12-32 所示。

（3）在“有效性条件”区域的“允许”下拉列表中选择“小数”，在“数据”下拉列表中选择“介于”，在“最小值”文本框中输入“0”，在“最大值”文本框中输入“150”。

（4）单击“输入信息”选项卡，如图 12-33 所示。

（5）选中“选定单元格时显示输入信息”复选框。

（6）在“选定单元格时显示下列输入信息”区域的“标题”文本框中输入“提示”，在“输入信息”文本框中输入“请输入考生分数”。

（7）单击“出错警告”选项卡，如图 12-34 所示。

（8）选中“输入无效数据时显示出错警告”复选框。

（9）在“输入无效数据时显示下列出错警告”区域的“样式”下拉列表中选择“警告”，在“标题”文本框中输入“注意”，在“错误信息”文本框中输入“输入有误”。

（10）单击“确定”按钮。

当用户选中设置了有效性的单元格时会出现相应的提示信息。如果在设置了有效性的单元格中输入了有效性以外的数据时将会出现"注意"对话框，如图 12-35 所示。如果单击"是"按钮则输入该数据，如果单击"否"按钮则重新输入数据，单击"取消"按钮，则取消本次输入。

如果要清除数据有效性的设定，用户可以将其删除，在"数据有效性"对话框中单击"全部清除"按钮即可。

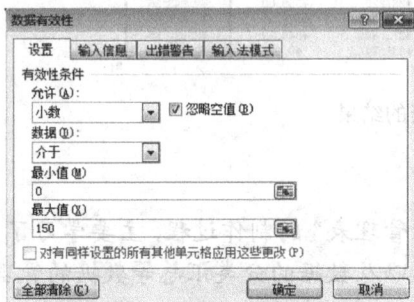

图 12-32　设置数据的有效性

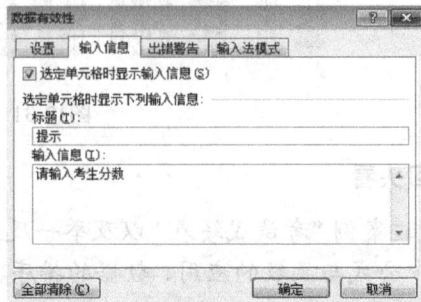

图 12-33　设置输入信息

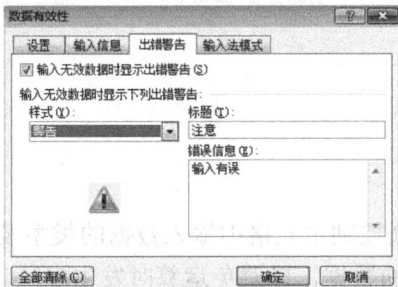

图 12-34　设置出错警告

图 12-35　显示出错警告

2．保护单元格中的公式

如果单元格中的数据是公式计算出来的，那么当选定该单元格后，在编辑栏上将会显示出该数据的公式。如果用户工作表中的数据比较重要，可以将工作表中单元格中的公式隐藏，这样可以防止其他用户看出该数据是如何计算出的。

对工作表中的公式进行保护，具体步骤如下：

（1）选中要保护的单元格或单元格区域。

（2）单击"开始"选项卡下"单元格"组中的"格式"按钮，在打开的下拉列表中选择"设置单元格格式"，打开"设置单元格格式"对话框，单击"保护"选项卡，如图 12-36 所示。

（3）在对话框中如果选中了"锁定"复选框，则工作表受保护后，单元格中的数据不能被修改；如果选中了"隐藏"复选框，则工作表受保护后，单元格中的公式被隐藏。

（4）单击"确定"按钮。

（5）单击"审阅"选项卡下的"更改"组中的"保护工作表"按钮，打开"保护工作表"对话框，如图 12-37 所示。选中"保护工作表及锁定的单元格内容"复选框，单击"确定"按钮，对工作表设置保护。

设置了隐藏功能后，在选中含有公式的单元格，则不显示公式。

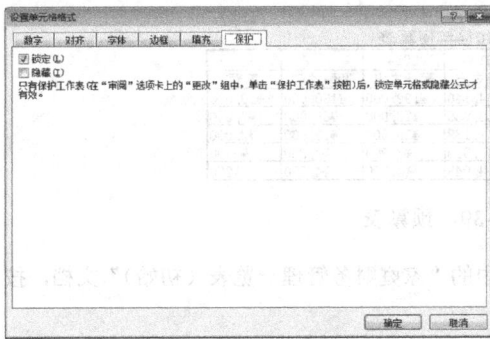

图 12-36　"保护"选项卡　　　　图 12-37　"保护工作表"对话框

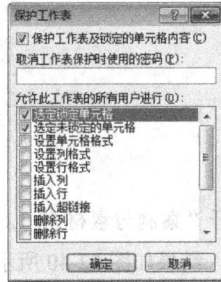

习题 12

填空题

1．在对数据进行排序时数字从＿＿＿＿＿到＿＿＿＿＿排序，在逻辑值中＿＿＿＿排在＿＿＿＿之前，＿＿＿＿＿排在最后。

2．分类汇总是将数据清单中的某个关键字段进行＿＿＿＿，然后对各类进行＿＿＿＿。在进行自动分类汇总之前，必须对数据清单＿＿＿＿，并且数据清单的第一行里必须有＿＿＿＿。

3．在 Excel 中，"Σ"按钮的意思是＿＿＿。

4．如果用户要筛选出最大或最小的 3 项，用户可以在筛选列表中使用＿＿＿命令来完成。

5．公式中的运算符分为＿＿＿＿、＿＿＿＿、＿＿＿＿和＿＿＿＿。

6．Excel 2010 提供了三种不同的引用类型：＿＿＿＿、＿＿＿＿和＿＿＿＿。

7．Excel 2010 的函数由三部分组成：＿＿＿＿、＿＿＿＿和＿＿＿＿。

操作题

1．打开"案例与素材\第 12 章素材"文件夹中的"工资表（初始）"文档，按下述要求完成全部操作，结果如图 12-38 所示。

（1）将 A1：G1 合并居中，标题选黑体、14 磅字。

（2）利用公式求实发工资值，实发工资值使用货币符号，保留两位小数。

	A	B	C	D	E	F	G
1	工资表						
2	编号	姓名	性别	年龄	工资	补贴	实发工资
3	A0011	程国力	男	53	432.56	90.12	522.68
4	A0012	周彤	女	26	340.46	90	430.46
5	A0013	孟庆海	男	44	577	102	679.00
6	A0014	刘小梅	女	35	562.32	102	664.32
7	A0015	李国庆	男	29	452	90.56	542.56
8	A0016	王伟	男	31	421.13	90.75	511.88

图12-38　工资表

2．打开"案例与素材\第 12 章素材"文件夹中的"预算表（初始）"文档，按下述要求完成全部操作，结果如图 12-39 所示。

（1）将 A1：F1 合并居中，标题使用黑体、14 磅字。

（2）表中内容字符、年份居中，数字右对齐。

（3）用公式计算："差额"＝"预计支出"－"调配拨款"。

（4）给表格加边框及网格线，外边框为粗实线，内部为细实线。

	A	B	C	D	E	F
1			2014年预算表			
2			2013	2014		
3	帐目	内容	实际支出	预计支出	调配拨款	差额
4	110	薪工	¥164,146	¥199,000	¥180,000	¥19,000
5	120	保险	¥58,035	¥73,000	¥66,000	¥7,000
6	140	通讯费	¥17,138	¥20,500	¥18,500	¥2,000
7	201	差旅费	¥3,319	¥3,900	¥4,300	¥-400
8	211	设备	¥4,048	¥4,500	¥4,250	¥250

图12-39   预算表

3．打开"案例与素材\第 12 章素材"文件夹中的"家庭财务管理一览表（初始）"文档，按下述要求完成全部操作，结果如图 12-40 所示。

（1）设置标题垂直居中、水平居中，字体为黑体，大小为 18 磅，行高设置为 36，单元格底纹颜色设置为"浅蓝"。

（2）应用函数与公式计算"剩余、合计"。

（3）将涉及货币的单元格设为人民币符号，小数点以后保留 2 位。

（4）表格自动套用格式为"表样式浅色 10"。

	A	B	C	D	E
1			家庭财务管理一览表		
2	月份	收入	日用品开支	其它支出	剩余
3	1	¥2,355.50	¥567.80	¥200.00	¥1,587.70
4	2	¥2,400.00	¥728.40	¥238.00	¥1,433.60
5	3	¥2,000.80	¥566.00	¥158.00	¥1,276.80
6	4	¥3,004.00	¥389.00	¥77.00	¥2,538.00
7	5	¥2,689.00	¥656.00	¥452.00	¥1,581.00
8	6	¥2,758.00	¥959.00	¥872.00	¥927.00
9	合计	¥15,207.30	¥3,866.20	¥1,997.00	

图12-40   家庭账务管理一览表

第 13 章　Excel 2010 图表的应用——制作库存商品统计图和商品销售数据透视表

利用 Excel 2010 提供的图表功能,可以将系列数据以图表的方式表达出来,使数据更加直观、清晰易懂,使数据表示的含义更形象更直观,并且用户可以通过图表直接了解到数据之间的关系和变化的趋势。

知识要点

- 创建图表
- 图表的编辑
- 格式化图表

任务描述

在公司的管理工作中,库存商品要为进货、销售等一系列活动提供强有力的保障,这就需要对库存商品进行严格的管理,制作清晰的商品库存明细账目。除了通过表格的形式了解库存商品的状况外,还可以利用图表的形式更加直观的分析商品的库存情况。如图 13-1 所示就是利用 Excel 2010 的图表功能制作的库存商品统计图。

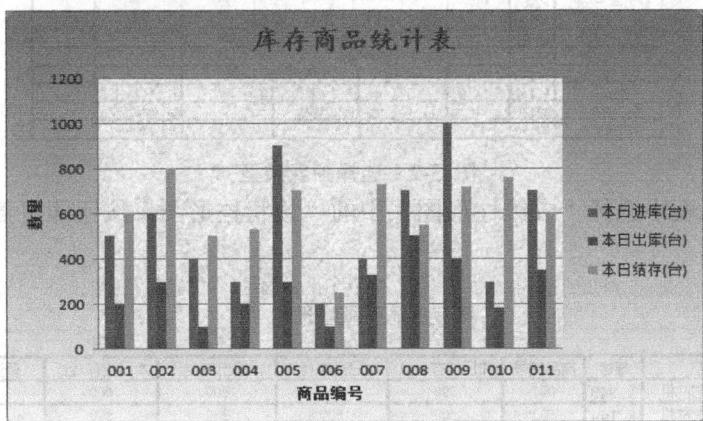

图13-1　库存商品统计图

案例分析

要制作库存商品统计图首先要创建一个图表,然后对图表进行调整和格式化,使图表直观形象的反映出数据之间的关系和变化的趋势。

本章所涉及案例的素材和最终效果文件请登录华信教育资源网(www.hxedu.com.cn)下载,相关内容在下载后的"案例与素材\第 13 章素材"和"案例与素材\第 13 章案例效果"文件夹中。

13.1　创建图表

在 Excel 2010 中,可以将建立的图表作为数据源所在的工作表的对象插入到该工作表中,用于源数据的补充。还可以将建立的图表绘制成一个独立的图表工作表。图表会随着工作表中的数据变化而变化。

对于一些结构复杂的表格，用户往往要花费相当长的时间才能对表格中要说明的问题理出头绪，既费时又费力。而如果使用 Excel 2010 的图表功能，则可以将枯燥乏味的数字转化为图表，从而使数据之间的关系更一目了然。

为了使库存商品更清楚明白，数据表示的含义更形象直观，用户可以为库存商品创建图表，这里为商品编号从 001 到 010 的商品创建库存统计图，具体操作步骤如下：

（1）在数据清单区域选择"C3：C13"以及"E3：G13"单元格区域。

（2）单击"插入"选项卡下"图表"组中的"柱形图"按钮，弹出一个下拉列表，如图 13-2 所示。

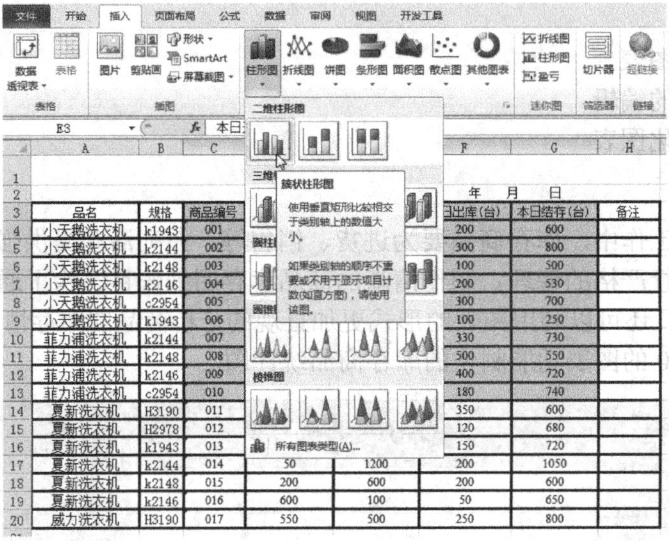

图13-2　选择图表类型

（3）在下拉列表中选择"二维柱形图"中的"簇状柱形图"按钮即可插入图表，效果如图 13-3 所示。

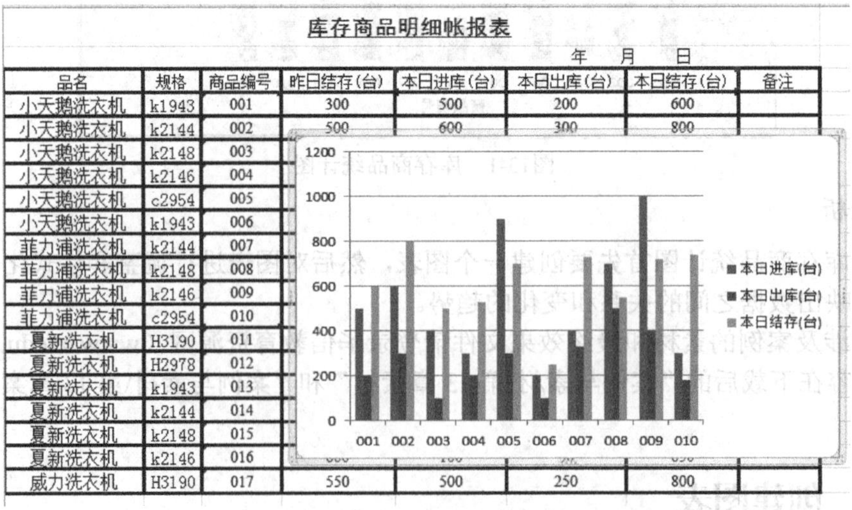

图13-3　插入图表效果

（4）切换到图表工具的"设计"选项卡下，在"图表布局"组中单击"更改图表的整体布局"按钮，打开"图表布局"列表，如图 13-4 所示。

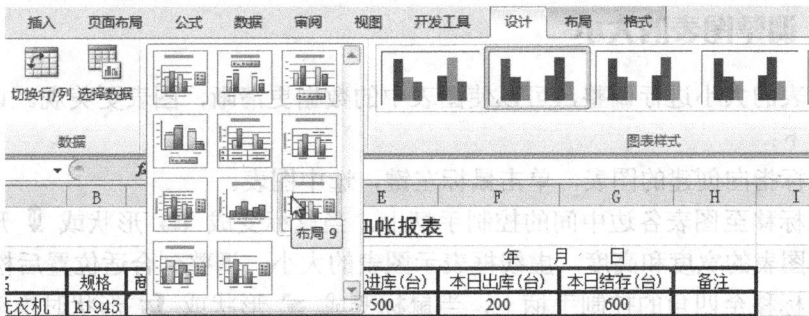

图13-4 "图表布局"列表

（5）在列表中选择"布局9"，设置图表布局样式的效果如图 13-5 所示。

（6）在"图表标题"中输入"库存商品统计表"，在横向"坐标轴标题"中输入"商品编号"，在纵向"坐标轴标题"中输入"数量"，效果如图 13-6 所示。

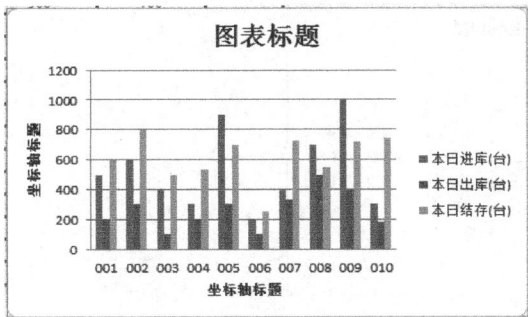

图13-5 "布局9"图表样式

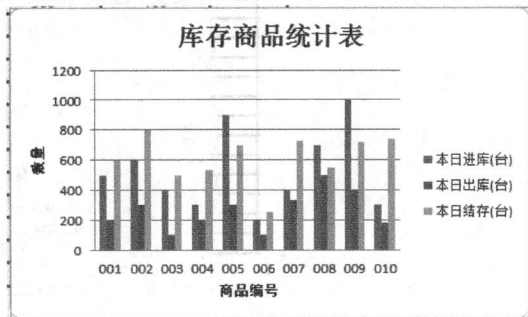

图13-6 设置标题后的效果

> 提示：如果"插入"选项卡下图表组中的各个图表按钮不能满足用户要求，用户可以单击"图表"组右侧的对话框启动器，打开"插入图表"对话框，如图 13-7 所示。用户可以在对话框中挑选合适的图表，然后单击"确定"按钮。

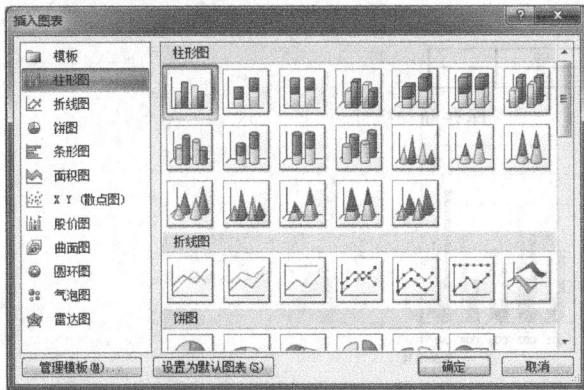

图13-7 "插入图表"对话框

13.2 图表的编辑

建立的图表在插入到工作表之后，用户可以将图表的大小及位置进行适当调整，以便于看起来更整洁美观，方便用户查阅数据。

13.2.1　调整图表的大小

通过对图表的大小进行调整，可以使图表中的数据更清晰，图表更美观。调整图表大小的操作步骤如下：

（1）将鼠标指向创建的图表，单击鼠标左键，选中图表。

（2）将鼠标移至图表各边中间的控制手柄上，当鼠标变成 ⟷ 形状或 ⇕ 形状时，拖动鼠标可以改变图表的宽度和高度，虚线框表示图表的大小，调整到合适位置后松开鼠标。

（3）将鼠标移至四角的控制手柄上，当鼠标变成 ⬈ 形状或 ⬉ 形状时拖动鼠标可以将图表等比放缩，虚线框表示图表的大小，调整到合适大小后松开鼠标，调整图表大小的效果，如图 13-8 所示。

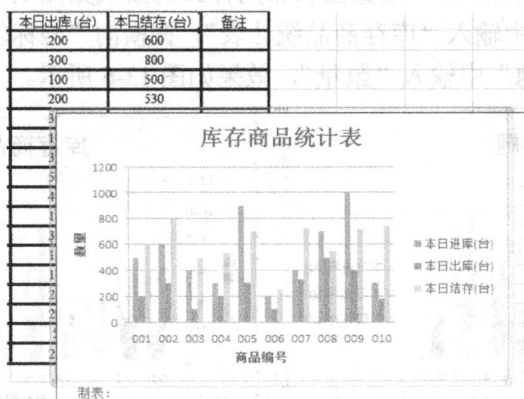

图13-8　拖动鼠标调整图表大小

13.2.2　调整图表的位置

移动图表的位置非常简单，用户只需将鼠标移动到图表区的空白处，按下鼠标左键，当鼠标指针变成 ✛ 形状时拖动鼠标，虚线框表示图表的位置，如图 13-9 所示，当到达合适位置后松开鼠标即可。

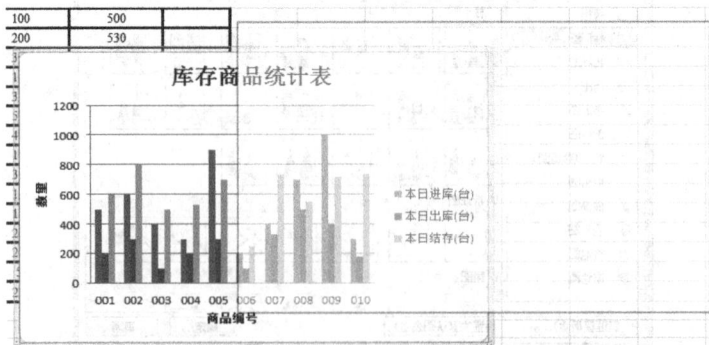

图13-9　调整图表位置的效果

13.2.3　编辑图表中的数据

图表建立后，根据需要用户还可以对图表中的数据进行添加、删除、修改等操作。由于图表中的数据和工作表中的数据是互相关联的，所以用户在修改工作表中的数据时，Excel 会自动在图表中做相应的修改。

1．向图表中添加数据

用户可以利用鼠标指针拖动直接向嵌入式的图表中添加数据，这种方式适用于要添加的新数据区域与源数据区域相邻的情况。

例如，要在"库存商品统计图"图表中添加编号"011"的记录，操作步骤如下：

（1）单击插入的图表，将其选中在产生图表的数据周围出现蓝色、绿色、紫色框。

（2）将鼠标指针移到选定框右下角的选定柄上，当鼠标变为双向箭头时，拖动选定柄使源数据区域包含要添加的数据，选择好后，新增加的数据就自动加入到图表中，如图 13-10 所示。

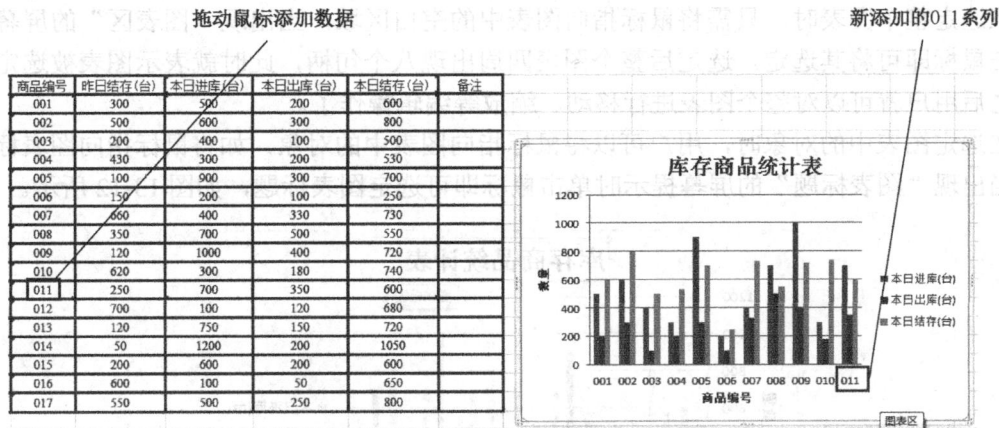

图13-10　用鼠标拖动向图表中添加数据

用户也可以首先将要添加的数据进行复制，然后选中图表，在图表上单击鼠标右键，在打开的快捷菜单中选择"粘贴"命令，则数据被添加到图表中。这种方法对于添加任何数据区域的数据都是通用的，特别适用于要添加的新数据区域与源数据区域是不相邻的情况。

2．更改图表中的数值

图表中的数值是链接在创建该图表的工作表上的。当更改其中一个数值时，另一个也会改变。更改图表中的数据可以直接在工作表单元格中更改数值。例如，将编号"010"本日结存的数量"740"改为"760"，操作步骤如下：

（1）选中编号"010"本日结存的数量"740"所在的单元格。

（2）输入数据 760。

（3）按回车键，或单击编辑栏中的输入按钮 ✓ 即可更改单元格内容。此时编号"010"本日结存的数量发生变化，图表中的数值也随之发生变化，如图 13-11 所示。

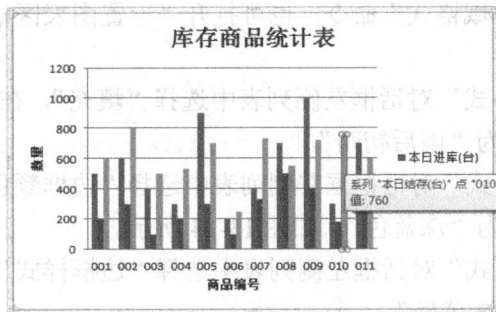

图13-11　更改数值

13.3 格式化图表

在 Excel 2010 中建立成绩图表后，还可以通过修改图表的图表区格式、绘图区格式、图表的坐标轴格式等来美化图表。

13.3.1 图表对象的选取

在对图表及图表中的各个对象进行操作时，用户首先应将其选中，然后才能对其进行编辑操作。

在选定整个图表时，只需将鼠标指向图表中的空白区域，当出现"图表区"的屏幕提示时单击鼠标即可将其选定。选定后整个图表四周出现八个句柄，此时就表示图表被选定。被选定之后用户就可以对整个图表进行移动、缩放等编辑操作了。

在选定图表中的对象时，用户可以将鼠标指向图表中的对象，如将鼠标指向图表标题文本，当出现"图表标题"的屏幕提示时单击鼠标即可选定图表标题，如图 13-12 所示。

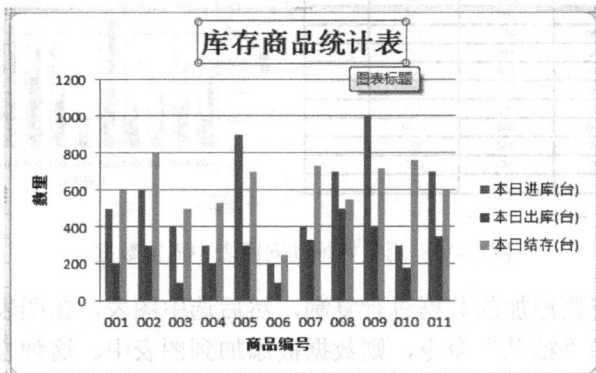

图13-12 图表对象列表

13.3.2 设置图表区的格式

用户可以为图表区添加边框、设置图表中的字体、填充图案等来修饰图表。例如，设置"库存商品统计图"图表区的格式，操作步骤如下：

（1）将鼠标指向图表的图表区，当出现"图表区"的屏幕提示时单击鼠标左键即可选定图表区。

（2）切换到"绘图工具"中的"格式"选项卡，在"当前所选内容"组中单击"设置所选内容格式"按钮打开"设置图表区域格式"对话框。或者在图表区上单击鼠标右键，在快捷菜单中选择"设置图表区域格式"命令，也可打开"设置图表区格式"对话框，如图 13-13 所示。

（3）在"设置图表区格式"对话框左侧列表中选择"填充"，在"填充"区域选择"渐变填充"，设置"预设颜色"为"雨后初晴"。

（4）在"设置图表区格式"对话框框左侧列表中选择"边框颜色"，在右侧的边框颜色区域选择"实线"，设置颜色为"深蓝色"，如图 13-14 所示。

（5）在"设置图表区格式"对话框左侧列表中选择"边框样式"，在右侧的边框样式区域的"宽度"区设置宽度为"3 英磅"。

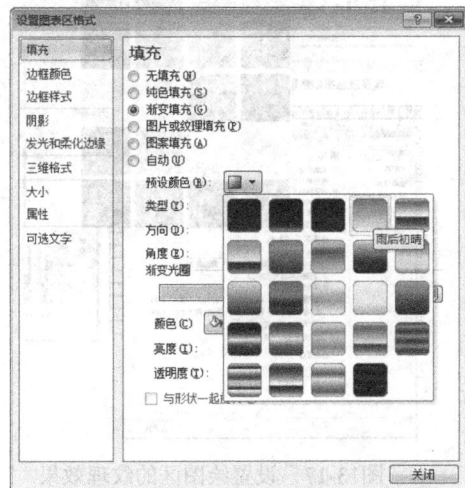

图 13-13　设置"渐变填充"效果　　　　　　　图 13-14　设置边框颜色

（6）单击"关闭"按钮，设置图表区格式的效果如图 13-15 所示。

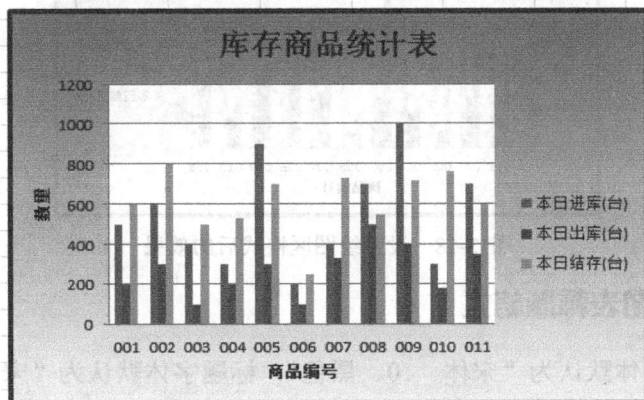

图13-15　设置图表区格式的效果

13.3.3　设置绘图区格式

在绘图区中，底纹在默认情况下为白色，可以根据需要对其进行更改。例如，为"库存商品统计图"图表中绘图区设置填充效果，操作步骤如下：

（1）将鼠标指向图表的绘图区，当出现"绘图区"的屏幕提示时单击鼠标左键即可选定图表绘图区。

（2）在"格式"选项卡下"当前所选内容"组中单击"设置所选内容格式"或在绘图区上单击鼠标右键，在快捷菜单中选择"设置绘图区格式"命令，均可打开"设置绘图区格式"对话框，如图 13-16 所示。

（3）在"设置绘图区格式"对话框框左侧列表中选择"填充"，在右侧的填充区域选择"图片或纹理填充"单选按钮，在"纹理"列表中选择"蓝色面巾纸"选项，如图 13-17 所示。

（4）单击"关闭"按钮，设置绘图区格式后的效果如图 13-18 所示。

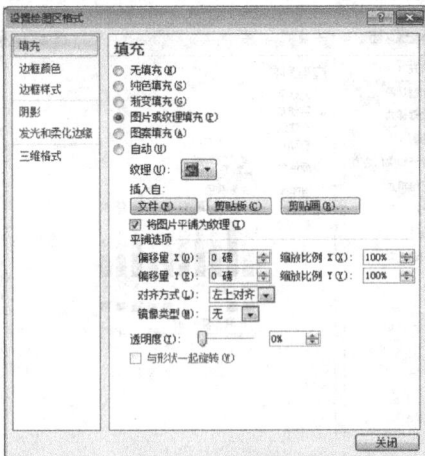

图13-16 "设置绘图区格式"对话框

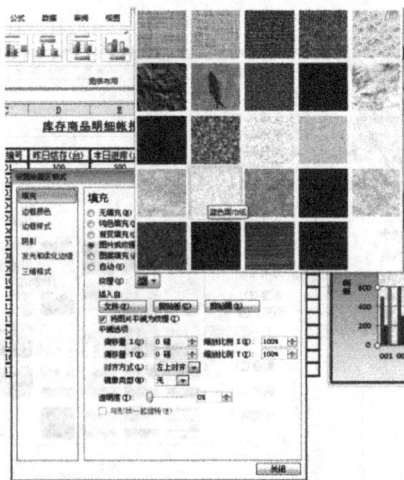

图13-17 设置绘图区的纹理效果

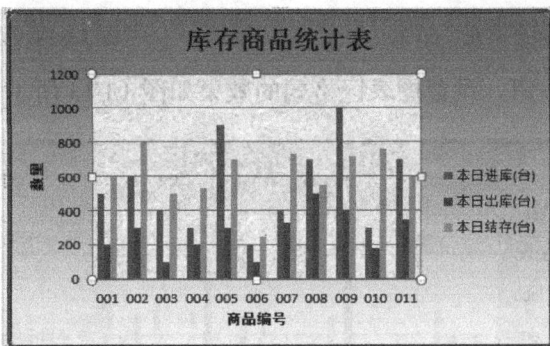

图13-18 设置绘图区格式后的效果

13.3.4 设置图表标题格式

在图表区中的字体默认为"宋体、10、黑色"，标题字体默认为"宋体、18、黑色"，用户可以根据需要对其字体格式以及标题文本进行更改。例如，为"库存商品统计图"图表中图表标题设置字体格式，操作步骤如下：

（1）将鼠标指向图表标题，当出现"图表标题"的屏幕提示时单击鼠标左键即可选中图表标题对象。

（2）将鼠标定位在标题中，按住鼠标左键拖动选中标题文本。

（3）单击"开始"选项卡下的"字体"组右侧的对话框启动器，打开"字体"对话框，如图13-19所示。

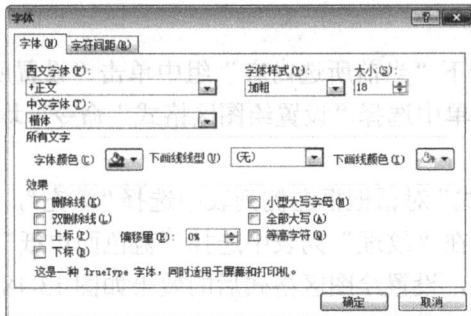

图13-19 "字体"对话框

（4）在"字体"下拉列表中选择"楷体"，在"字形"下拉列表中选择"加粗"，在"字号"下拉列表中选择"18"，在"颜色"下拉列表中选择字体颜色为"粉红"。

（5）选择"确定"按钮，设置图表标题字体格式的效果如图 13-20 所示。

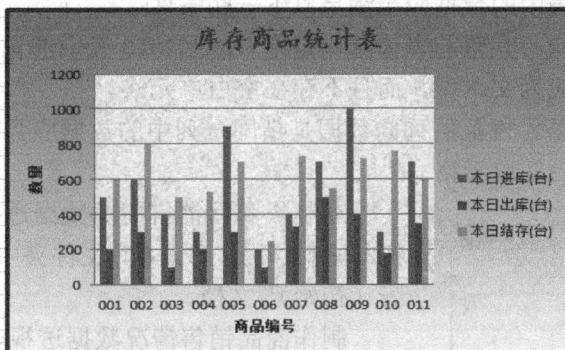

图13-20　设置图表标题字体格式的效果

举一反三　制作商品销售情况数据透视表

商品在市场的销售情况可以为公司的销售、进货等一系列活动提供指引，这里利用数据透视表来分析商品的销售情况。商品销售情况数据透视表的最终效果如图 13-21 所示。

图13-21　商品销售情况数据透视表

数据透视表是一种对大量的数据快速汇总和建立交叉列表的交互式表格，通过数据透视表用户可以更加容易地对数据进行分类汇总和数据的筛选，可以有效、灵活地将各种以流水方式记录的数据，在重新进行组合与添加算法的过程中，快速地进行各种目标的统计和分析。

Excel 2010 提供的数据透视表，是由 7 个部分组成的，它们的功能和名称如下：

● 页字段：数据透视表中被指定为页方向的源数据库或者表格中的字段。
● 页字段项：源数据库或表格中的每一个字段，列标记或数字都成为页字段列表中的一项。
● 数据字段：含有数据的源数据库或者表格中的字段项。
● 行字段：在数据透视表中被指定为行方向的源数据库或表格中的字段。
● 列字段：在数据透视表中被指定为列方向的源数据库或表格中的字段。
● 数据区域：含有汇总数据的数据透视表中的一部分。
● 数据项：数据透视表中的各个数据。

数据透视表的功能很强大，但创建过程却非常简单，基本上是 Excel 2010 自动完成，用户只需在"创建数据透视表"中指定用于创建的原始数据区域、数据透视表的存放位置，并指定页字段、行字段、列字段和数据字段即可。

在建立数据透视表前，用户应做好创建前的一些数据准备工作，因为只有完整、规范的数据表才能够为其建立数据透视表，而不符合条件的数据表是不能够利用数据透视表工具来建立数据透视表的。如果用户要利用 Excel 2010 提供的数据透视表技术和工具来为数据建立数据透视表时，其工作表中的数据应当满足以下一些条件：

● 完整的表体结构。完整的表体结构是指 Excel 2010 表中的记录以流水方式记录，表头各字段内容应为文本型，而且不存在空白单元格。

● 规范的列向数据。规范的列向数据是指同一列中的数据应具有相同的格式，各列中不允许存在空白的单元格。

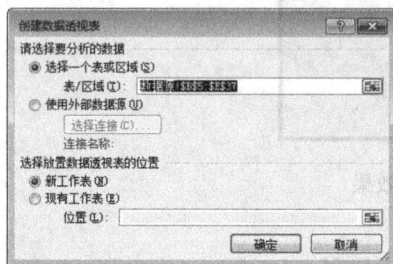

图13-22　"创建数据透视表"对话框

在制作商品销售情况数据透视表之前首先打开"案例与素材\第 13 章素材"文件夹中的"商品销售情况统计表（初始）"文档。

制作商品销售情况数据透视表的操作步骤如下：

（1）在数据区域内单击任一单元格。

（2）单击"插入"选项卡下"表格"组中的"数据透视表"按钮，打开"创建数据透视表"对话框，如图 13-22 所示。

（3）在"选择一个表或区域"查看创建数据透视表的区域是否正确，如果不正确单击右侧的折叠按钮，在工作表中选择要建立数据透视表的数据源区域，在"选择放置数据透视表的位置"选择"新工作表"单选按钮，单击"确定"按钮，打开如图 13-23 所示的新工作表。

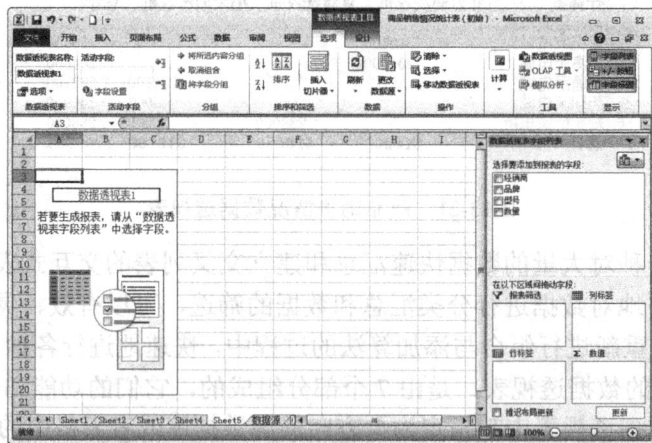

图13-23　创建新工作表

（4）在右侧的"数据透视表字段列表"列表中选中"经销商"字段，然后在"经销商"字段上单击鼠标右键，在快捷菜单中选择"添加到行标签"命令，或用鼠标直接将"经销商"字段直接拖到"行标签"区域。

（5）在右侧的"数据透视表字段列表"列表中选中"品牌"字段，然后在"品牌"字段上单击鼠标右键，在快捷菜单中选择"添加到列标签"命令，或用鼠标直接将"品牌"字段直接拖到"列标签"区域。

（6）在右侧的"数据透视表字段列表"列表中选中"数量"字段，单击鼠标右键，在弹出的快捷菜单中选择"添加到值"命令，或用鼠标直接将"数量"字段直接拖到"数值"区域。

在新工作表中创建数据透视表的效果如图 13-24 所示。

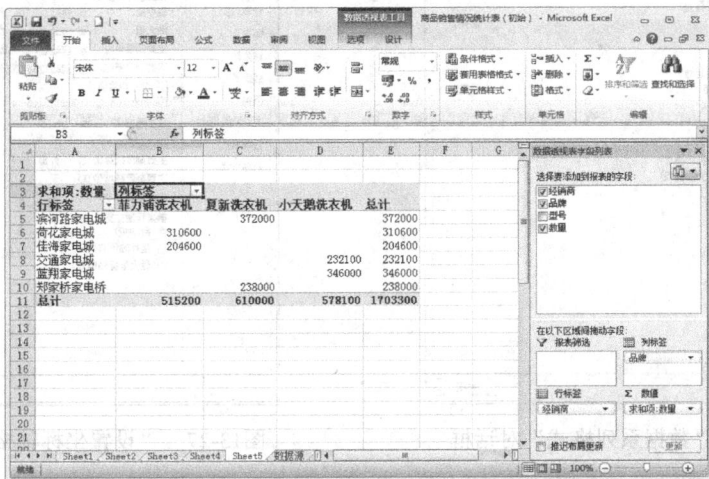

图13-24　创建数据透视表后的效果

　　创建数据透视表后使用数据透视表中的页字段、行字段和列字段，用户可以很方便地筛选出要求的数据，以便快速地查阅数据。

　　（12）在数据透视表中单击"行标签"后的下三角形箭头，在弹出的下拉列表中可以设置筛选，如选择"荷花家电城"和"交通家电城"。

　　（13）在数据透视表中单击"列标签"后的下三角形箭头，在弹出的下拉列表中可以设置筛选，如选择"菲力浦洗衣机"和"小天鹅洗衣机"。筛选的结果如图 13-25 所示。

图13-25　筛选结果

回头看

　　通过案例"库存商品统计图"以及举一反三"商品销售情况数据透视表"的制作过程，学习了 Excel 2010 的图表和数据透视表的应用，对于一些结构复杂的表格，用户往往要花费相当长的时间才能对表格中要说明的问题理出头绪，既费时又费力。而使用 Excel 2010 的图表或数据透视表功能，则可以将枯燥乏味的数字转化为形象的图表或数据透视表，从而使数据之间的关系更一目了然。

知识拓展

1. 设置图表数据系列格式

　　在图表数据系列上单击鼠标右键，在快捷菜单中选择"设置数据系列格式"命令，打开"设置数据系列格式"对话框，如图 13-26 所示。在对话框中用户可以对数据系列的格式进行设置。

2. 设置图表坐标轴格式

　　在图表坐标轴上单击鼠标右键，在快捷菜单中选择"设置坐标轴格式"命令，打开"设置坐标轴格式"对话框，如图 13-27 所示。在"设置坐标轴格式"对话框中可以对坐标轴的格式进行设置。

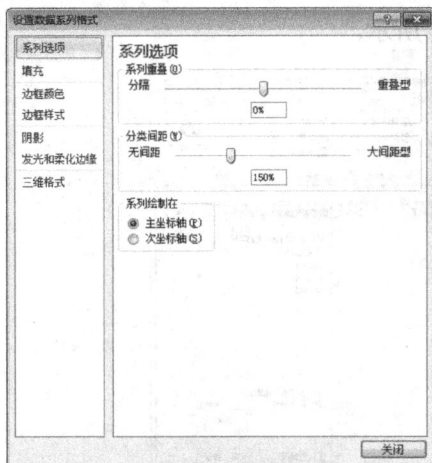

图13-26　"数据系列格式"对话框　　　　图13-27　"设置坐标轴格式"对话框

3．移动图表的位置

在创建图表后用户还可以移动图表的位置，首先选中图表，然后在"设计"选项卡的"位置"组中单击"移动图表"按钮，则打开"移动图表"对话框，如图 13-28 所示。在"移动图表"对话框中用户可以选择是将图表移动到的位置，选择"新工作表"则创建一个图表工作表；选择"对象位于"则可以移动到工作簿的现有工作表中。

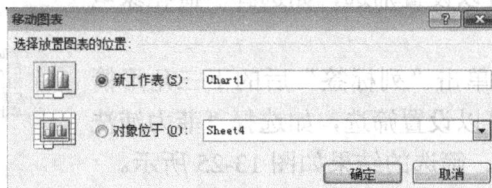

图 13-28　"移动图表"对话框

4．更改透视表中的数据

创建好数据透视表，用户还可以对数据透视表中的数据进行更改。由于数据透视表是基于数据清单的，它与数据清单是链接关系，所以在改变透视表中的数据时，必须要在数据清单中进行，而不能直接在数据透视表中进行更改。

在工作表中直接对单元格中的数据进行修改，修改完成后切换到需要更新的数据透视表中，在数据透视表工具的"选项"选项卡下的"数据"组中单击"全部刷新"按钮 ，此时可看到当前数据透视表闪动一下，数据透视表中的数据就自动被更新。

5．添加和删除数据字段

当数据透视表建立完成后，由于有的数据项没有被添加到数据透视表中，或者数据透视表中的某些数据项无用，还需要再次向数据透视表中添加或删除一些数据记录。此时用户可以根据需要随时向数据透视表中添加或删除字段，操作步骤如下：

（1）单击数据透视表中数据区域的任意单元格，在工作表的右侧将显示出数据透视表字段列表。

（2）在"数据透视表字段列表"中选择要添加的字段，然后直接将字段拖到"在以下区域间拖动字段"区域中需要添加到的区域。

（3）如果用户要删除数据透视表中的数据记录，可在"在以下区域间拖动字段"区域中先选定要删除的数据记录，然后拖动到"数据透视表字段列表"中。

6．更改汇总方式

在 Excel 2010 的数据透视表中，系统提供了多种汇总方式，包括求和、计数、平均值、最大值、最小值、乘积、数值计数等，用户可以根据需要选择不同的汇总方式来进行数据的汇总。在"数据透视表"的数值区域单击鼠标右键，在快捷菜单中选中"值字段设置"选项，打开"值字段设置"对话框，在"值字段汇总方式"列表框中选择一种汇总方式，如图 13-29 所示。用户也可以在"数据透视表工具"的"选项"选项卡下的"活动字段"组中单击"字段设置"按钮打开"值字段设置"对话框。

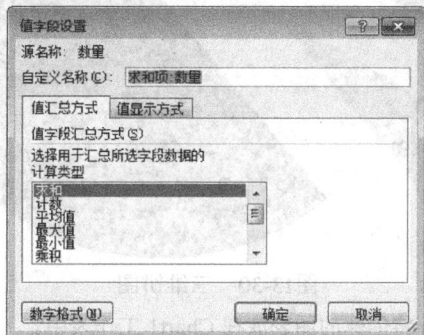

图 13-29　"值字段设置"对话框

习题 13

填空题

1．Excel 2010 提供的数据透视表，是由_____、页字段项、_____、_____、_____、数据区域、数据项等 7 个部分组成的。

2．无论是以何种方式建立的图表，都与生成它们的工作表上的源数据建立了_____，这就意味着当更新工作表数据时，同时也会_____。

3．要选定图表的标题对象，用户可以将鼠标指向图表标题文本，当出现_____的屏幕提示时单击鼠标即可选定图表标题。

4．单击_____选项卡下____组中的"数据透视表"按钮，打开"创建数据透视表"对话框。

简答题

1．如何调整图表的大小和位置？

2．向图表中添加数据有哪几种方法？

3．如何选定图表中的对象？

4．如何在数据透视表中添加字段？

5．如何更新数据透视表中的数据？

6．如何更改数据透视表的汇总方式？

操作题

打开"案例与素材\第 13 章素材"文件夹中的"工程支出表"文档，按下述要求完成全部操作。

（1）根据工作表 Sheet1 中的数据创建德银工程支出金额图表，图表类型为分离型三维饼图，如图 13-30 所示。

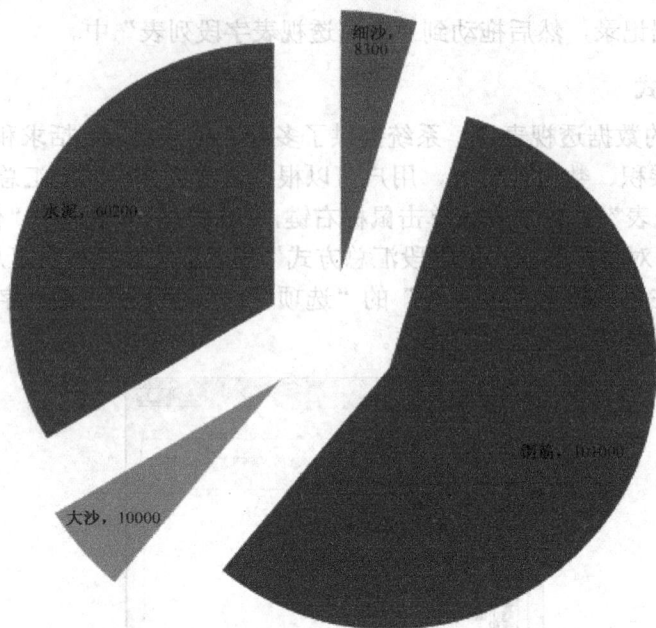

图13-30　三维饼图

（2）应用布局 4 的图表布局，将创建的图表放在 Chart1 工作表中。

（3）根据工作表 Sheet1 中的数据创建数据透视表，数据透视表放置在新工作表中，报表筛选字段为日期，行标签字段为原料，列标签字段为项目工程，数值字段为金额，汇总方式为求和，如图 13-31 所示。

	A	B	C
1	日期	2014/3/20	
2			
3	求和项:金额（元）	列标签	
4	行标签	银河剧院工程	总计
5	水泥	91000	91000
6	总计	91000	91000

图13-31　数据透视表

（4）在数据透视表中筛选出 3 月 20 日，银河剧院工程项目的数据。

第14章 打印工作表

在对工作表设计好之后，用户可能还想把工作表的内容打印出来。Excel 2010 为用户提供了非常强大的打印功能，充分利用这些功能用户可以打印出符合要求的工作表。本章将介绍打印工作表前的相关设置和工作表的打印。

知识要点

- 页面设置
- 打印预览
- 打印工作表

任务描述

在前面我们制作了员工工资表，有时候员工需要了解自己的工资发放情况，此时就需要将工资表打印出来，让员工们查阅自己的工资发放情况。首先对员工工资表的页面进行设置，然后为其添加页眉页脚，最后将其打印出来，如图 14-1 所示。

河南龙源纸业有限公司员工工资表

员工工资表

员工编号	姓名	基本工资	岗位补贴	总工资	应请假费	应扣劳保金额	应扣个人所得税	实发工资
001	孙华蕾	￥2,100.00	￥862.00	￥2,962.00		￥236.96	￥0.00	￥2,725.04
002	聂青年	￥2,911.00	￥847.00	￥3,758.00	￥50.00	￥300.64	￥375.80	￥3,031.56
003	张路路	￥2,020.00	￥852.00	￥2,872.00	￥50.00	￥229.76	￥0.00	￥2,592.24
004	王光美	￥2,413.00	￥849.00	￥3,262.00		￥260.96	￥326.20	￥2,674.84
005	王 霞	￥2,611.00	￥854.00	￥3,465.00		￥277.20	￥346.50	￥2,841.30
006	王 蜂	￥2,325.00	￥860.00	￥3,185.00	￥50.00	￥254.80	￥318.50	￥2,561.70
007	王岩宗	￥2,031.00	￥856.00	￥2,887.00		￥230.96	￥0.00	￥2,656.04
008	张小娟	￥2,807.00	￥832.00	￥3,639.00	￥100.00	￥291.12	￥363.90	￥2,883.98
009	辛 慧	￥2,028.00	￥858.00	￥2,886.00		￥230.88	￥0.00	￥2,655.12
010	魏啊檀	￥2,514.00	￥859.00	￥3,373.00	￥50.00	￥269.84	￥337.30	￥2,715.86
011	青海湖	￥2,119.00	￥839.00	￥2,958.00		￥236.64	￥0.00	￥2,721.36
012	李秀梅	￥2,742.00	￥848.00	￥3,590.00		￥287.20	￥359.00	￥2,943.80
013	张 成	￥2,416.00	￥862.00	￥3,278.00	￥100.00	￥262.24	￥327.80	￥2,587.96
014	邵博文	￥2,613.00	￥835.00	￥3,448.00		￥275.84	￥344.80	￥2,827.36
015	李洋洋	￥2,114.00	￥864.00	￥2,978.00	￥50.00	￥238.24	￥0.00	￥2,689.76
016	任敏敏	￥2,359.10	￥860.00	￥3,219.10		￥257.53	￥321.91	￥2,639.66
017	周 华	￥2,345.20	￥856.00	￥3,201.20	￥50.00	￥256.10	￥320.12	￥2,574.98
018	王 刚	￥2,331.30	￥832.00	￥3,163.30	￥50.00	￥253.06	￥316.33	￥2,543.91
019	谭 华	￥2,317.40	￥858.00	￥3,175.40		￥254.03	￥317.54	￥2,603.83
020	韩 冰	￥2,303.50	￥859.00	￥3,162.50		￥253.00	￥316.25	￥2,593.25
021	吴圆圆	￥2,289.60	￥839.00	￥3,128.60	￥50.00	￥250.29	￥312.86	￥2,515.45
022	周敏捷	￥2,275.70	￥848.00	￥3,123.70		￥249.90	￥312.37	￥2,561.43
023	司慧霞	￥2,261.80	￥862.00	￥3,123.80	￥100.00	￥249.90	￥312.38	￥2,461.52
024	张勇歌	￥2,247.90	￥835.00	￥3,082.90		￥246.63	￥308.29	￥2,527.98
025	王 辉	￥2,194.00	￥803.00	￥2,997.00	￥50.00	￥239.76	￥0.00	￥2,707.24
026	李小波	￥2,220.10	￥848.00	￥3,068.10		￥245.45	￥306.81	￥2,515.84
027	赵建军	￥2,206.20	￥853.00	￥3,059.20		￥244.74	￥305.92	￥2,508.54
028	张美芝	￥2,192.30	￥858.00	￥3,050.30		￥244.02	￥305.03	￥2,501.25

第 1 页

图14-1 员工工资表打印效果

案例分析

将员工工资表打印出来首先要对工资表的页面大小和方向、页边距、页眉页脚以及打印标题进行设置，然后才能将其打印。

本章所涉及案例的素材和最终效果文件请登录华信教育资源网（www.hxedu.com.cn）下载，相关内容在下载后的"案例与素材\第 14 章素材"和"案例与素材\第 14 章案例效果"文件夹中。

14.1 页面设置

在打印之前需要对工作表进行设置，例如设置打印范围、打印纸尺寸、页眉/页脚内容和有关工作表的信息等，这些操作都可以在"页面设置"对话框中来完成。

14.1.1　设置页面选项

设置页面选项主要包括设置纸张的大小、打印方向、缩放、起始页码等操作。单击"页面布局"选项卡下"页面设置"组右侧的对话框启动器，打开"页面设置"对话框，单击"页面"选项卡，如图 14-2 所示。

在对话框中可以对页面的各项进行以下设置。

- 在"方向"区域可以设置打印纸的方向。"纵向"是指打印纸垂直放置，即纸张高度大于宽度。"横向"是指打印纸水平放置，即纸张宽度大于高度。一般来说当需要打印的工作薄有多列时，使用横向打印是最佳的选择。

- 在"缩放"区域进行设置可以使打印的工作表能更好地适应纸张。可以在此区域调节缩放比例。用户可以根据实际需要按正常尺寸的百分比进行设置，或者设置自动缩放输出内容以便容纳在指定数目的纸张中。

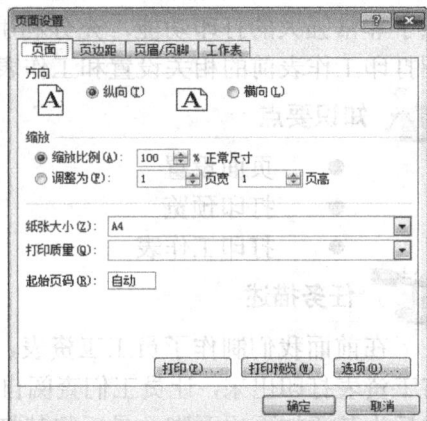

图14-2　设置"页面"选项

- 在"纸张大小"下拉列表中用户可以选择所需使用纸张的大小。纸张大小的选择取决于实际工作和所用打印机的打印能力。

- 在"打印质量"下拉列表中用户可以选择所需的打印质量，这实际上是改变了打印机的打印分辨率。打印的分辨率越高，打印出来的效果越好，打印的时间越长。打印的分辨率与打印机的性能有关，当用户所配置的打印机不同时，打印质量的列表框内容是不同的。

- 在"起始页码"文本框中，输入工作表开始页的页码，可以改变开始页的页码。

由于员工工资管理表的内容比较多，如果使用纵向纸张则横向的内容在一张纸上打印不完，会打印到另外一页中，因此这里采用横向纸张。在"方向"区域选择"横向"，在"纸张大小"下拉列表中选择"A4"，单击"确定"按钮。

> 提示：在设置纸张大小时用户可以在"页面布局"选项卡下单击"页面设置"组中的"纸张大小"按钮，打开"纸张大小"列表，在列表中用户也可以快速选择纸张大小，如图 14-3 所示。在设置纸张方向时用户可以在"页面布局"选项卡下单击"页面设置"组中的"纸张方向"按钮，打开"纸张方向"列表，在列表中用户可以快速选择纸张方向，如图 14-4 所示。

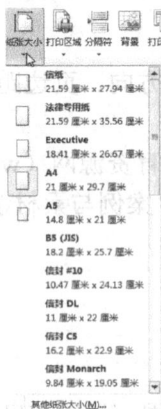

图 14-3　纸张大小列表　　　　　　　　　图 14-4　纸张方向列表

14.1.2 设置页边距

所谓页边距就是指在纸张上开始打印内容的边界与纸张边沿的距离。在"页面设置"对话框中选择"页边距"选项卡，如图 14-5 所示。

在"上、下、左、右"文本框中输入或选择各边距的具体值，在"页眉"和"页脚"文本框中输入或选择页眉和页脚距页边的距离。在"居中方式"区域可以设置工作表的居中方式，这里选中"水平"和"垂直"复选框。

单击"打印预览"按钮，进入打印窗口，用户可以观察到页边距的设置。

> 提示：在设置页边距时用户可以在页面布局选项卡下单击页面设置组中的"页边距"按钮，打开"页边距"列表，在列表中用户也可以快速选择"页边距"选项，如图 14-6 所示。

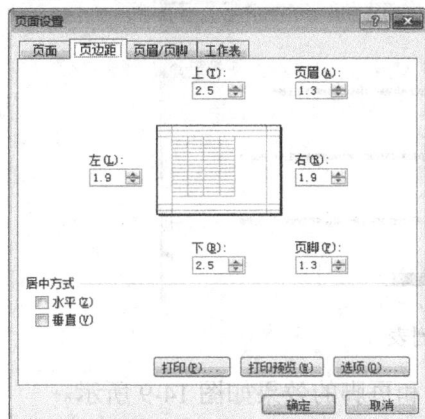

图 14-5 设置"页边距"   图 14-6 "页边距"列表

14.1.3 设置页眉和页脚

页眉和页脚分别位于打印页的顶端和底端，用来打印页号、表格名称、作者名称和时间等，设置的页眉页脚不显示在普通视图中，只有在打印预览视图中可以看到，在打印时能被打印出来。用户可以使用 Excel 2010 内置的页眉或页脚，也可以自定义页眉或页脚。

在工资表中设置页眉和页脚的具体操作步骤如下：

（1）切换到"插入"选项卡，在"文本"组中单击"页眉和页脚"按钮，则进入页眉和页脚编辑模式，鼠标自动定位在页眉编辑区，如图 14-7 所示。

图 14-7 页眉和页脚编辑模式

（2）在页眉区域共分为三个单元格，用户可以在各个单元格中分别进行编辑。默认情况下，在中间单元格输入的页眉文字位于页面顶端居中位置，在左侧单元格输入的页眉文字位于页面顶端居左位置，在右侧单元格输入的页眉文字位于页面顶端居右位置。

（3）将鼠标定位在中间的单元格中，然后输入文本"河南龙源纸业有限公司员工工资表"。

（4）选中"河南龙源纸业有限公司员工工资表"文本，切换到"开始"选项卡，在"字体"组的"字体"列表中选中"楷体"，在字号列表中选择"14"。

（5）在"设计"选项卡下单击"转至页脚"按钮，进入页脚编辑区，将鼠标定位在中间的单元格中，单击"页眉和页脚"组中的"页脚"按钮，打开"页脚"列表，如图 14-8 所示。

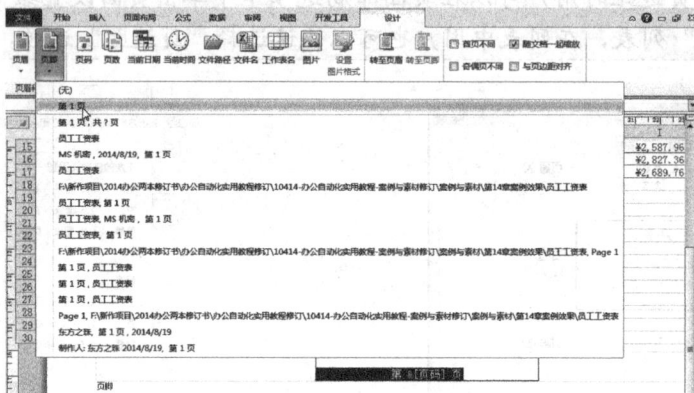

图14-8　"页脚"列表

（6）在列表中选择"第 1 页"选项，则设置页眉和页脚的效果如图 14-9 所示。

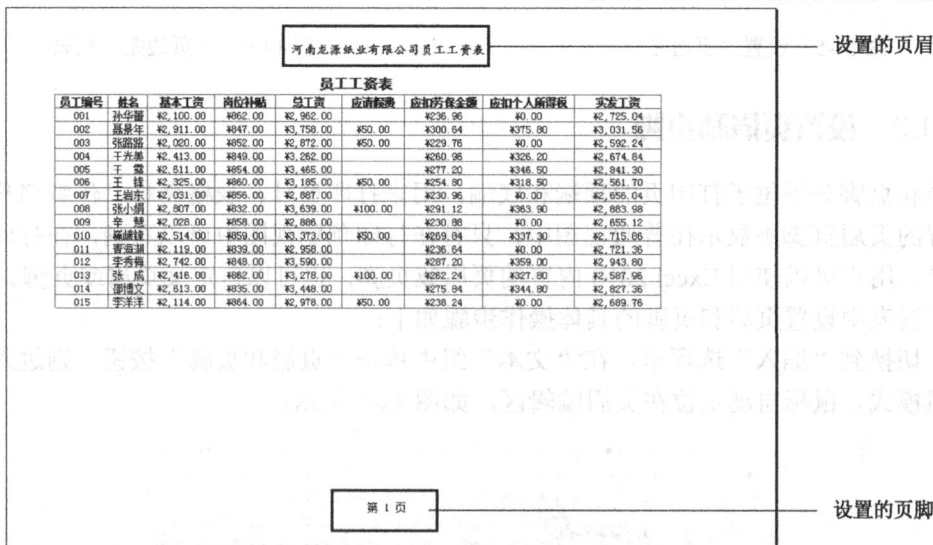

图14-9　设置页眉页脚后的效果

14.1.4　设置工作表选项

工作表选项主要包括打印顺序，打印标题行、打印网格线、打印行号列标等选项，通过这些选项可以控制打印的标题行、打印的先后顺序等工作。在"页面设置"对话框中单击"工作表"选项卡，如图 14-10 所示。

在打印工作表时，使用"打印"选项用户可以设置出一些特殊的打印效果，主要设置如下。

- "网格线"复选框：可以设置是否显示描绘每个单元格轮廓的线。
- "单色打印"复选框：可以指定在打印中忽略工作表的颜色，即便用户使用彩色打印机。
- "草稿品质"复选框：一种快速的打印方法，打印过程中不打印网格线、图形和边界。
- "行号列标"复选框：可以设置是否打印窗口中的行号列标，通常情况下这些信息是不打印的。

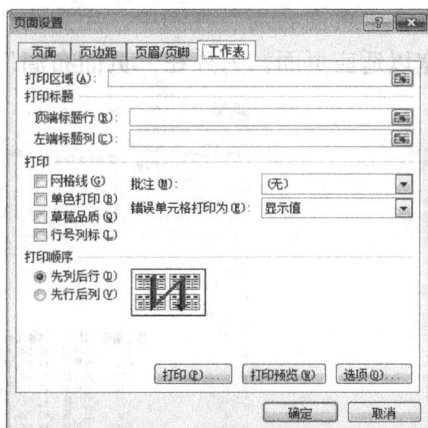

图14-10　设置工作表选项

- "批注"文本框：可以设置是否对批注进行打印，并且还可以设置批注打印的位置。当用户需要打印的工作表太大无法在一页中放下时，可以选择打印顺序。
- 选择"先列后行"表示先打印每一页的左边部分，然后再打印右边部分。
- 选择"先行后列"表示在打印下一页的左边部分之前，先打印本页的右边部分。

在一般情况下，"打印区域"默认为打印整个工作表，此时"打印区域"文本框内为空。如果想要打印工作表中某一区域的数据时，用户可以在"打印区域"文本框中输入要打印的区域，也可单击文本框右侧的按钮 ，然后引用单元格区域。

当打印一个较长的工作表时，常常需要在每一页上打印行或列标题，这样可以使打印后每一页上都包含行或列标题。在"打印标题"区域的"顶端标题行"文本框中可以将某行区域设置为顶端标题行。当某个区域设置为标题行后，在打印时每页顶端都会打印标题行内容。用户可以在"顶端标题行"文本框单击按钮 进行单元格区域引用，以确定指定的标题行，也可以直接输入作为标题行的行号。在"左端标题列"文本框中可以将某列区域设置为左端标题列。当某个区域设置为标题列后，在打印时每页左端都会打印标题列内容。用户可以在"左端标题列"文本框单击按钮 进行单元格区域引用，以确定指定的标题列，也可以直接输入作为标题列的标。

例如在打印工资表时要在每页都打印标题和表头，在"顶端标题行"文本框单击按钮 ，然后在工资表工作表中引用标题行和表头行即可。单击"打印预览"按钮，则可以看到在每一页都显示标题行和表头行。

14.1.5　在页面布局视图中调整工作表

在 Excel 2010 中含三种视图模式，即"普通视图"、"页面布局视图"和"分页预览"。"普通视图"是 Excel 的默认视图，适合于对表格进行设计和编辑。但在该视图中无法查看页边距、页眉和页脚，仅在打印预览或切换到其他视图后各页面之间会出现一条虚线来分隔各页。而"页面布局视图"是 Excel 2010 中新增的视图，它兼有打印预览和普通视图的优点。打印预览时，虽然可以看到页边距、页眉和页脚，但无法对表格进行编辑。而在"页面布局视图"中，既能对表格进行编辑修改，也能查看和修改页边距、页眉和页脚。同时"页面布局视图"中还会显示水平和垂直标尺，这对于测量和对齐对象十分有用。

切换到"视图"选项卡，单击"工作簿视图"组中的"页面布局"按钮，进入"页面布局"视图，如图 14-11 所示。

在"页面布局"视图中，用户可以根据页面的整体布局利用鼠标拖动来适当调整行高与列宽以适应页面。另外在"页面布局"视图中用户还可以对页眉和页脚进行编辑。

图 14-11　"页面布局"视图

14.2　打印工作表

Excel 2010 提供了多种打印方式，包括打印多份文档、选择打印范围、快速打印文档等功能。

14.2.1　一般打印

一般情况下，默认的打印设置不一定能够满足用户的要求，此时可以对打印的具体方式进行设置。

例如要将工资表打印 20 份，具体操作步骤如下：

（1）在文档中单击"文件"选项卡，在打开的菜单中选择"打印"选项，显示打印窗口。在该窗口的左侧是打印设置选项，在右侧则是打印预览效果，如图 14-12 所示。

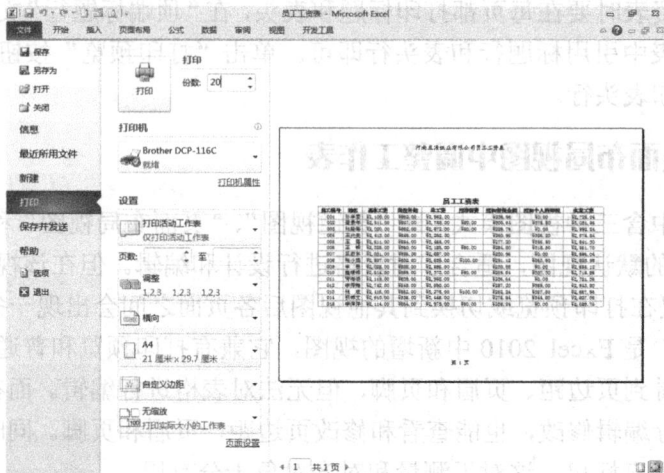

图 14-12　打印文档

（2）单击"打印机"右侧的下三角箭头，选择要使用的打印机。

（3）在"份数"文本框中选择或者输入"20"。

（4）在预览区域预览打印效果，确定无误后单击"打印"按钮正式打印。

> **提示：** 如果文档的页数比较多，用户可以选择一页页打印还是一份份打印。单击"调整"右侧的下三角箭头，选中"调整"选项将完整打印第 1 份后再打印后续几份；选中"取消排序"选项则完成第一页打印后再打印后续页码。

14.2.2　选择打印的范围

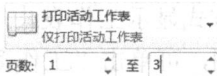

Excel 2010 打印文档时，既可以打印全部的工作表，也可以打印工作表的一部分。用户可以在"打印"窗口中的"打印活动工作表"区域设置打印的范围。

在"打印"窗口中单击"打印活动工作表"右侧的下三角箭头，打开一个下拉列表，如图 14-13 所示，在列表中选择下面几种打印范围：

● 选择"打印活动工作表"选项，就是打印当前工作表。

● 选择"打印整个工作簿"选项，就是打印工作簿中的所有工作表。

● 选择"打印选定区域"选项，则只打印当前工作表中选中的内容，但必须在工作表中选中了一部分内容后才能使用该选项。

如果打印的范围包含多页，则用户还可以在页数文本框中输入要打印的页数，如图 14-14 所示。

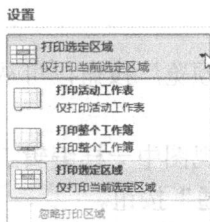

图14-13　选择打印的范围　　　　　图14-14　输入要打印的页码

> **提示：** 有时我们会在"页面设置"对话框的"工作表"选项卡中的"打印区域"文本框中设置打印区域。在设置打印区域后，在打印工作表时选择"打印活动工作表"选项就会打印设置的打印区域，而不是选择"打印选定区域"选项来打印设置的打印区域。

举一反三　打印库存商品统计图表

在工作表中用户还可以将制作的图表单独打印出来，这里将前面制作的库存商品统计图图表打印出来，操作步骤如下：

（1）在工作表中首先选中要打印的图表，然后单击"页面布局"选项卡下"页面设置"组右侧的对话框启动器，打开"页面设置"对话框。此时在对话框中的"工作表"选项卡变为"图表"选项卡，其他选项卡内容保持不变，如图 14-15 所示。

（2）在打印质量区域如果选择"草稿品质"复选框，可以忽略图形和网格线打印，以加快打印速度，节省内存；如果选择"按黑白方式"复选框，将以黑白方式打印图表数据系列。

（3）单击"打印"按钮进入打印窗口，如图 14-16 所示。

图14-15　设置图表选项　　　　　　　　　图14-16　图表的打印预览效果

回头看

通过案例"员工工资管理表"以及举一反三"库存商品统计图图表"的打印过程，学习了工作表的页面设置与打印方法，其中页面设置是打印的基础，在打印之前用户应该对工作表进行合理的设置，这样在打印工作表时才不会出现错误。

知识拓展

1. 分页预览

单击"视图"选项卡下"工作薄视图"组的"分页预览"按钮，可从工作表的常规视图切换到分页预览视图。

该视图以打印方式显示工作表，用户还可像在常规视图中一样编辑工作表。要从分页预览视图返回常规视图，可单击"工作薄视图"组的"普通"按钮。

如图 14-17 所示，蓝色框线就是 Excel 2010 自动产生的分页符，分页符包围的部分就是系统根据工作表中的内容自动产生的打印区域。

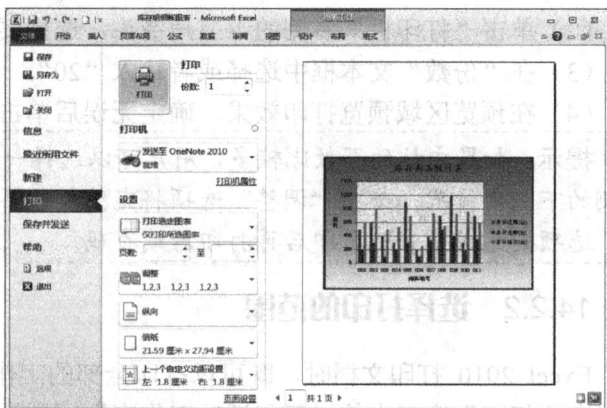

图14-17　分页预览视图

2. 插入或移动分页符

如果需要打印的工作表中的内容不止一页，Excel 2010 会自动在工作表中插入分页符将工作表分成多页，而且这些分页符的位置取决于纸张的大小、页边距设置和设定的打印比例。

但是，用户有时并不想按这种固定的尺寸进行分页，Excel 2010 允许人为插入分页符，即可以通过插入水平分页符改变页面上数据行的数量，或通过插入垂直分页符改变页面上数据列的数量。在分页预览视图中，还可以用鼠标拖动分页符改变其在工作表中的位置。

如果要插入水平分页符，单击新起页第一行所对应的行号（或该行最左边的单元格），单击"页面布局"选项卡下"页面设置"组中的"分隔符"按钮，在弹出的下拉列表中选择"插入分页符"，于是在该行的上方出现分割线，上半部分为第 1 页，下半部分为第 2 页。

如果要插入垂直分页符，单击新起页的第一列所对应的列标（或该列的最顶端的单元格）。单击"页面布局"选项卡下"页面设置"组中的"分隔符"按钮，在弹出的下拉列表中选择"插入分页符"，于是在该列的左边出现分割线，左半部分为第 1 页，右半部分为第 2 页。

如果单击的是工作表中任意位置的单元格，将同时插入水平分页符和垂直分页符，将一页分成四页。

在分页预览方式下，如果用户插入的分页符位置不当，可用鼠标移动分割线来快速地改变页面，按住鼠标左键拖动分页符移至新的位置。

3．删除分页符

在设置了分页符之后，如果不再需要时，用户还可以将其删除。如果要删除垂直的分页符，应先选定垂直分页符右面的第一列任意单元格，然后在"分隔符"下拉列表中选择"删除分页符"选项。如果要删除水平分页符，则应先选定水平分页符下面的第一行任意单元格，然后在"分隔符"下拉列表中选择"删除分页符"选项。如果要删除全部插入的分页符，在"分隔符"下拉列表中选择"重设所有分页符"选项。

习题 14

填空题

1．在_____选项卡下单击_____组中的_____按钮，可以设置纸张大小。

2．在_____选项卡下单击_____组中的_____按钮，可以设置纸张方向。

3．在_____选项卡下单击_____组中的_____按钮，进入"页面布局"视图。

4．在_____选项卡下单击_____组中的_____按钮，则进入页眉和页脚编辑模式。

5．在_____选项卡的_____组中单击_____按钮，在下拉列表中可以选择"插入分页符"。

问答题

1．人工插入分页符的目的是什么？

2．设置纸张大小有几种方法？

3．页面布局视图有哪些特点？

4．设置页面边距有几种方法？

5．如何设置打印工作表中的批注？

6．如何将图表以黑白的形式进行打印？

第15章　幻灯片的基本编辑——制作实验报告和会议讲座幻灯片

PowerPoint 2010 是制作演示文稿的软件，它能够把所要表达的信息组织在一组图文并茂的画面中。利用 PowerPoint 2010 创建的演示文稿可以通过不同的方式播放，可以将演示文稿打印成一页一页的幻灯片，使用投影仪播放；也可以在计算机上进行演示，并且可以加上动画、特效、声音等多媒体效果，使人们的创意发挥得更加淋漓尽致。在演示文稿中用户不但可以单独对幻灯片中的文本、占位符等对象进行编辑，还可以利用设计模板或配色方案等对演示文稿中幻灯片的外观进行整体设计。

知识要点

- 创建演示文稿
- 编辑幻灯片中的文本
- 幻灯片的编辑
- 编辑文本
- 应用主题
- 设计幻灯片背景
- 演示文稿的视图方式
- 保存与关闭演示文稿

任务描述

做完实验后一般我们都写一份实验报告，使用 Word 文档制作的实验报告有时会显得单调、呆板。为了使实验报告可以有层次和鲜明的去展示自己所要讲的内容，我们可以利用 PowerPoint 2010 制作一个实验报告幻灯片，效果如图 15-1 所示。

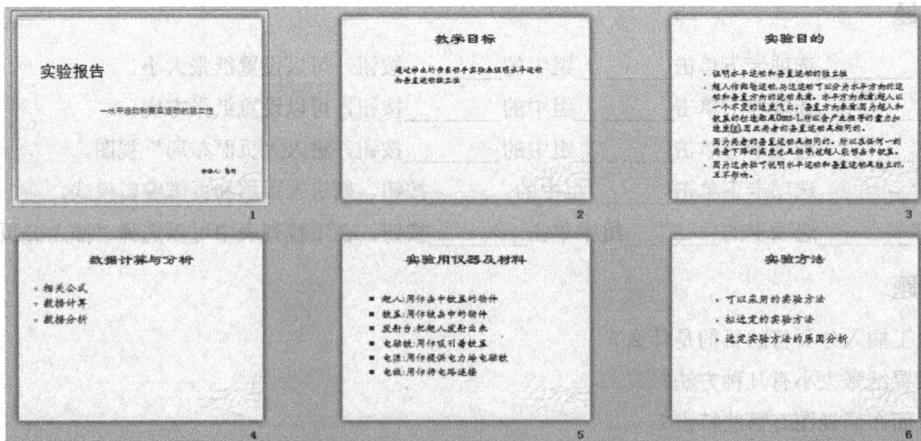

图15-1　实验报告幻灯片

案例分析

要完成实验报告幻灯片的制作首先要在幻灯片中利用占位符和文本框进行文本的输入，然后对文本的格式和段落格式进行设置，接下来可以利用幻灯片的设计模板和配色方案来对幻灯片的外观进行整体的设计。

本章所涉及案例的素材和最终效果文件请登录华信教育资源网（www.hxedu.com.cn）下载，相关内容在下载后的"案例与素材\第 15 章素材"和"案例与素材\第 15 章案例效果"文件夹中。

15.1　新建演示文稿

演示文稿是通过 PowerPoint 2010 程序创建的文档，在 PowerPoint 2010 中可以创建出许多个文档，它们都可以被称为演示文稿，PowerPoint 2010 文档就是以这种方式保存的，它就好像在 Excel 中创建的工作簿一样。在制作演示文稿时用户应首先创建一个新的演示文稿，可以根据自己的爱好选用不同的方法创建演示文稿。

15.1.1　创建空白演示文稿

当启动 PowerPoint 2010 时系统会自动创建一个空白演示文稿，单击"开始"按钮，打开"开始"菜单，在"开始"菜单中选择"Microsoft Office"→"Microsoft Office PowerPoint 2010"命令，即可启动 PowerPoint 2010。

启动 PowerPoint 以后，会自动生成一个新的空白演示文稿，并自动命名为"演示文稿 1"。

在演示文稿工作环境中如果用户要创建新的空白演示文稿，最简单的方法就是直接单击"自定义快速访问工具栏"上的"新建"按钮 📄 ，则新建的工作簿依次被暂时命名为："演示文稿 2、演示文稿 3、演示文稿 4……"

另外，还可以选择"文件"选项卡，在下拉菜单中选择"新建"命令，打开"新建"窗口，如图 15-2 所示。在"可用的模板和主题"区域中双击"空白演示文稿"选项，也可以创建新的空白演示文稿。

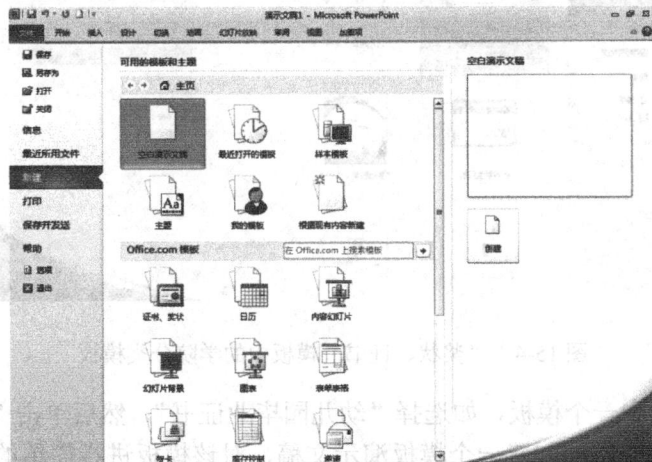

图 15-2　"新建"窗口

15.1.2　根据模板新建演示文稿

如果用户要创建如产品概述、股票公告、投标方案等，可以利用 PowerPoint 2010 提供的"模板"功能来创建。对于初学者，可以通过"模板"创建一个具有统一外观和一些内容的演示文稿，再对它进行简单的加工即可得到一个演示文稿。

根据模板创建演示文稿的具体步骤如下：

（1）单击"文件"选项卡，在下拉菜单中选择"新建"命令，打开"新建"窗口。在"可用的模板和主题"区域中单击"样本模板"选项，则打开样本模板列表，如图 15-3 所示。

（2）在列表中选中一个模板，然后单击"创建"按钮，则创建一个模板演示文稿。

图 15-3　"样本模板"列表

（3）如果在 Office.com 列表中单击某一个分类，如单击"奖状、证书"，则进入奖状、证书分类，然后再单击"学院"，则进入学院分类，如图 15-4 所示。

图 15-4　"奖状、证书"模板中的学院分类模板

（4）在列表中选中一个模板，如选择"幼儿园毕业证书"，然后单击"下载"按钮，则开始下载模板，下载完毕自动创建一个模板演示文稿，对该模板进行简单的加工即可得到一个演示文稿。

15.2　PowerPoint 2010 的工作界面

PowerPoint 2010 的工作界面主要包括快速访问工具栏、标题栏、功能选项卡、功能区、"幻灯片编辑"窗口、"备注"窗格、"大纲/幻灯片"窗格、状态栏和视图栏，如图 15-5 所示。在 PowerPoint 2010 的工作界面中除了增加"幻灯片编辑"窗口、"备注"窗格、"大纲/幻灯片"窗格以外，其他组成部分与 Word 2010 的相同。

1. "幻灯片编辑" 窗口

"幻灯片编辑" 窗口位于工作界面的中间, 在 "幻灯片编辑" 窗口可以对幻灯片进行编辑修改, 幻灯片是演示文稿的核心部分。可以在幻灯片区域对幻灯片进行详细的设置, 例如编辑幻灯片的标题和文本、插入图片、绘制图形以及插入组织结构图等。

2. "大纲/幻灯片" 窗格

"大纲/幻灯片" 窗格位于窗口的左侧, 用于显示演示文稿的幻灯片数量及播放位置, 通过它便于查看演示文稿的结构, 包括 "大纲" 和 "幻灯片" 两个选项卡。

单击 "大纲" 选项卡则会显示大纲区域, 在该区域显示了幻灯片的标题和主要的文本信息。大纲文本是由每张幻灯片的标题和正文组成, 每张幻灯片的标题都出现在数字编号和图标的旁边, 每一级标题都是左对齐, 下一级标题自动缩进。在大纲区中, 可以使用 "大纲" 工具栏中的按钮来控制演示文稿的结构, 在大纲区适合组织和创建演示文稿的文本内容。

单击 "幻灯片" 选项卡则会在此区域显示所有幻灯片的缩略图, 单击某一个缩略图在右面的幻灯片区将会显示相应的幻灯片。

3. "备注" 窗格

"备注" 窗格位于窗口的下方, 可以在该区域编辑幻灯片的说明, 一般由演示文稿的报告人提供。

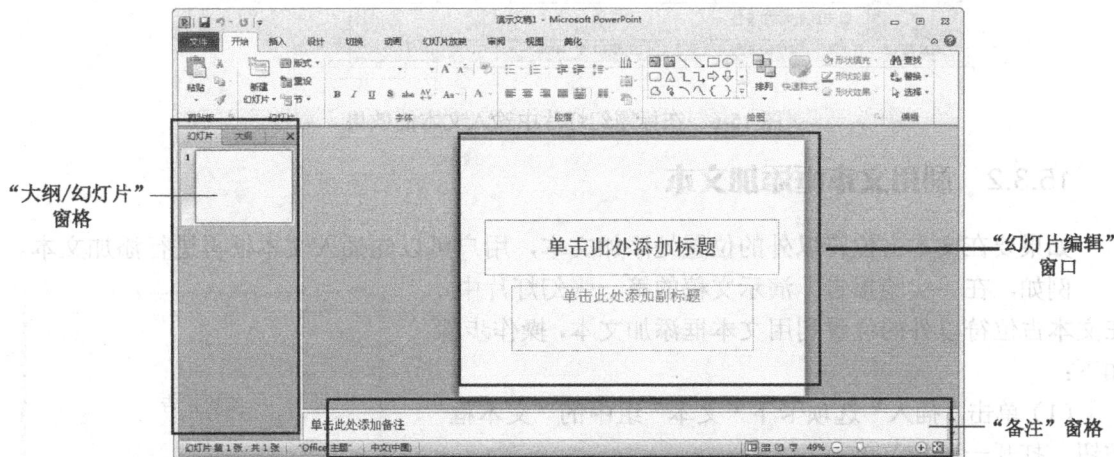

图 15-5　PowerPoint 2010 的工作界面

15.3　输入文本

一张页面效果丰富的幻灯片一般由一些文本对象和一些图形对象组成。其中, 文本对象是幻灯片的基本组成部分, 也是演示文稿中最重要的组成部分。用户可以根据需要对幻灯片中的文本进行编辑, 合理地组织文本对象, 使幻灯片能清楚地说明问题增强幻灯片的可读性。

15.3.1　利用占位符添加文本

"占位符" 是指在新创建的幻灯片中出现的虚线方框, 这些方框代表着一些待确定的对象, 占位符是对待确定对象的说明。

当用户创建一个新的空白演示文稿时, 新演示文稿的第一张幻灯片为标题幻灯片, 在该幻灯片中有标题和副标题两个文本占位符。用户可以在标题占位符中输入该演示文稿的标题文本，可以在副标题占位符中输入演示文稿的副标题文本。

例如，创建一个新的空白演示文稿，然后将其命名为"实验报告"，现在第一张幻灯片标题为"实验报告"幻灯片中添加文本，操作步骤如下：

（1）在"单击此处添加标题"占位符的任意位置处单击鼠标，此时插入点定位在标题占位符中。

（2）选择一种中文输入法，直接输入文本"实验报告"，在幻灯片的任意空白处单击鼠标，结束文本的添加。

（3）在"单击此处添加副标题"占位符的任意位置处单击鼠标，然后输入文本"—水平运动和垂直运动的独立性"，添加文本标题幻灯片的效果如图 15-6 所示。

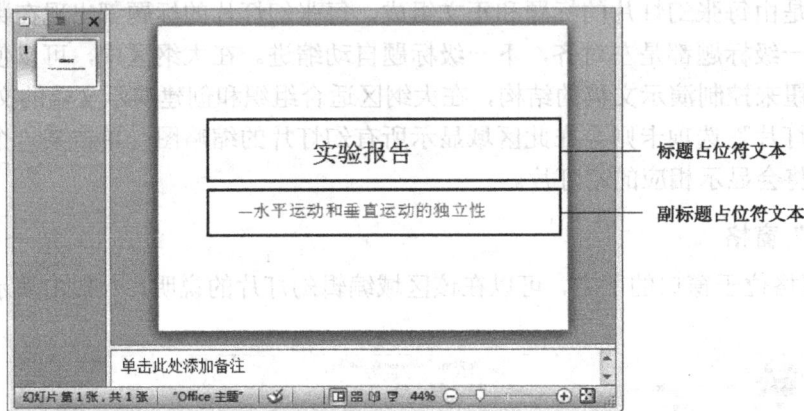

图 15-6　在标题幻灯片中输入文本的效果

15.3.2　利用文本框添加文本

如果要在文本占位符以外的位置处添加文本，用户可以先插入文本框再进行添加文本。

例如，在"实验报告"演示文稿的第一张幻灯片中，在文本占位符以外的位置利用文本框添加文本，操作步骤如下：

（1）单击"插入"选项卡下"文本"组中的"文本框"按钮，打开一下拉菜单。

（2）在下拉菜单中选择"横排文本框"按钮，此时鼠标指针变成 ↓ 形状，拖动鼠标在幻灯片中绘制出文本框，在文本框中输入相应的文本，适当调整文本框位置和大小，效果如图 15-7 所示。

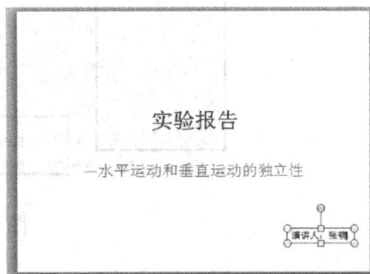

图15-7　利用文本框添加文本

15.4　幻灯片的编辑

在演示文稿中可以对幻灯片中的文本、占位符等对象进行编辑，还可以对演示文稿中的幻灯片进行编辑，如可以添加新的幻灯片，移动幻灯片的位置，删除无用的幻灯片等。

15.4.1　添加幻灯片

在制作演示文稿时用户可以根据需要随时在演示文稿中添加新的幻灯片。我们可以单击

"开始"选项卡下"幻灯片"组中的"新建幻灯片"按钮,在弹出的下拉菜单中选择合适的新建幻灯片样式或者选中"幻灯片/大纲"窗格中的一张幻灯片,单击鼠标右键,在弹出的下拉菜单中选择"新建幻灯片"按钮,即可在选中的幻灯片下面新建一张幻灯片。

例如,在"实验报告"演示文稿中插入一张新的幻灯片,然后添加文本,操作步骤如下:

(1)选中第一张幻灯片,在"开始"选项卡下"幻灯片"组中单击"新建幻灯片"按钮右侧的下三角箭头,打开一个下拉列表。

(2)在列表中用户选择不同版式,即可在当前幻灯片的下方插入一张新的幻灯片。例如这里选择"标题和内容",则在第一张幻灯片下插入一张含有"标题和内容"占位符的幻灯片,如图 15-8 所示。

(3)在标题占位符中输入幻灯片的标题文本"教学目标",此时如果在"单击此处添加文本"占位符中输入文本,则幻灯片会自动为输入的文本添加项目符号,如图 15-9 所示。

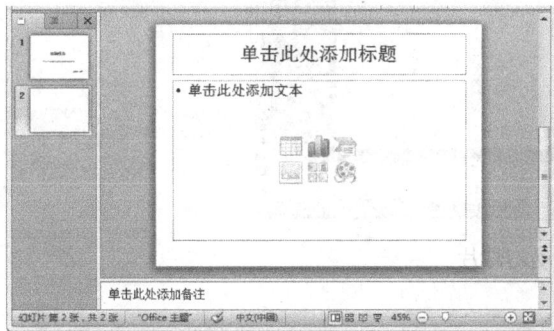

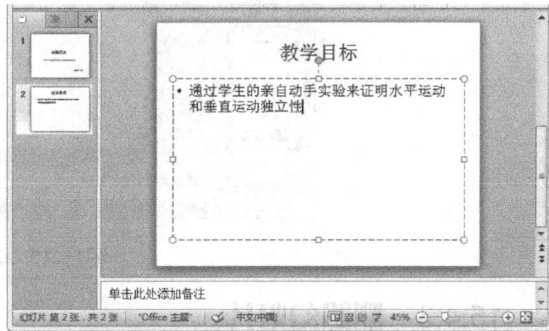

图15-8　新建幻灯片　　　　图15-9　利用文本占位符输入的文本

(4)由于这张幻灯片只有这一段文本,如果添加项目符合就显得不太美观,因此这里利用文本框来输入这段文本。用鼠标在文本占位符的边框线上单击将其选中,然后按 Delete 键将其删除。

(5)单击"插入"选项卡下"文本"组中的"文本框"按钮,在弹出的下拉菜单中选择"横排文本框"按钮,此时鼠标指针变成 ↓ 形状,拖动鼠标在幻灯片中绘制出文本框,在文本框中输入相应的文本,调整文本框位置和大小,如图 15-10 所示。

继续在演示文稿中插入新幻灯片,并利用占位符或者文本框输入相应的文本,如图 15-11 所示。

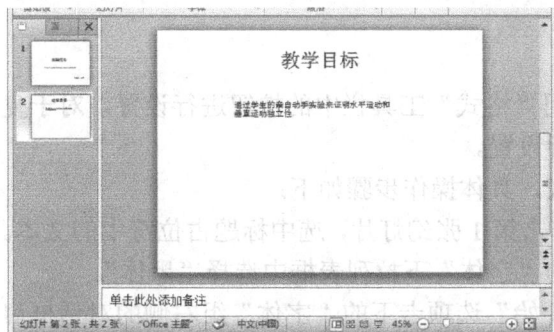

图15-10　利用文本框添加的文本　　　　图15-11　创建的实验报告演示文稿

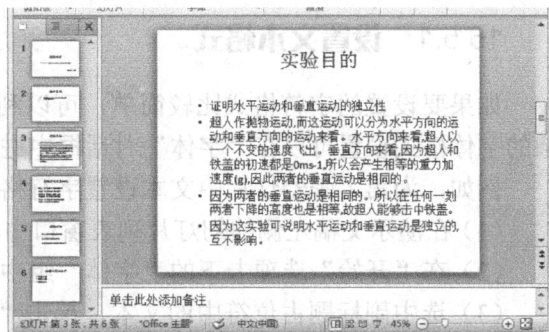

提示:用户也可以利用[Ctrl+M]组合键或选中幻灯片后按回车键插入新幻灯片,新插入幻灯片后,插入位置以后的所有幻灯片的编号将自动调整。

15.4.2　移动幻灯片

用户可以根据需要适当调整幻灯片的位置使演示文稿更具有条理。

例如，移动第 6 张幻灯片到第 4 张幻灯片的上方，操作步骤如下：

（1）在"幻灯片/大纲"窗格的"幻灯片"选项卡下单击选中序号为"6"的幻灯片，按住鼠标左键拖动指针，鼠标指针由箭头状变为 形状，同时显示一条虚线表示移动的目标位置，如图 15-12 所示。

（2）当虚线出现在第 4 张幻灯片的上方时松开鼠标完成幻灯片的移动。

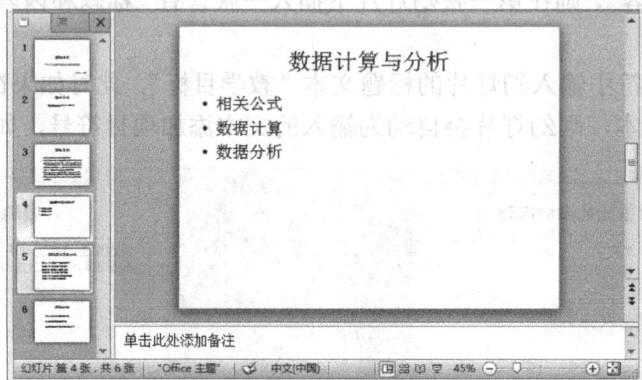

图15-12　移动幻灯片

15.4.3　删除幻灯片

在制作演示文稿的过程中用户不但可以添加幻灯片，还可以删除多余的幻灯片。首先在"幻灯片"选项卡中单击选中要删除的幻灯片，按键盘上的 Delete 键即可将幻灯片删除。

用户也可以在要删除的幻片上单击鼠标右键，弹出一个快捷菜单，在菜单中选择"删除幻灯片"命令也可将幻灯片删除。

15.5　编辑文本

Power Point 2010 提供了强大的文本效果处理功能，用户可以对演示文稿中的文本进行各种格式的设置。

15.5.1　设置文本格式

如果要设置的字符格式比较简单，可以利用"格式"工具栏中的按钮进行设置，对于复杂的字体格式设置可以在"字体"对话框中进行设置。

例如，为第 1 张幻灯片中文本设置字符格式，具体操作步骤如下：

（1）在演示文稿左侧的幻灯片列表窗口中单击第 1 张幻灯片，选中标题占位符中的文本。

（2）在"开始"选项卡下的"字体"组中的"字体"下拉列表框中选择"黑体"。

（3）选中副标题占位符中的文本，单击"开始"选项卡下的"字体"组右侧的对话框启动器，打开"字体"对话框，如图 15-13 所示。

（4）在"中文字体"下拉列表中选择"黑体"，在"字号"下拉列表中选择"24"，在"颜色"列表中选择"蓝色"。

（5）单击"确定"按钮，设置字符格式的效果如图 15-14 所示。

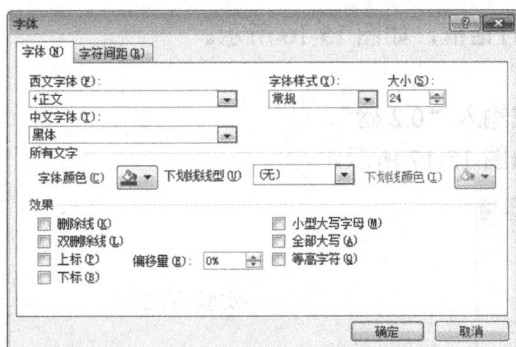

图15-13　"字体"对话框

图15-14　设置字符格式

> **提示：** 如果在"字体"对话框的颜色列表中没有需要的颜色，可以单击"其他颜色"命令，打开"颜色"对话框进行选择。

15.5.2　设置段落格式

对文本的段落格式进行设置可以使文本对象放置更加整齐、有层次感。段落格式的设置包括段落对齐、段落间距和行间距、项目符号和编号等。

1．段落对齐格式

默认情况下，在占位符中输入的文本会根据情况自动设置对齐方式，如在标题和副标题占位符中输入的文本会自动居中对齐，在插入的文本框中输入的文本默认的是左对齐方式，用户可以根据需要调整它们的对齐方式。

用户可以利用"段落"组中的按钮设置段落的水平对齐方式。首先选中要设置水平对齐的段落，然后根据版式需要利用"段落"组中的"左对齐"、"居中对齐"和"右对齐"按钮设置段落的水平对齐即可。

例如，将第 1 张幻灯片中的副标题设置为"右对齐"，首先将鼠标定位在副标题段落中，然后单击"开始"选项卡下"段落"组中的"右对齐"按钮即可，如图 15-15 所示。

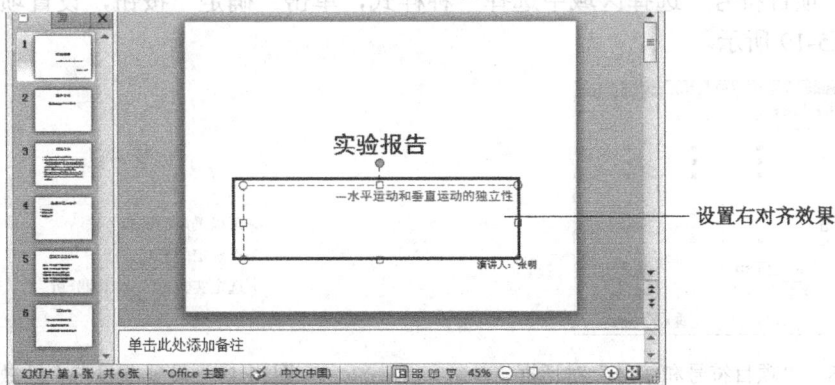

图15-15　设置段落的对齐方式

2．设置段落间距和行距

用户可以更改段落之间的距离和各行之间的间距来增强文本对象的可读性。例如，要设置第 6 张幻灯片中文本占位符中的行距和段落之间的距离，操作步骤如下：

（1）切换第 6 张幻灯片为当前幻灯片，选定要设置行距的段落，单击"开始"选项卡下

"段落"组右侧的对话框启动器，打开"段落"对话框，如图 15-16 所示。

（2）在"行距"文本框中选择"1.5 倍行距"。

（3）在"段前"与"段后"文本框中选择或输入"0.2 磅"。

（4）单击"确定"按钮。设置行距的效果如图 15-17 所示。

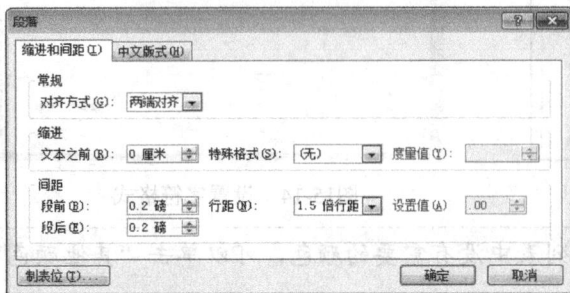

图15-16　"段落"对话框　　　　图15-17　设置行距的效果

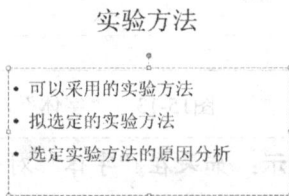

3. 设置项目符号和编号

项目符号和编号是幻灯片的常用元素，使用它们可以使幻灯片的项目层次更加清晰。默认情况下，在正文文本占位符中输入的文本会自动添加项目符号。编号则适用于各个项目有顺序限制的情况。

为了能够使项目符号和编号更加新颖，用户可以在"项目符号和编号"对话框中根据需要对其进行更改。例如对第 6 张幻灯片中的项目符号进行更改，操作步骤如下：

（1）切换第 6 张幻灯片为当前幻灯片，选定含有项目符号的段落。

（2）在"开始"选项卡下"段落"组中单击"项目符号"按钮右侧的下三角箭头，打开一个下拉列表。在列表中用户可以选择一种项目符号，如果在下拉列表中选择"项目符号和编号"命令，打开"项目符号和编号"对话框，单击"项目符号"选项卡，如图 15-18 所示。

（3）单击"颜色"文本框右侧的下三角箭头在下拉列表中选择项目符号的颜色，这里选择颜色为"红色"。

（4）在"项目符号"选择区域中选择一种样式，单击"确定"按钮，设置项目符号后的效果，如图 15-19 所示。

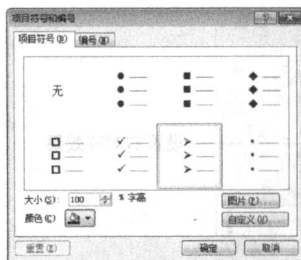

图15-18　"项目符号和编号"对话框　　　　图15-19　设置项目符合的效果

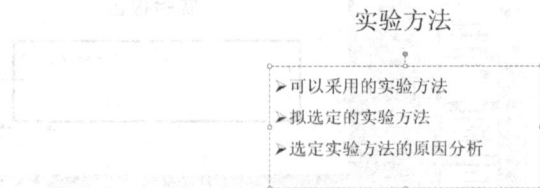

提示： 如果系统提供的项目符号和编号样式不能满足用户的要求，还可以选择其他的项目符号和编号样式。在"项目符号和编号"对话框中单击"自定义"按钮，打开"符号"对话框，在打开的对话框中选择一种作为项目符号或编号样式。如果用户单击"图片"按钮，则打开"图片项目符号"对话框，在对话框中用户可以选择一种图片作为项目符号。

15.6　应用主题

幻灯片主题就是一组统一的设计元素，幻灯片主题决定了幻灯片的主要外观，包括背景、预制的配色方案、背景图形等。在应用主题时，系统会自动将当前幻灯片或所有幻灯片应用主题文件中包含的配色方案、文字样式、背景等外观，但不会更改应用文件的文字内容。

例如，对创建的"实验报告"演示文稿应用主题，操作步骤如下：

（1）打开"实例报告"演示文稿，选择任意一张幻灯片。

（2）在"设计"选项卡下"主题"组中单击主题列表右侧的下三角箭头，打开主题列表，如图 15-20 所示。

图 15-20　"主题"列表

（3）在列表中内置区域选择合适主题，默认情况下，将应用于所有的幻灯片。这里选择"龙腾四海"，设置主题后的效果如图 15-21 所示。

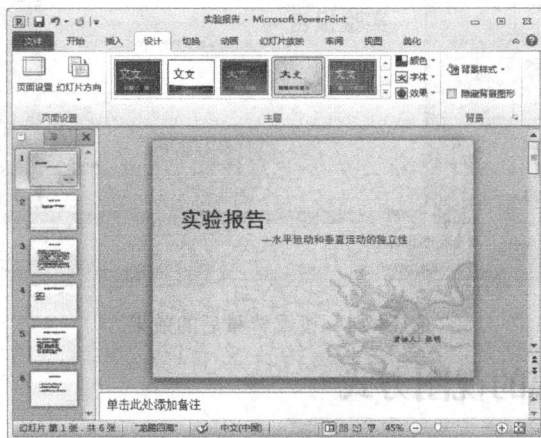

图 15-21　应用主题效果

15.7　设置幻灯片背景

用户可以为幻灯片添加背景，PowerPoint 2010 提供了多种幻灯片背景的填充方式包括：单色填充、渐变色填充、纹理、图片等。在一张幻灯片或者母版上只能使用一种背景类型。

例如，为"实验报告"演示文稿幻灯片设置图片背景，操作步骤如下：

（1）在演示文稿中单击"设计"选项卡下"背景"组中的"背景样式"按钮，打开一个下拉菜单，如图 15-22 所示。在下拉菜单中选择"设置背景格式"命令，打开"设置背景格式"对话框。

（2）在对话框的左侧选择"填充"，在填充区域选中"图片或纹理填充"按钮，单击"纹理"后的下拉按钮，在列表中选择合适的纹理图案，这里选择"蓝色面巾纸"，如图 15-23所示。

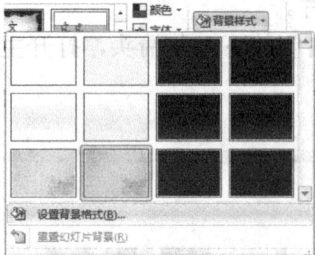

图 15-22　"背景样式"列表

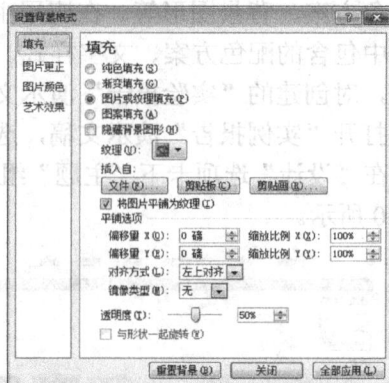

图 15-23　"设置背景格式"对话框

（3）单击"透明度"的增减按钮，设置透明度为 50%，单击"全部应用"按钮，即可将该背景样式应用到所有的幻灯片上。

（4）单击"关闭"按钮，关闭"设置背景格式"对话框。设置标题幻灯片背景后的效果如图 15-24 所示。

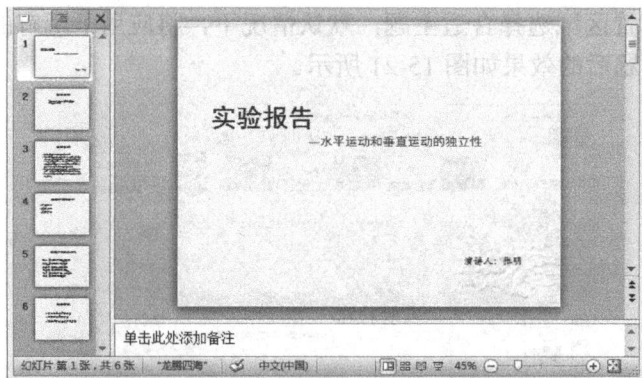

图15-24　设置背景后的效果

15.8　演示文稿的视图方式

PowerPoint 2010 能够以不同的视图方式显示演示文稿的内容，使演示文稿易于浏览、便于编辑。PowerPoint 2010 提供了多种基本的视图方式，如普通视图、大纲视图、幻灯片浏览视图、备注页视图和幻灯片放映视图。

每种视图都包含特定的工作区、菜单命令、按钮和工具栏等组件。每种视图都有其独特的显示方式和加工特色，并且在一种视图中对演示文稿的修改和加工会自动反映在该演示文稿的其他视图中。

1.　普通视图

普通视图是进入 PowerPoint 2010 后的默认视图，普通视图将窗口分为 3 个工作区，也可称为三区式显示。在窗口的左侧包括"大纲"选项卡和"幻灯片"选项卡，使用它们可以切换到大纲区和幻灯片缩略图区。普通视图将幻灯片、大纲和备注页三个工作区集成到一个视图中，大纲区用于显示幻灯片的大纲内容；幻灯片区用于显示幻灯片的效果，对单张幻灯片的编辑主要在这里进行；备注区用于输入演讲者的备注信息。

在普通视图中，只可看到一张幻灯片，如果要显示所需的幻灯片，可以选择下面几种方法之一进行操作：

- 直接拖动垂直滚动条上的滚动块，移动到所需要的幻灯片时，松开鼠标左键即可切换到该幻灯片中。
- 单击垂直滚动条中的按钮 ，可切换到当前幻灯片的上一张；单击垂直滚动条中的按钮 ，可切换到当前幻灯片的下一张。
- 按 Page Up 键可切换到当前幻灯片的上一张；按 Page Down 键可切换到当前幻灯片的下一张；按 Home 键可切换到第一张幻灯片；按 End 键切换到最后一张幻灯片。

如果要切换到普通视图，可单击"视图"选项卡下"演示文稿视图"组中的"普通视图"按钮即可。

2．大纲视图

大纲视图其实是普通视图的一种。PowerPoint 2010 的大纲视图位于工作环境的左侧大纲编辑区，由一些不同级别的标题构成，还可以显示幻灯片文本的具体内容以及文本的格式等。借助大纲视图，有利于理清演示文稿的结构，便于总体设计。在演示幻灯片时，也可以采用大纲视图，能帮助观众迅速抓住主题。

例如，显示"实验报告"演示文稿的大纲视图，如图 15-25 所示，单击"大纲/幻灯片"窗格中的"大纲"选项即可。

用户可以利用大纲视图快速输入幻灯片的文本，在大纲视图中单击 图标右侧，输入文本，为一级大纲文本。按 Enter 键，则新建了一张幻灯片，再次输入文本，仍为一级大纲文本。如果在输入一级大纲文本后需要输入下一级的文本，则可以按组合键 [Ctrl+Enter]，然后再输入文本。如果输入的不是一级标题文本，按 Enter 键后则继续输入相同级别的文本。

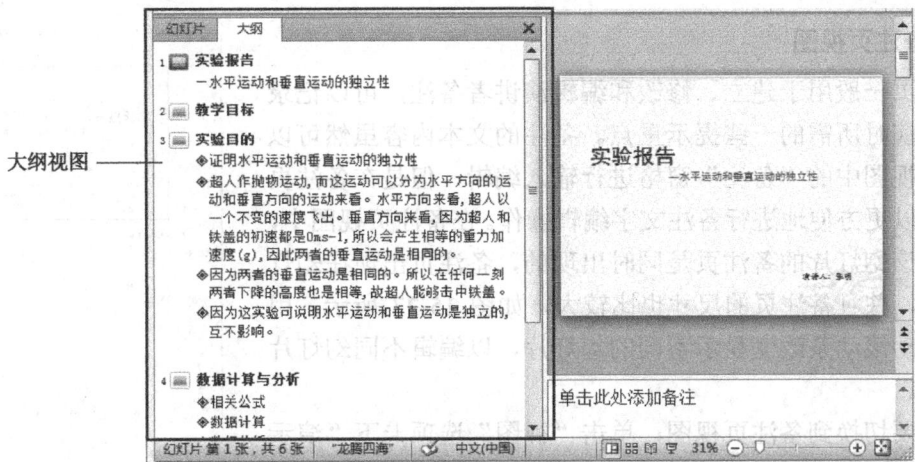

图15-25　大纲视图

3．幻灯片浏览视图

在幻灯片浏览视图中，可以看到整个演示文稿的内容。在幻灯片浏览视图中不仅可以了解整个演示文稿的大致外观，还可以轻松地按顺序组织幻灯片，插入、删除或移动幻灯片，设置幻灯片放映方式，设置动画特效以及设置排练时间等。

幻灯片浏览视图的效果如图 15-26 所示。如果要切换到幻灯片浏览视图，单击"视图"选项卡下"演示文稿视图"组中的"幻灯片浏览"按钮。

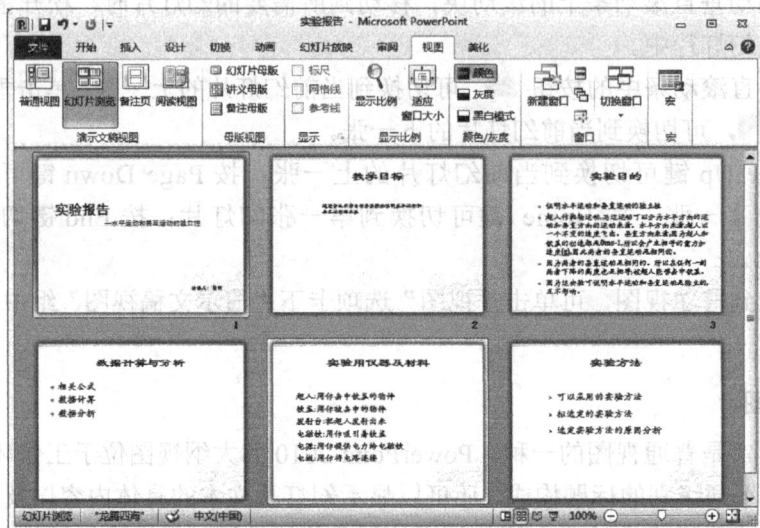

图15-26　幻灯片浏览视图

4．幻灯片放映视图

制作幻灯片的目的是放映幻灯片，在计算机上放映幻灯片时，幻灯片在计算机屏幕上呈现全屏外观。

如果用户制作幻灯片的目的是最终输出用于屏幕上演示幻灯片，使用幻灯片放映视图就特别有用。当然，在放映幻灯片时，还可以加入许多特效，使得演示过程更加有趣。要切换到幻灯片放映视图，单击"幻灯片放映"选项卡下"开始放映幻灯片"组中的"从头开始"或"从当前幻灯片开始"按钮。

5．备注页视图

备注页一般用于建立、修改和编辑演讲者备注，可以记录演讲者讲演时所需的一些提示重点。备注的文本内容虽然可以通过普通视图中的"备注"窗格进行输入编辑，但是在备注页视图中可以更方便地进行备注文字编辑操作。在备注页视图中，幻灯片和该幻灯片的备注页是同时出现的，备注页出现在幻灯片的下方，并且备注页的尺寸也比较大，如图 15-27 所示。用户可以拖动滚动条改变显示不同的幻灯片，以编辑不同幻灯片的备注页。

如果要切换到备注页视图，单击"视图"选项卡下"演示文稿视图"组中的"备注页"按钮，进入备注页视图。

图15-27　备注页视图

15.9　保存与关闭演示文稿

在建立和编辑演示文稿的过程中，随时注意保存演示文稿是个很好的习惯。一旦计算机突然断电或者系统发生意外而不是正常退出 PowerPoint 2010，内存中的结果会丢失，所做的工作就白费。如果经常选择保存操作，就可以避免成果丢失了。

15.9.1　保存演示文稿

如果是新创建的演示文稿或对已存在的演示文稿进行了编辑修改，用户都要将其进行保存。保存新建演示文稿的操作步骤如下：

（1）单击"自定义快速访问栏"上的"保存"按钮，或者按[Ctrl+S]组合键，或者单击"文件"选项卡下的"保存"选项，打开"另存为"对话框，如图 15-28 所示。

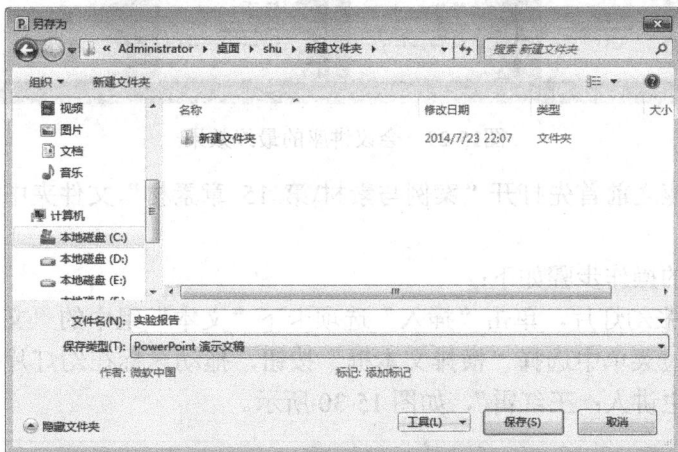

图15-28　"另存为"对话框

（2）选择文件的保存位置并在文件名文本框中输入所要保存文件的文件名。这里输入"实验报告"。

（3）单击"保存"按钮。

对于保存过的演示文稿，进行修改后，若要保存可直接单击"自定义快速访问栏"上的"保存"按钮，或者按[Ctrl+S]组合键，此时不会打开"另存为"对话框，PowerPoint 会以用户第一次保存的位置进行保存，并且将覆盖掉原来的内容。

15.9.2　关闭演示文稿

当用户同时打开了好几个演示文稿时，应注意将不使用的演示文稿及时关闭，这样可以加快系统的运行速度。

在 PowerPoint 2010 中用户可以通过以下两种方法关闭演示文稿：
● 在"文件"选项卡下选择"退出"命令。
● 单击演示文稿窗口上的"关闭"按钮。

举一反三　制作会议讲座

目前大型会议的会场上都安装有投影设备，因此很多会议讲座都制作成演示文稿，这样在讲解的时候能够让参会者更直观地了解讲座的内容。利用演示文稿制作的会议讲座的最终效果图如图 15-29 所示。

图15-29　会议讲座的最终效果

在制作会议讲座之前首先打开"案例与素材\第 15 章素材"文件夹中的"会议讲座（初始）"文档。

制作会议讲座的操作步骤如下：

（1）选中第 1 张幻灯片，单击"插入"选项卡下"文本"组中的"文本框"按钮，打开一下拉菜单，在下拉菜单中选择"横排文本框"按钮，拖动鼠标在幻灯片中绘制出文本框，在文本框中输入"主讲人：王红雷"，如图 15-30 所示。

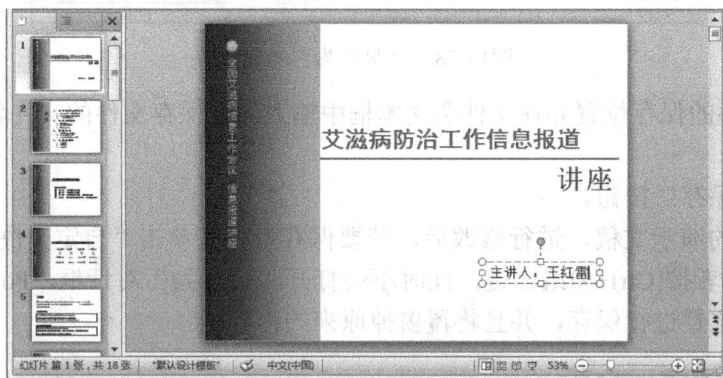

图15-30　插入文本框输入文本

（2）选中第 3 张幻灯片中"信息的特征"下方的所有正文文字，如图 15-31 所示。

（3）单击"开始"选项卡下"段落"组中的"编号"按钮，弹出一个下拉菜单如图 15-32。

（4）在弹出的下拉菜单中选择一种合适的编号样式，添加编号的效果如图 15-33 所示。

（5）选中第 5 张幻灯片，在第 5 张幻灯片中选择第一个文本框，单击"开始"选项卡下"段落"组中的"居中"按钮，如图 15-34 所示。

（6）在第 1 个文本框上单击鼠标右键，在快捷菜单中选中"设置形状格式"命令，打开"设置形状格式"对话框，如图 15-35 所示。

（7）在"填充"选项下的"颜色"的下拉列表框中选择一种"浅灰色"，在"线条颜色"

选项下选择"无线条"。按以上方法设置第 2 个文本框，设置结果如图 15-36 所示。

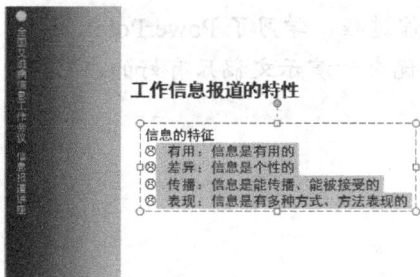

图 15-31　选中要设置项目编号的文本

图 15-32　"项目符号和编号"对话框

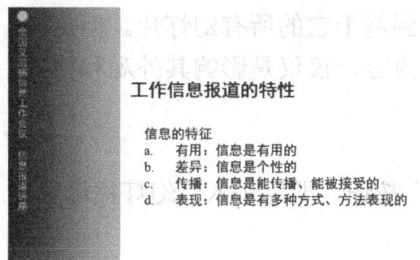

图 15-33　设置编号的效果

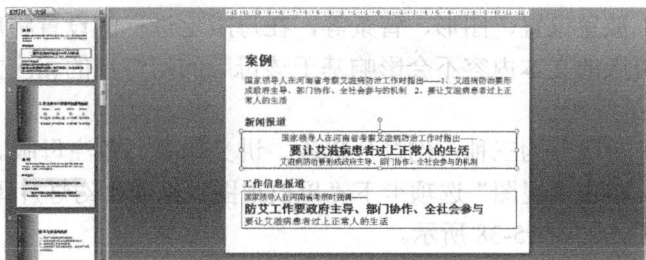

图 15-34　设置段落居中的效果

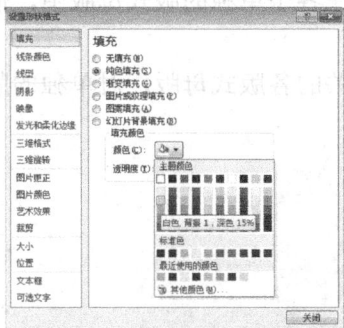

图 15-35　"设置文本框格式"对话框

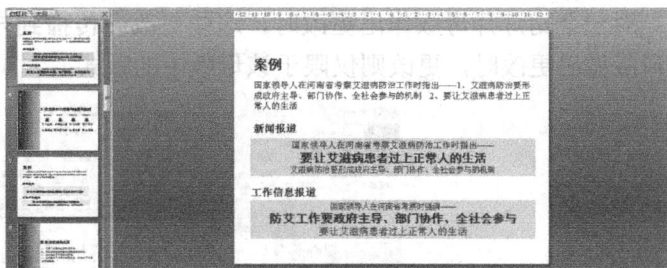

图 15-36　设置文本框的最终效果

（8）选中第 1 张幻灯片，在"设计"选项卡下"主题"组中单击主题列表右侧的下三角箭头，打开一个主题列表，在列表中内置区域选择"气流"主题，效果如图 15-37 所示。

图15-37　应用主题的效果

回头看

通过案例"实验报告"以及举一反三"会议讲座"的制作过程，学习了 PowerPoint 的基本文本的输入，文本的设置以及幻灯片的主题的应用，一个优秀的演示文稿只有好的内容是不够的，还应把它的外观设计的风格独特，引人入胜。

知识拓展

应用母版

母版可以控制演示文稿的外观，包括在幻灯片上所输入的标题和文本的格式与类型、颜色、放置位置、图形、背景等，在母版上进行的设置将应用到基于它的所有幻灯片。但是改动母版的文本内容不会影响基于该母版的幻灯片的相应文本内容，仅仅是影响其外观和格式而已。

母版分为三种：幻灯片母版、讲义母版、备注母版。

单击"视图"选项卡下"母板视图"组的"幻灯片母版"按钮，即可进入"幻灯片母版"视图，如图 15-38 所示。

在 PowerPoint 2010 中，幻灯片母板具有各种版式的独立母板，可以自定义或创建版式。在图 15-38 中可以发现每种可用版式都有一种不同的、单独的、可自定义的版式母板，均组织在幻灯片母版下方。对幻灯片母版所做的任何更改都会反映在各个单独的版式母版中，但用户也可以自定义个独立版式的母版，覆盖原本继承来的设置。

对一个幻灯片母版作出更改时，这些更改会传播到与之相关的各版式母版，对单独的版式母版做出更改时，更改则仅限于该母版中的版式。

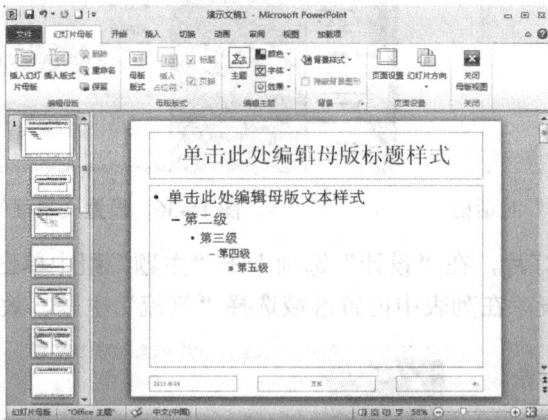

图15-38　幻灯片母版视图

习题 15

填空题

1. 启动 PowerPoint 2010 以后，系统将自动打开一个默认名为_____的空白演示文稿。

2. 启动 PowerPoint 2010 以后，进入演示文稿窗口的"普通"视图，在该视图中，演示文稿窗口包含 3 个工作区：_____、_____和_____。

3．在 PowerPoint 中，插入新幻灯片的组合键为_____。

4．需要删除某张幻灯片的操作是在幻灯片缩略图中选择需要删除的幻灯片，然后按_____键。

选择题

1．母版分为幻灯片母版、讲义母版和（　　）这 3 种。

（A）标题母版　　　　　（B）文本占位符母版　　　（C）备注母版　　　　（D）对象母版

2．母版实际上就是一种特殊的幻灯片。它用于设置演示文稿中每张幻灯片的预设格式，以下说法错误的是（　　）。

（A）母版能控制演示文稿有一个统一的内容

（B）母版能控制演示文稿有一个统一的颜色

（C）母版能控制演示文稿有一个统一的字体

（D）母版能控制演示文稿有一个统一的项目符号

简答题

1．如何将一幅图片设置为一张幻灯片的背景？

2．设置幻灯片文本格式有几种方法？

3．如何设置幻灯片中的段落格式？

4．在幻灯片中添加文本有几种方法？

5．如何设置幻灯片中的项目符号？

6．演示文稿有几种视图方式？

第16章 幻灯片的设计——制作旅游行程安排和工程项目进度报告

利用 PowerPoint 2010 提供的幻灯片设计功能，用户可以设计出声情并茂并能把自己的观点发挥得淋漓尽致的幻灯片。例如可以为对象设置动画效果让对象在放映时具有动态效果，可以创建交互式演示文稿实现放映时的快速切换。

知识要点

- 在幻灯片中应用艺术字
- 在幻灯片中应用图片
- 插入多媒体对象
- 设置幻灯片的动画效果
- 放映演示文稿

任务描述

在紧张的工作之余，出外旅行是不错的放松方式，如果选择和朋友一起自助游，在出发前制作一份自助游行程安排来提醒队员应注意的事项和携带的物品是有必要的。图 16-1 所示就是利用 PowerPoint 2010 制作的旅游行程安排演示文稿。

图16-1 旅游行程安排

案例分析

完成旅游行程的制作首先要完成幻灯片的基本编辑，然后在幻灯片中插入艺术字、图片、多媒体文件等对象，还可以设置幻灯片切换效果、动画效果，设定放映时间，进行演示文稿的放映。

本章所涉及案例的素材和最终效果文件请登录华信教育资源网（www.hxedu.com.cn）下载，相关内容在下载后的"案例与素材\第 16 章素材"和"案例与素材\第 16 章案例效果"文件夹中。

16.1 在幻灯片中应用艺术字

使用系统提供的艺术字功能，可以创建出各种各样的艺术文字效果。艺术字用于突出某些文字，艺术字的功能丰富了幻灯片的页面效果。在幻灯片中应用艺术字能够使幻灯片更加美观，实现意想不到的效果。

例如，将第 1 张幻灯片中不够醒目的标题更换为艺术字效果，操作步骤如下：

（1）切换第 1 张幻灯片为当前幻灯片。

（2）选中标题占位符按 Delete 键将其删除。

（3）单击"插入"选项卡下"文本"组中的"艺术字"按钮，打开一下列表，如图 16-2 所示。

（4）在列表中选择一种样式，这里选择第 2 行第 2 列的样式，在幻灯片中会打开一个艺术字编辑框，提示用户输入艺术字文本，如图 16-3 所示。

（5）在艺术字编辑框中输入"精彩自助游旅游系列"，在幻灯片中插入艺术字的效果如图 16-4 所示。

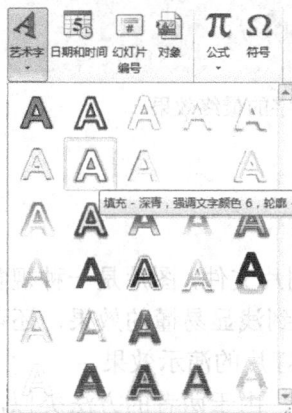

图 16-2　艺术字下拉列表

图 16-3　艺术字编辑框

（6）在艺术字编辑框中选中艺术字，单击"格式"选项卡下"艺术字样式"组中的"文本填充"按钮，打开一个下拉列表，在列表中选择"渐变"，在"渐变"的列表中的"变体"域中选择"中心辐射"，如图 16-5 所示。

图16-4　插入艺术字的效果

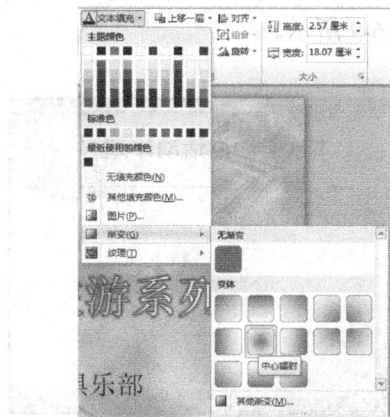

图16-5　设置文本填充

（7）在艺术字编辑框中选中艺术字，单击"格式"选项卡下"艺术字样式"组中的"文本效果"按钮，打开一个下拉列表，在列表中选择"三维旋转"，选择合适的旋转样式，这里选择"极右极大透视"，如图 16-6 所示。

（8）调整艺术字的位置，标题应用艺术字的效果如图 16-7 所示。

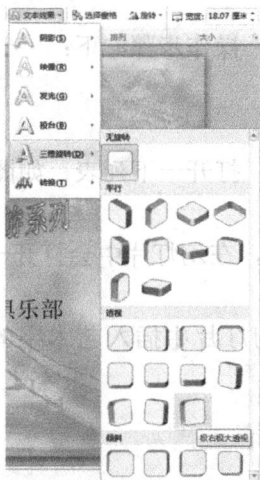

图16-6　设置文本效果　　　　　　图16-7　设置艺术字的最终效果

16.2　在幻灯片中应用图片

在 PowerPoint 2010 中允许用户在文档中导入多种格式的图片文件，图片是一种视觉化的语言，对于一些抽象的东西如果使用图片来表达的话，可以起到浅显易懂的效果，还可以避免观众因面对单调的文字和数据而产生厌烦的心理，丰富了幻灯片的演示效果。

在幻灯片中，可以插入来自文件的图片也可以插入剪贴画，由于两者的方法类似，这里只介绍图片的插入方法。将图片插入到幻灯片中的方法主要有两种，一种是利用幻灯片版式建立带图片占位符的幻灯片，另一种是直接向幻灯片中插入剪贴画。

例如，在第 2 张幻灯片中插入来自文件的图片，操作步骤如下：

（1）切换第 2 张幻灯片为当前幻灯片，如图 16-8 所示。

（2）单击"插入"选项卡下"图像"组中的"图片"按钮，打开"插入图片"对话框，如图 16-9 所示。

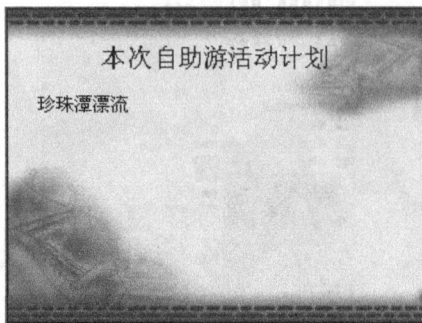

图16-8　第2张幻灯片　　　　　　图16-9　"插入图片"对话框

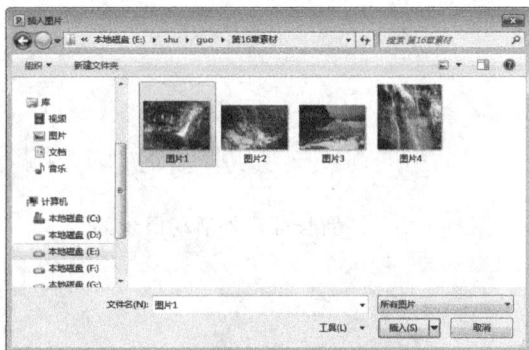

（3）选择图片文件所在的文件夹，然后在文件列表中选择要插入的图片"图片 1"。

（4）单击"插入"按钮，或直接双击图片即可将图片插入到幻灯片中。用鼠标拖动适当调整图片的位置和大小，如图 16-10 所示。

（5）按照相同的方法将图片 2、图片 3、图片 4 插入到第 2 张幻灯片中，如图 16-11 所示。

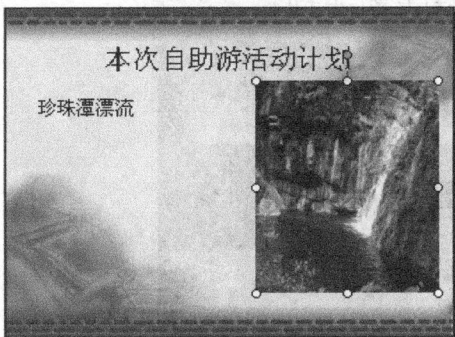

图 16-10　插入图片的效果　　　　　　　　　　图 16-11　插入四张图片

16.3　插入多媒体对象

在 PowerPoint 2010 中可以直接插入 WAV、MID 和 MP3 格式声音的文件，也可以直接插入 CD 格式的文件、录制对白。

例如，在第 2 张幻灯片中插入声音文件，操作步骤如下：

（1）切换第 2 张幻灯片为当前幻灯片。

（2）单击"插入"选项卡下"媒体"组中的"音频"按钮，在下拉列表中选择"插入文件中的音频"，打开"插入音频"对话框，如图 16-12 所示。

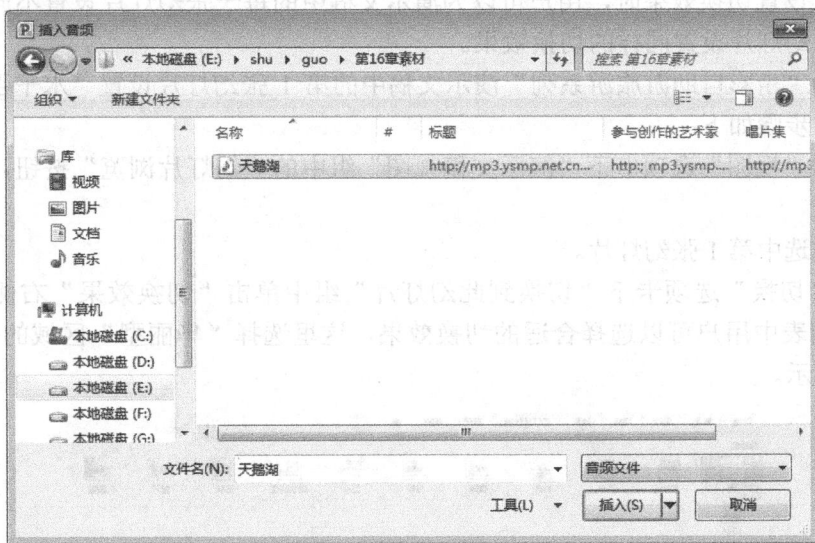

图16-12　"插入音频"对话框

（3）选择音频文件的位置，在文件列表中选中要插入的声音文件，单击"插入"按钮，即可插入音频。

（4）插入音频后会在音频图标的下方出现一个工具条，单击工具条上的"播放"按钮，用户可以试听音频，用鼠标拖动调整插入的音频对象的位置，在幻灯片中插入声音文件的效果如图 16-13 所示。

插入的音频　──　本次自助游活动计划

珍珠潭漂流

图16-13　插入声音的效果

16.4　设置幻灯片的切换效果

幻灯片切换效果是加在连续的幻灯片之间的特殊效果。在幻灯片放映的过程中，一张幻灯片切换到另一张幻灯片时，可用不同的技巧将下一张幻灯片显示到屏幕上。

为幻灯片添加切换效果最好在幻灯片浏览视图中进行，因为在浏览视图中用户可以看到演示文稿中所有的幻灯片，并且可以非常方便地选择要添加切换效果的幻灯片。

16.4.1　设置单张幻灯片切换效果

为幻灯片设置切换效果时，用户可以为演示文稿中的每一张幻灯片设置不同的切换效果或者为所有的幻灯片设置同样的切换效果。

例如，为"精彩自助游旅游系列"演示文稿中的第 1 张幻灯片设置"水平百叶窗"的切换效果，操作步骤如下：

（1）单击"视图"选项卡下"演示文稿视图"组中的"幻灯片浏览"按钮，切换到幻灯片浏览视图。

（2）单击选中第 1 张幻灯片。

（3）在"切换"选项卡下"切换到此幻灯片"组中单击"切换效果"右侧的下三角箭头，在下拉列表中用户可以选择合适的切换效果，这里选择"华丽型"区域的"百叶窗"，如图 16-14 所示。

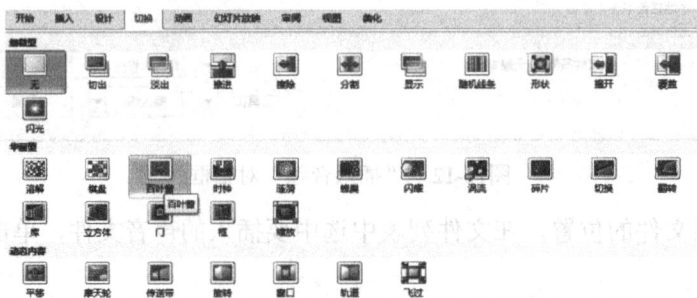

图16-14　切换效果列表

（4）在"切换"选项卡下"计时"组中"声音"下拉列表中选择"风铃"选项。

（5）在"切换"选项卡下"计时"组中"持续时间"文本框中选择 00.50，如图 16-15。

（6）设置完毕后在幻灯片 1 的左下角添加了动画图标 ☆ ，如图 16-16 所示。

图16-15　声音和维持时间设置

图16-16　设置切换方式后的幻灯片

16.4.2　设置多张幻灯片切换效果

为幻灯片设置切换效果时，用户还可以为演示文稿中的多张幻灯片设置相同的切换效果。例如，用户要为演示文稿"精彩自助游旅游系列"中的第 2-5 张幻灯片设置"溶解"的切换效果，步骤如下：

（1）单击"视图"选项卡下"演示文稿视图"组中的"幻灯片浏览"按钮，切换到幻灯片浏览视图。

（2）先按 Ctrl 键，然后单击 2、3、4、5 幻灯片将其选中。

（3）在"切换"选项卡下"切换到此幻灯片"组中单击"切换效果"右侧的下三角箭头，在下拉列表中选择"华丽型"区域的"溶解"。

（4）在"切换"选项卡下"计时"组中"声音"下拉列表中选择"微风"选项。

（5）设置完毕，在所有选中幻灯片的左下角添加了动画图标 ☆ ，如图 16-17 所示。

图16-17　设置多张幻灯片的切换效果

> 提示：如果用户要为演示文稿中的全部幻灯片设置切换效果，可以在幻灯片切换任务窗格中单击"应用于所有幻灯片"按钮。

16.5　设置动画效果

动画的功能是给文本或对象添加特殊视觉或声音效果，可以让文字以打字机形式播放，让图片产生飞入效果等。用户可以自定义幻灯片中的元素和对象的动画效果，也可以利用系统提供的动画方案设置幻灯片的动画效果。

16.5.1　为文本自定义动画效果

用户可以使用PowerPoint 2010提供的自定义动画功能为幻灯片中的所有项目和对象添加动画效果。

1. 为文本添加自定义动画效果

幻灯片中的文本添加自定义动画效果的操作步骤如下：

（1）切换第2张幻灯片为当前幻灯片，选中标题文本"本次自助游活动计划"。

（2）单击"动画"选项卡下"动画"组中的"动画效果"列表右侧的下三角箭头，打开动画效果列表，在列表中选择"进入"中的"形状"选项，如图16-18所示。

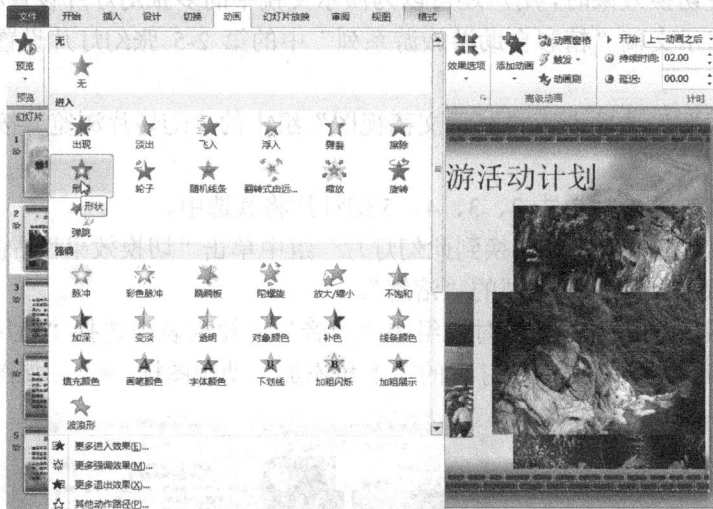

图16-18　动画效果列表

（3）在"动画"组中单击"效果选项"按钮，在列表中选择"形状"域的"圆形"选项，在"计时"组中"持续时间"文本框中选择"01.00"，如图16-19所示。

（4）选中"珍珠潭漂流"文本，按照相同的方法设置"动画效果"为"缩放"，"持续时间"为"01.00"。

（5）单击"动画"选项卡下"预览"组中的"预览"按钮，可以对设置后的动画进行预览或者单击"动画"选项卡下"高级动画"组中的"动画窗格"按钮，打开"动画窗格"窗口，单击其中的"播放"按钮，也可进行预览效果，如图16-20所示。

设置动画效果后，在设置动画效果的对象前面会显示出动画编号，如图16-20所示。

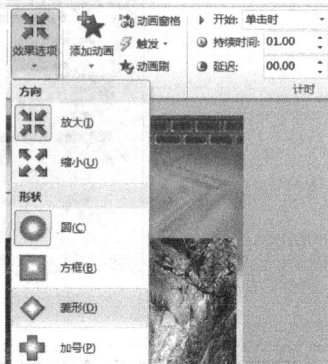

图16-19　设置效果选项

图16-20　设置自定义动画效果

2．设置动画效果选项

鼠标移至动画效果列表中任意一个动画效果上时，在该效果的右端将会出现一个下三角形箭头，单击该箭头会出现一个下拉列表，如图 16-21 所示。

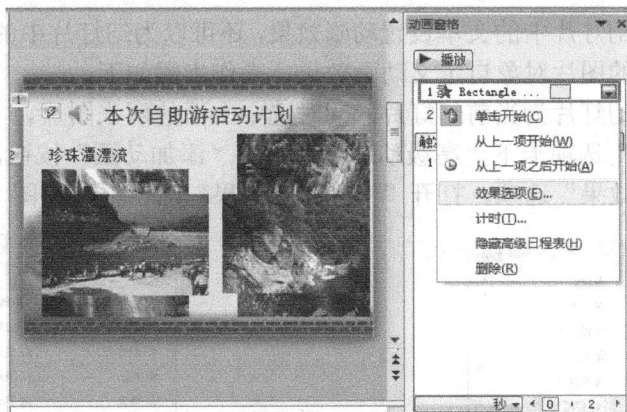

图16-21　设置自定义动画的效果选项

例如：单击"圆形扩展"的动画效果后的箭头，在打开的菜单中选择"效果选项"命令，打开"圆形扩展"对话框，单击"效果"选项卡，如图 16-22 所示。在"设置"区域的"方向"下拉列表中用户可以对动画的方向进行设置，例如这里设置为"放大"，在"增强"区域的"声音"下拉列表中用户可以选择动画效果的伴随声音，这里设置为"打字机"；在"动画播放后"下拉列表中用户可以选择动画播放后要选择的操作。

在"动画文本"下拉列表中有 3 种选择。

● 整批发送：文本框中的文本以段落作为一个整体出现。

● 按字词：如果文本框中的文本是英文则按单个的词飞入，如果文本框中的文本是中文则按字或词飞入。

● 按字母：如果文本框中的文本是英文则按字母飞入，如果文本框中的文本是中文则按字飞入。

这里设置"动画文本"的效果为"按字母"，并设置"10%字母之间延迟"。

单击"计时"选项卡，如图 16-23 所示。在"开始"下拉列表中可以选动画开始的方式，选择"单击时"选项，则在单击鼠标时开始播放动画效果，选择"上一动画同时"选项，则在上一个效果播放前播放，选择"上一动画之后"选项，则在上一个效果播放后播放。由于这里设置了动画开始时间为"上一动画之后"选项，因此用户还可以在"延迟"文本框中设置上一动画结束多长时间后开始该动画，这里设置为"2 秒"。在"速度"下拉列表中用户可以对动画的速度进行具体的设置，这里设置为"快速 1 秒"。

单击"确定"按钮，即可完成"动画效果"选项的设置。

图 16-22　设置动画效果

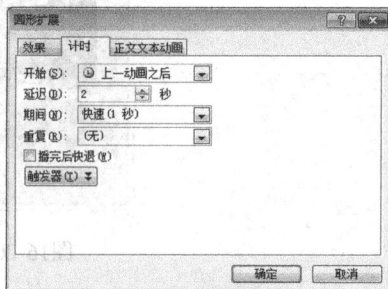

图 16-23　设置动画计时

16.5.2　为对象自定义动画效果

用户不但可以为幻灯片中的文本设置动画效果，还可以为幻灯片中的对象设置动画效果，如为第 2 张幻灯片中的图片对象自定义动画效果，操作步骤如下：

（1）切换第 2 张幻灯片为当前幻灯片，同时选中上面的两张图片。

（2）单击"动画"选项卡下"高级动画"组中的"添加动画"按钮，在弹出的的下拉菜单中选择"更多进入效果"选项，打开"添加进入效果"对话框，如图 16-24 所示。

图 16-24　"添加进入效果"对话框

图 16-25　"添加退出效果"对话框

（3）在"添加进入效果"对话框中选择"十字形扩展"，单击"确定"按钮。

（4）同时选中上面的两张图片，单击"动画"选项卡下"高级动画"组中的"添加动画"按钮，在弹出的的下拉菜单中选择"更多退出效果"，打开"添加退出效果"对话框，如图 16-25 所示。

（5）在"添加退出效果"对话框中选择"向外溶解"，单击"确定"按钮。

（6）同时选中幻灯片中下面的两张图片，按照相同的方法设置进入效果为"飞入"。

（7）单击"动画窗格"中的"播放"按钮，播放当前幻灯片动画。在播放的过程中用户可以发现首先是标题文本以"形状"的动画方式进入，然后是"珍珠潭漂流"文本以"缩放"的动画方式进入，接着是上面的两张图片以"十字扩展"的动画效果进入，接着上面的两张图片以向外溶解的动画效果退出，最后下面的两张图片以"飞入"的动画效果进入，如图 16-26 所示。

> 提示：用户还可以为对象动画设置动画效果，不同的动画效果有不同的设置方法，文本对象动画效果和一般对象动画效果的最大区别在于，文本对象可以设置动画文本而对象动画效果则不能。

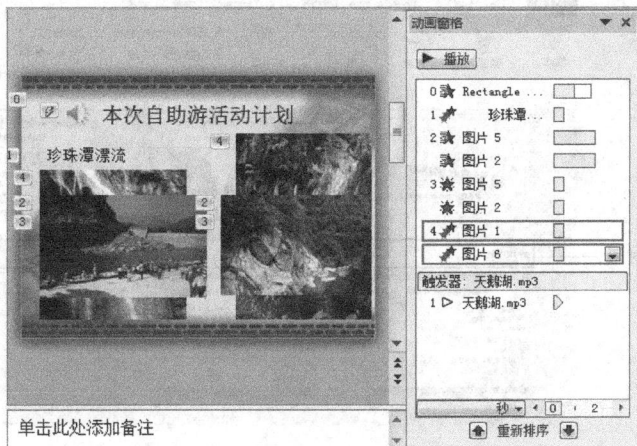

图16-26　为对象添加自定义动画效果

16.6　放映演示文稿

制作演示文稿的最终目的是把它展示给观众，用户可以根据不同的需要采用不同的方式放映演示文稿，如果有必要还可以在放映时对其进行控制。

PowerPoint 2010 提供了 3 种放映幻灯片的方法：演讲者放映、观众自行浏览、在展厅浏览，可以满足不同环境、不同对象的需要。

16.6.1　手动设置换片方式

默认情况下，幻灯片的换片方式是单击鼠标左键切换到下一张幻灯片。用户可以人工设置幻灯片放映的时间间隔。在"切换"选项卡下"计时"组中的"换片方式"区域中可以设置换片方式。

- 如果选中"单击鼠标时"复选框，这样单击鼠标就可以进入下一张幻灯片。
- 如果选中了"设置自动换片时间"复选框并设置了间隔时间，而没有选中"单击鼠标时"复选框，系统会在到了设置的间隔时间后自动进入下一张幻灯片，此时单击鼠标不起作用。
- 如果既选中了"单击鼠标时"复选框也选中了"设置自动换片时间复"选框并设置了间隔时间，单击鼠标或到了设置的间隔时间后都会进入下一张幻灯片。

例如，在旅游行程安排幻灯片中设置幻灯片自动设置动画效果，除第 1 张幻灯片设置间隔时间为 5 秒，其余都为 10 秒，具体步骤如下：

（1）单击"视图"选项卡下"演示文稿视图"组中的"幻灯片浏览"按钮，进入幻灯片浏览视图。

（2）选中第 1 张幻灯片，在"切换"选项卡下"计时"组中选中"换片方式"区域的"设置自动换片时间"复选框，并利用其后的增减按钮，设置间隔时间为 5 秒，取消选中"单击鼠标时"复选框。

（3）选中第 2 张幻灯片同时按下 Shift 键，然后单击最后一张幻灯片。

（4）在"切换"选项卡下"计时"组中选中"换片方式"区域的"设置自动换片时间"复选框，并利用其后的增减按钮，设置间隔时间为 10 秒，取消选中"单击鼠标时"复选框。

设置换片方式后的效果如图 16-27 所示。

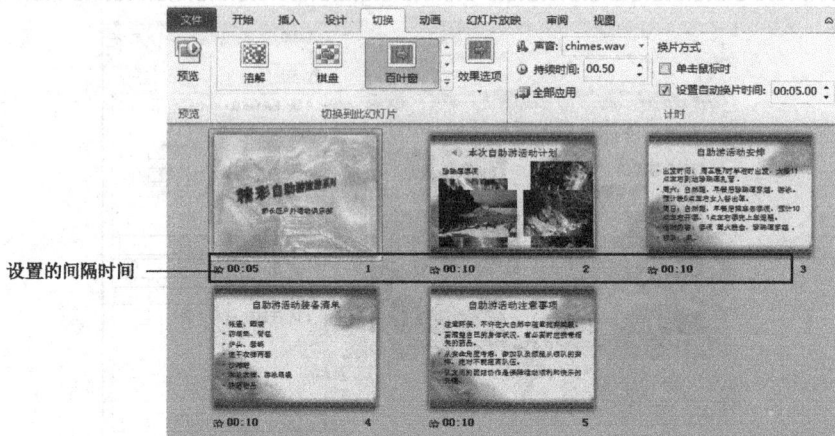

图16-27　设置换片方式

16.6.2　设置放映方式

在"幻灯片放映"选项卡的"设置"组中单击"设置幻灯片放映"按钮，打开"设置放映方式"对话框，如图 16-28 所示。

在"放映类型"区域用户可以对放映方式进行如下设置。

● 演讲者放映方式：选中该单选按钮则可以采用全屏显示，通常用于演讲者播放演示文稿。此种方式下演讲者可以控制演示节奏，具有放映的完全控制权。

● 观众自行浏览：选中该单选按钮可以将演示文稿显示在小型窗口内，并提供相应的操作命令，可以在放映时移动、编辑、复制和打印幻灯片。

● 展台浏览：选中该单选按钮可以自动运行演示文稿，可以在展览会场或会议中等需要运行无人管理的幻灯片放映时使用，运行时大多数的菜单和命令都不可用，并且在每次放映完毕后重新开始。在这种放映方式中鼠标变得毫无用处。在该放映方式中如果设置的是手动换片方式放映，那么将无法选择换片的操作，如果设置了"排练计时"的话，它会严格地按照"排练计时"时设置的时间放映。按 Esc 键可退出放映。

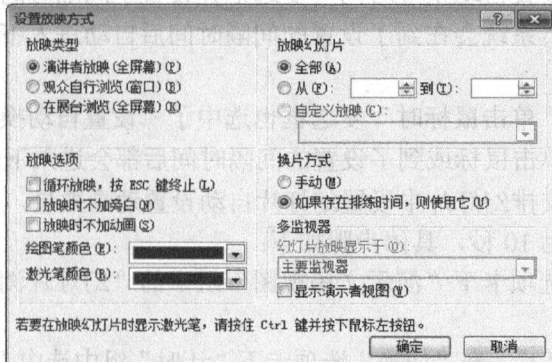

图16-28　"设置放映方式"对话框

16.6.3　排练计时

如果用户对自行决定幻灯片放映时间没有把握，那么可以在排练幻灯片放映的过程中设置放映时间。利用排练计时功能，可以对演示文稿进行相应的演示操作，同时记录幻灯片之间切换的时间间隔。

可以看出上面设置的放映时间间隔只是估算设置的，这里我们可以利用排练计时功能重新设置幻灯片切换之间的时间间隔，具体步骤如下：

（1）单击"幻灯片放映"选项卡下"设置"组中的"排练计时"按钮，系统以全屏幕方式播放，并出现"录制"工具栏，如图 16-29 所示。

图16-29　录制工具栏

（2）在"录制"工具栏中，前一个幻灯片放映时间文本框中显示当前幻灯片的放映时间，在后一个总放映时间文本框显示当前整个演示文稿的放映时间。

（3）此时如果对当前幻灯片的播放时间不满意，可以单击"重复"按钮 ，重新计时。

（4）如果要播放下一张幻灯片，单击"录制"工具栏中的"下一项"按钮 ，这时可以播放下一动画效果，如果进入到下一张幻灯片，则在"幻灯片放映时间"文本框中重新计时。

（5）如果要暂停计时，单击"录制"工具栏中的"暂停"按钮 。

（6）按照相同的方法，直到放映到最后一张幻灯片，系统会显示总共放映的时间，并询问是否要使用新定义的时间，如图 16-30 所示。

（7）单击"是"按钮接受该项时间，单击"否"按钮则重试一次。

图16-30　是否使用新定义的时间对话框

16.6.4　控制演讲者放映

当制作演示文稿的全部工作完成以后，就可以将它展示给观众。

1．启动演讲者放映

"演讲者放映"方式是系统默认的放映方式，启动幻灯片放映有多种方法，可以单击"幻灯片放映"选项卡下的"开始放映幻灯片"组中的按钮进行启动。

● 单击"从头开始"按钮或按"F5 键"，幻灯片从第一张开始放映。

● 单击"从当前幻灯片开始"按钮，幻灯片从当前幻灯片开始放映。

● 用户也可以自定义放映，此时只需单击"自定义幻灯片放映"按钮，在下拉列表中选择"自定义放映"选项，打开"自定义放映"对话框，如图 16-31 所示。若无自定义放映，单击"新建"按钮，打开"定义自定义放映"对话框，进行定义自定义放映方式。若已设置自定义放映，在自定义放映列表中选中要放映的自定义放映选项，单击"放映"按钮即可。

图16-31　"自定义放映"对话框

2．定位

使用定位功能可以在放映时快速地切换到想要显示的幻灯片上，在幻灯片放映时单击鼠标右键，弹出一个下拉菜单，如图 16-32 所示。在菜单中如果选择"下一张"或"上一张"将会放映下一张或上一张幻灯片。选择"定位至幻灯片"命令，弹出一个子菜单，在子菜单中选择需要定位的幻灯片，系统将会播放此幻灯片。

3．使用画笔

在放映时，有时需要在幻灯片中重要的地方划一划，以突出某些幻灯片上的某些部分，此时使用"画笔"功能。

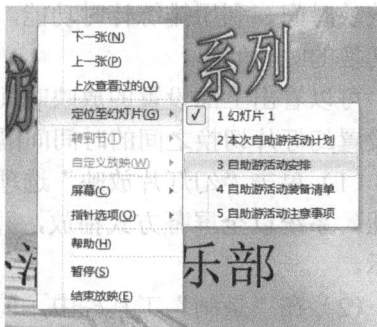

图 16-32　"定位至幻灯片"下拉菜单

由于幻灯片的背景颜色不同，可以根据不同的需要选择不同的画笔颜色。在放映的幻灯片上单击鼠标右键，在弹出的下拉菜单中选择"指针选项"，在打开的子菜单中选择合适的画笔。如果要清除画笔颜色可以在"屏幕"子菜单中选择"擦除幻灯片上的所有墨迹"选项，此时幻灯片上的所有墨迹都被擦除干净。

当幻灯片放映结束时打开"是否保留墨迹注释"提示框，单击"保留"按钮可以将绘图笔的墨迹保留，若单击"放弃"按钮将对此不作保留。

举一反三　工程项目进度报告

为了对整个工程的进度以及各方面进行监督与掌控，做一个工程项目进程报告就必不可少。利用 PowerPoint 2010 制作工程项目进度报告的效果如图 16-33 所示。

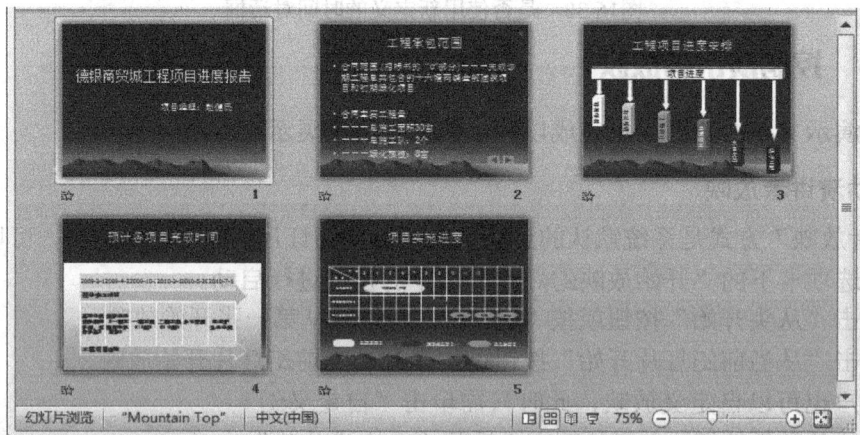

图 16-33　工程项目进度报告演示文稿

在制作工程项目进度报告之前打开"案例与素材\第 16 章素材"文件夹中的"工程项目进度报告"文档。

制作工程项目进度报告的操作步骤如下：

（1）切换第 2 张幻灯片为当前幻灯片，在"幻灯片/大纲"窗格中单击鼠标右键，在弹出的下拉列表中选择"新建幻灯片"，在当前演示文稿中插入第 3 张新幻灯片。

（2）在第 3 张幻灯片的标题占位符中输入"工程项目进度安排"，选中"单击此处添加正文文本"占位符，按 Delete 键进行删除。

（3）单击"插入"选项卡下"插图"组中的"形状"按钮，在弹出的下拉菜单中选择"立方体"，在幻灯中拖动鼠标画出一个立方体。

（4）在立方体上单击鼠标右键，在快捷菜单中选择"设置形状格式"命令，打开"设置形状格式"对话框，如图 16-34 所示。在左侧选择"填充"选项，在右侧选择"纯色填充"单选按钮，然后在"填充颜色"区域的"颜色"下拉列表中选择"白色"；在左侧选择"线条颜色"选项，在右侧选择"实线"单选按钮，然后在"颜色"下拉列表中选择"黑色"。

（5）单击"关闭"按钮，关闭"设置形状格式"对话框，拖动控制点调整立方体的高度，如图 16-35 所示。

（6）单击"插入"选项卡下"插图"组中的"形状"按钮，在弹出的下拉菜单中选择"箭头总汇"下的"下箭头"图标，在立方体下拖动绘制出六个"下箭头"自选图形。调整"下箭头"自选图形的大小和位置，如图 16-36 所示。

（7）在立方体上单击鼠标右键，在快捷菜单中选择"添加文字"命令，然后在立方体中输入文字"项目进度"。

（8）利用上述方法在箭头下方绘制出几个不同颜色的立方体，并输入文字，如图 16-37 所示。

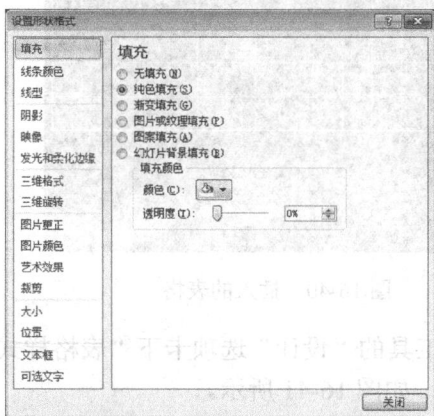
图 16-34 "设置形状格式"对话框

图 16-35 绘制的立方体

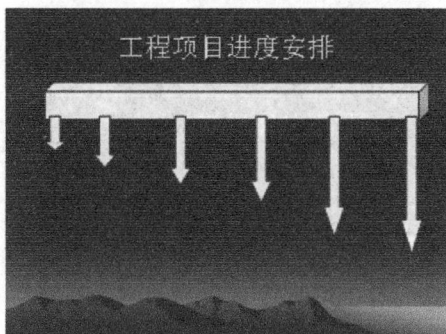
图 16-36 利用自选图形绘制箭头

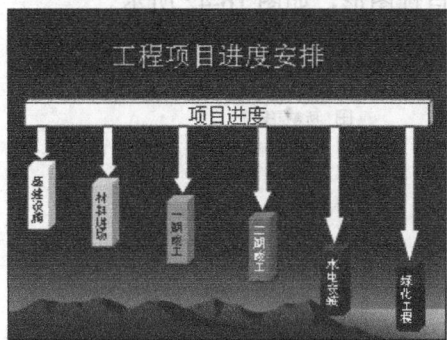
图 16-37 绘制彩色立方体并添加文字

（9）在第 3 张幻灯片下插入第 4 张幻灯片，在标题占位符处输入"预计各项目完成时间"，在幻灯片中绘制出图形并添加文字，效果如图 16-38 所示。

（10）在第 4 张幻灯片下插入第 5 张幻灯片，在标题占位符处输入"项目实施进度"。

（11）单击"单击此处添加正文文本"占位符中的"插入表格"按钮，打开"插入表格"对话框，如图16-39所示。

（12）在"列数"选项框中输入"14"，在"行数"选项框中输入"4"，单击"确定"按钮，在幻灯片中插入表格，适当调整表格的大小，如图16-40所示。

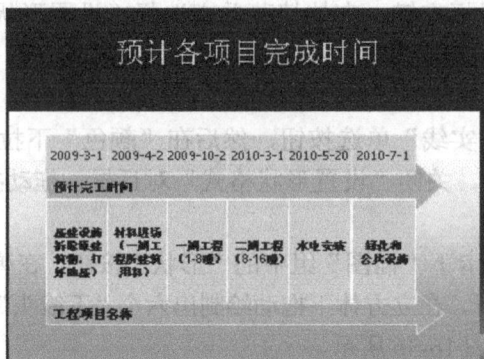

图16-38　在第4张幻灯片上绘制图形

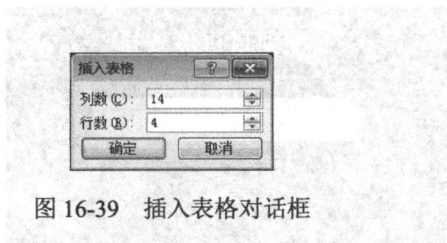

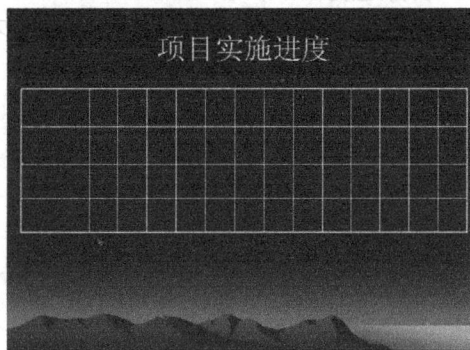

图16-39　插入表格对话框

图16-40　插入的表格

（13）将鼠标定位在第一个单元格中，单击表格工具的"设计"选项卡下"表格样式"组中的"边框"按钮，在下拉菜单中选择"斜下框线"，如图16-41所示。

（14）在第一个单元格中设置斜线样式，在表格中输入相应的文本，然后利用绘图工具栏绘制自选图形，如图16-42所示。

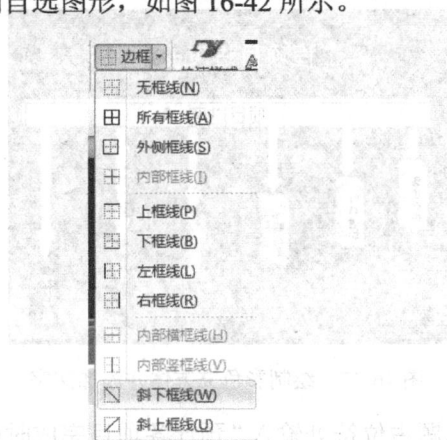

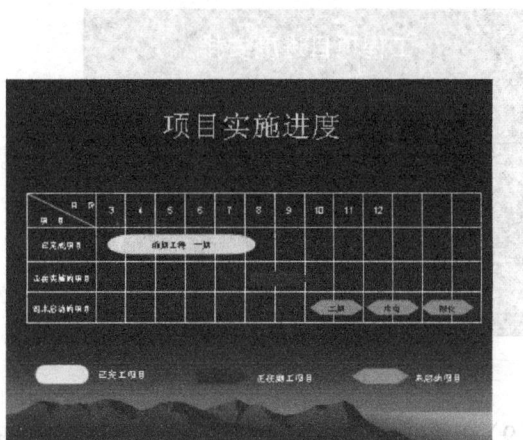

图16-41　"边框"下拉菜单

图16-42　第5张幻灯片的最终效果

（15）切换第 2 张幻灯片为当前幻灯片，单击"插入"选项卡下"插图"组中的"形状"按钮，在弹出的下拉菜单中选择"动作按钮"下的"后退或前一项"图标。

（16）此时鼠标变为"十"字形状，在幻灯片上按住鼠标拖动画出矩形框，当拖动到适当大小时松开鼠标，打开"动作设置"对话框，选择"单击鼠标"选项卡，如图 16-43 所示。

（17）选择"超链接到"选项，然后在下面的列表中选择"上一张幻灯片"，单击"确定"按钮，返回到幻灯片中。按同样的方法可创建"前进或下一项"动作按钮。制作动作按钮后，在放映幻灯片时用户可以单击动作按钮切换到链接的幻灯片。

（18）用户可以在创建的动作按钮上单击鼠标右键，在打开的快捷菜单中选择"设置形状格式"命令，在打开的"设置形状格式"对话框中对动作按钮的效果进行设置，创建动作按钮后的效果如图 16-44 所示。

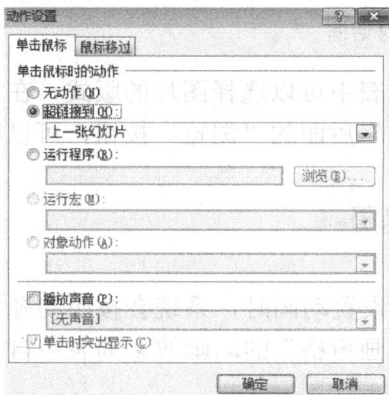

图 16-43　"单击鼠标"选项卡　　　　　图 16-44　创建的动作按钮

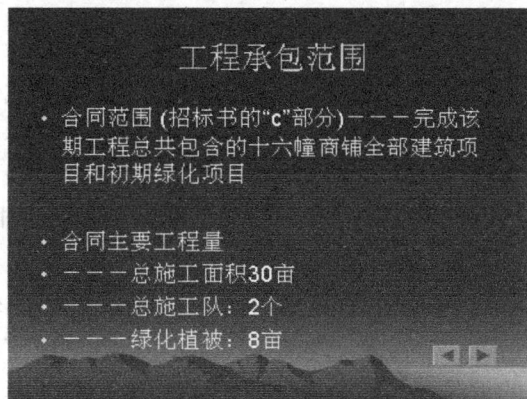

回头看

通过案例"旅游行程安排"以及举一反三"工程项目进度报告"的制作过程，学习了在 Power Point 2010 中如何插入艺术字、图片和多媒体对象，设置幻灯片的切换效果，为幻灯片添加动画效果以及创建交互式演示文稿等功能。利用这些功能对幻灯片进行设置，可以在放映幻灯片时使幻灯片更有动感，更加引人入胜。

知识拓展

1．相册功能

如果用户希望向演示文稿中添加一大组图片，而且这些图片又不需要自定义，此时可使用 PowerPoint 2010 中的相册功能创建一个相册演示文稿。PowerPoint 2010 可从硬盘、扫描仪、数码相机或 Web 照相机等位置添加多张图片。

创建相册的具体步骤如下：

（1）单击"插入"选项卡下"图像"组中的"相册"按钮，在下拉列表中选择"新建相册"选项，打开"相册"对话框，如图 16-45 所示。

（2）在"相册"对话框中单击"文件/磁盘"按钮，打开"插入新图片"对话框，在对话框中选定要插入的图片，单击"插入"按钮，返回到"相册"对话框，按此方法可以在相册中插入多个图片。

图16-45　"相册"对话框

（3）在"相册版式"区域的"图片版式"下拉列表中可以选择图片的版式，在"相框形状"下拉列表中则可以应用相框形状，单击"主题"后面的"浏览"按钮，可以应用设计模板。

（4）单击"创建"按钮，即可创建一个相册演示文稿。

2．设置动画顺序

在 PowerPoint 2010 中，为幻灯片中的各个元素设置动画时，系统会按照动画设置的前后次序，依次为各动画项编号。用户也可以在"动画窗格"的动画效果列表中自定义动画的编号。

动画效果的编号以设置"单击时开始"动画效果的开始时间为界限，如果在幻灯片中设置了多个"单击时开始"动画效果，则它们会根据用户设置的先后顺序进行编号。如果在某一动画效果后设置"上一动画之后"动画效果，它的编号将和上一编号相同，如果在某一动画效果后设置"与上一动画同时"动画效果，它的编号名称将和上一编号相同。

幻灯片中各对象的动画效果会根据编号依次进行展示，如果用户认为动画效果的先后次序不合理，也可以改变动画的顺序。将鼠标移动至"自定义动画"任务窗格的"自定义动画"列表中，当鼠标变为 ↕ 形状时，单击鼠标选中需要移动顺序的动画项，拖动鼠标至需要更改的位置就可以改变动画效果的先后顺序。动画效果的顺序改变后，效果标号也跟着改变。

习题 16

选择题

1．在（　　）选项卡下"插图"组的"形状"按钮，可以为幻灯片添加动作按钮。
　　（A）幻灯片放映　　　　（B）格式　　　　（C）插入　　　　（D）视图

2．进入幻灯片放映的快捷键是（　　）。
　　（A）F5　　　　（B）Shift+F5　　　　（C）Ctrl+F5　　　　（D）Alt+F5

3．幻灯片放映时可按（　　）键终止放映。
　　（A）Ctrl+F4　　　　（B）Esc　　　　（C）Ctrl+Shift　　　　（D）Ctrl+Enter

4. 幻灯片放映方式通常有三种，不属于这三种的是（　　　）。

(A) 演讲者放映（全屏幕）　　　　　　　　　(B) 在展台浏览（窗口）

(C) 观众自行浏览（窗口）　　　　　　　　　(D) 在展台浏览（全屏幕）

操作题

打开"案例与素材\第 16 章素材"文件夹中的"工作总结（初始）"文档，按下述要求完成全部操作，最终如图 16-46 所示。

（1）为第一张幻灯片插入艺术字，设置艺术字字体为"华文行楷"，字号为"54"；艺术字文本填充颜色为"蓝色，强调文字颜色 1"；艺术字文本轮廓为"无轮廓"，艺术字文字效果为"紧密映像，接触"。

（2）设置幻灯片的切换效果为"垂直方向的百叶窗"，声音为"风声"，持续时间为"01.00"，换片方式为"单击鼠标时"。

（3）为第二张幻灯片中的"目录"文本对象设置"飞旋"的动画效果，持续时间为"01.00"，单击鼠标时开始；为具体的目录对象设置"展开"的动画效果，持续时间为"01.00"，单击鼠标时开始。

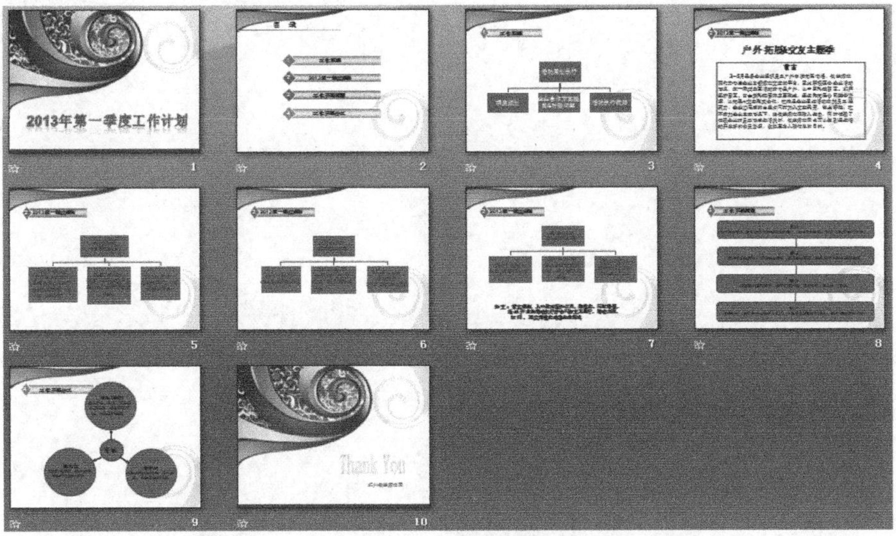

图16-46　工作总结幻灯片

反侵权盗版声明

电子工业出版社依法对本作品享有专有出版权。任何未经权利人书面许可，复制、销售或通过信息网络传播本作品的行为；歪曲、篡改、剽窃本作品的行为，均违反《中华人民共和国著作权法》，其行为人应承担相应的民事责任和行政责任，构成犯罪的，将被依法追究刑事责任。

为了维护市场秩序，保护权利人的合法权益，我社将依法查处和打击侵权盗版的单位和个人。欢迎社会各界人士积极举报侵权盗版行为，本社将奖励举报有功人员，并保证举报人的信息不被泄露。

举报电话：（010）88254396；（010）88258888

传　　真：（010）88254397

E-mail：　dbqq@phei.com.cn

通信地址：北京市万寿路 173 信箱

　　　　　电子工业出版社总编办公室

邮　　编：100036